महात्मा गाँधी
और
अहिंसा

महात्मा गाँधी और अहिंसा

डॉ० रवीन्द्र कुमार

Publications

कल्पाज़ पब्लिकेशंस
दिल्ली–110052

महात्मा गाँधी और अहिंसा

ISBN : 81-7835-554-X

कल्पाज़ पब्लिकेशंस
सी-30, सत्यवती नगर, नई दिल्ली-100052

ई-मेल : kalpaz@hotmail.com
लेज़र टाईप सैटिंग : *Naresh Computers*

प्रिंटिंग : *Salasar Imaging System, New Delhi*

अनुक्रम

****

प्राक्कथन

यदि शब्दकोष देखें, तो 'अहिंसा' का अर्थ बचाव होता है। सैद्धान्तिक रूप से यही इस शब्द का सही प्रयोग भी हो सकता है। शब्दों को अत्यधिक सावधानी से प्रयुक्त करने वाले महात्मा गाँधी, तो भी, न तो सिद्धान्तकार-दार्शनिक थे और न ही आदर्शवादी। उनके लिए अहिंसा का अभिप्राय 'जीवन के प्रति आदर' था; अहिंसा को उन्होंने नकारात्मक अभिप्राय में नहीं स्वीकारा। 'जीवन-दया', दूसरे शब्दों में 'सबके प्रति प्रेम' ही उनके लिए अहिंसा का सूचक था। 'सत्याग्रह' और 'अहिंसा' को उन्होंने 'सत्य' के दो पहलू माने, और यही उनके लिए ईश्वर था। उनका विचार था कि "सत्य का अनुभव करने के लिए मांस-त्याग आवश्यक है। सत्यानुभव करने वाले ऋषि ने अपने चहुँओर व्याप्त हिंसा में से ही अहिंसा को ढूँढ निकाला और कहा कि हिंसा अवास्तविक है, जबकि अहिंसा वास्तविक है, अहिंसा के बिना सत्य की अनुभूति असम्भव है। ब्रह्मचर्य, अस्तेय और अपरिग्रह अहिंसा के साधन हैं। अहिंसा सत्य की आत्मा है। इसके बिना मनुष्य मात्र पशु है। सत्य की खोज करने वाला इसकी अनुभूति अपनी खोज में करेगा और उसे शास्त्रों की (इस हेतु) व्याख्या करने में कोई कठिनाई नहीं होगी।" (गाँधीजी : आवश्यक लेख, वी०वी० रमणमूर्ति सम्पादित, गाँधी शान्ति प्रतिष्ठान, नई दिल्ली, 1970)।

गाँधीजी के लिए 'सत्याग्रह' दैवीय कानून का पालन करना था। लेकिन सत्याग्रह (ही) क्यों? बड़े पैमाने पर जनता दुख-कष्ट उठाए, ऐसा क्यों? ''इसलिए क्योंकि समुदायों या राष्ट्रों के अस्तित्व के लिए सम्बन्धित समुदाय या राष्ट्र के सदस्यों-नागरिकों को जनहितार्थ कठिनाइयाँ सहन करनी होती हैं। भगवान ईसा मसीह और हजरत मुहम्मद जैसे महान और पवित्र महापुरुषों ने विधि का पालन किया और मानवता के लिए प्रसन्नता के द्वार खोले। उन्होंने व्यक्तिगत हित का विचार नहीं किया, अपितु अन्यों की प्रसन्नता में ही अपनी प्रसन्नता भी देखी।'' (वही उपरोक्त, पृ० 4-5)।

"आज ट्रांसवल में भारतीय समुदाय इस महान दैवीय कानून को स्वीकार करने के मामले में बहुत पीछे चला गया है।" (वही पृ० 5) अब, गाँधीवादी अहिंसा के सिद्धान्त और व्यवहार को समुचित रूप से समझने के लिए 'ट्रांसवल में भारतीय समुदाय' के स्थान पर 'भारत में भारतीय' अथवा 'विश्व के किसी अन्य भाग में भारतीय' शब्दों को बदल देना ही ठीक होगा। महात्मा गाँधी के लिए अहिंसा का सिद्धान्त और व्यवहार दो पृथक बातें नहीं थीं; आदर्श और प्रयोग में मूलतः दोनों एक ही थीं। उन्होंने जो कहा, वही किया; जो किया, वही कहा। अपने जीवन में उन्होंने दोहरा मानदण्ड नहीं अपनाया, भले ही बात सार्वजनिक जीवन की हो अथवा व्यक्तिगत जीवन की; चाहे प्रश्न सार्वजनिक नैतिकता का हो या व्यक्तिगत नैतिकता का। इसी अद्वैत, न कि द्वैत, के बल पर वे एक बैरिस्टर से महात्मा बने; इसी के आधार पर वे अनजान

से शताब्दी के महापुरुष बने, तथा यही कारण था कि वे एक दब्बू और विनम्र व्यक्ति से मानव-इतिहास के सबसे वीर संघर्षकर्ता सिद्ध हुए, ऐसे संघर्षकर्ता, जो किसी भी प्रकार के अन्याय के विरुद्ध नहीं झुकते। 'जीवन के प्रति आदर' के बिना ऐसा सम्भव नहीं हो सकता था। इसीलिए यह उनके व्यक्तित्व का अभिन्न अंग था। लेकिन उनका 'जीवन के प्रति आदर' अथवा अहिंसा सैद्धान्तिक रुचि का वह विषय मात्र नहीं रहा, जिसका उपदेश वातानुकूलित कक्ष में बैठकर विद्वानों को दिया जाता हो। जो कोई भी गाँधीवादी अहिंसा के सिद्धान्त और व्यवहार को सही अर्थों में समझ सका, वह रंगभेद की नीति के विरुद्ध संघर्षकर्ता और नोबेल शान्ति सम्मान प्राप्तकर्ता, मार्टिन लूथर किंग, की भाँति जीना और महात्मा की ही भाँति अपने हत्यारे की गोली से मरना सीखा। इतिहास अपने को दोहराता है, लेकिन समय की लहरों में उनके पदचिह्नों को पहचान पाना कठिन है।

गाँधीजी की प्रेरणा और शक्ति का स्थायी स्रोत क्या था? उन्होंने कहा है, "गीता सार्वभौमिक माता है। वह किसी को भी निराश नहीं करती। जो भी दस्तक दे, उसके लिए द्वार खुले हैं।" (पृष्ठ 127) उन्होंने अपने को हिन्दू-सनातनी कहा, क्योंकि (उन्हीं के शब्दों में), "मैं वेदों में विश्वास करता हूँ, मैं उपनिषदों और पुराणों को मानता हूँ।" (पृष्ठ 101), यहाँ विशेषरूप से उन्होंने गीता का उल्लेख नहीं किया, लेकिन सांकेतिक रूप से वह भी सम्मिलित है। एक अन्य स्थान पर उन्होंने कहा है, "भगवद्‌गीता और उपनिषदों में जो सांत्वना मुझे मिली, उसे मैं पर्वत पर उपदेश में भी पाने में असमर्थ रहा।" (पृ० 106)

उन्होंने स्पष्ट किया, "मेरे विचार गीता, रामायण, महाभारत और उपनिषदों आदि के अध्ययन के फलस्वरूप ही विकसित हुए हैं।" (पृष्ठ 134) यहाँ उन्होंने मात्र गीता का ही उल्लेख नहीं किया है।

आश्रम-भजनावली में गाँधीजी के अनुयायी और आश्रमवासी सामान्यतः जिस भजन-संहिता को प्रयुक्त करते थे, उसका प्रथम मंत्र ईशोपनिषद से है।

"इस गतिमान संसार में प्रत्येक गतिमान वस्तु ईश्वराधीन है; उसी में बसती है। इसलिए त्यागी बनो, प्रसन्नतानुभव करो; किसी अन्य की वस्तु के स्वामित्व के प्रति लालच न रखो।" यह मुक्त प्रस्तुति (ए०सी० बोस, द काल आफ द वेदास, भारतीय विद्या भवन, पृष्ठ 295), कर्मयोग दर्शन के अतिरिक्त अद्वैत, अर्थात अस्तित्व के एकाकीपन के दृष्टिकोण की स्पष्टता करती है। द्वैत, मैं और तुम, अहम् और इदम्, भय का कारण है, और इस प्रकार, संसार में बुराई का स्रोत है।

भय हिंसा को जन्म देता है। तकनीकी क्षेत्र में क्रान्ति और बढ़ती सम्पन्नता के बावजूद, संसारभर में अनेक प्रकार से हिंसा बढ़ रही है और विभिन्न देशों की सरकारों के इसे नियंत्रित करने के प्रयास बुरी तरह विफल हो रहे हैं। लेकिन फिर भी गाँधीवादी अहिंसा के महत्त्व को समझने में वे सक्षम नहीं हैं। ऐसा इसीलिए, क्योंकि वास्तविक महात्मा गाँधी को भुला दिया गया है।

गाँधीजी ने पश्चिमी सभ्यता से मुँह क्यों मोड़ा? उनके लिए इसका अर्थ क्या था? "पश्चिमी सभ्यता से मेरा अभिप्राय उन विचारों

से है, जिन्हें पश्चिम ने आधुनिक समय में अपनाया है, और जिनका पीछा किया गया है। बर्बर शक्ति की सर्वोच्चता, धन की ईश्वर के समान पूजा, सांसारिक सुखों हेतु अधिकांश समय व्यतीत करना, हर प्रकार के सांसारिक सुखों की प्राप्ति हेतु ही जीना, मशीनी शक्ति को निरन्तर बढ़ाने के लिए असीमित मानसिक ऊर्जा व्यय करना, यूरोप से बाहर (उनकी) नैतिकता पर प्रश्न-चिह्न मेरी दृष्टि में ऐसी सभ्यता पूर्णतः अस्वीकार्य है।'' (12.12.1920, महात्मा गाँधी : संकलित रचनाएँ, खण्ड 19, पृष्ठ 176-177, प्रकाशन विभाग, भारत सरकार, नई दिल्ली)।

"कुछेक छोटे-मोटे परिवर्तनों को छोड़कर, आठ दशाब्दियों के बाद भी गाँधीजी के ऐसे ही विचार वैश्वीकरण के सम्बन्ध में होते। वैश्वीकरण 'वसुधैव कुटुम्बकम्' नहीं है ... ऐसी विस्फोटक स्थिति में विश्व द्वारा महात्मा गाँधी को भूलना विडम्बना है; इस भयग्रस्त संसार के लिए वही आशा की किरण हैं। उक्त वर्णित लेख में ही उन्होंने कहा है, ''जब ईसा ने अपने समय को विषैले साँपों की पीढ़ी वाला कहा, तो उन्होंने ऐसा क्रोधवश नहीं कहा था। जब हर कोई सच बोलने से डरा, ईसा ने जीवन को खतरे में डाला; उन्होंने घमण्ड व धूर्तता का खुलासा किया, वास्तविकता को साधारण और निर्दोषजन के समक्ष रखा और उनकी रक्षा की।'' (वही उपरोक्त, लेखक द्वारा 'उपेक्षित महात्मा' शीर्षक से दिए गए सरदार पटेल स्मृति व्याख्यान से उद्धृत, भारतीय विद्या भवन, कलकत्ता 2000 ईस्वी)

विज्ञान के युग में और ब्रिटिश साम्राज्य के अन्तर्गत महात्मा गाँधी कैसे करिश्मा दिखा सके? इस असाधारण क्षण का ऐतिहासिक चित्र प्रस्तुत करते हुए जवाहरलाल नेहरू ने लिखा है, "और फिर गाँधी का आगमन हुआ। वे ताजी हवा के उस शक्तिशाली करंट के समान थे, जिसने हमें गहरे श्वास दिए और आगे बढ़ाया, प्रकाश की उस किरण की भाँति, जो अंधेरे को भेदती है, उसने हमारे चक्षुओं के सामने व्याप्त अंधकार को कम किया; बबोले के समान, जो अनेक वस्तुओं का सन्तुलन बिगाड़ देता है, लेकिन अधिकांशतः जनता के मस्तिष्क को सोचने को विवश करता है, उन्होंने हमें झकझोरा। वे ऊपर से नीचे की ओर नहीं आए; वे करोड़ों भारतीयों में से ही उभरे, उन्हीं की भाषा में उनकी निरन्तर दयनीय होती स्थिति का भान उन्होंने कराया। किसानों और श्रमिकों के पीछे खड़े होकर उन्होंने बताया कि तुम सब उनके शोषण के वशीभूत हो; उस व्यवस्था से छुटकारा पाओ, जो दुख एवं दीनता का कारण है। परिणामस्वरूप राजनीतिक स्वाधीनता को नया आयाम मिला, एक नई विषय-वस्तु मिली। उनकी शिक्षाओं का सार निर्भीकता और सत्य में था, और इनसे सम्बन्धित कार्यवाही में सदैव ही जनमानस का कल्याण (सर्वप्रमुख) था। उनके अनुसार, किसी व्यक्ति अथवा राष्ट्र के लिए सबसे बड़ा उपहार, जैसा कि हमारे प्राचीन ग्रन्थों में भी बताया गया है, अभय था, न केवल कायिक साहस, अपितु मस्तिष्क से भी भय को पूर्णतः निकाल देना। ब्रिटिश शासन अत्याचार, क्रूरता व दमनकारी भय का प्रतीक था; उसमें सेना, पुलिस तथा व्यापक रूप से फैले खुफियातंत्र का भय था; अधिकारी-वर्ग का भय था; उस

कानून का भय था, जो दमनकारी था और जो कारागार की राह दिखाता था; भूपतियों का भय था और भय था साहूकारों का; और बेरोजगारी और भुखमरी का, जो सदा ही द्वार पर थे, का भी भय था। इसी व्यापक भय के विरुद्ध गाँधी की शान्त परन्तु दृढ़ आवाज उठी, "भयभीत न होओ ...।"

"इस प्रकार अचानक, जैसा कि स्वाभाविक था, जनता के मन से भय जाता रहा, यद्यपि पूर्णतः नहीं, लेकिन बड़ी सीमा तक। जैसे भय असत्य का निकटतम सहचर है, उसी प्रकार सत्य निर्भीकता का अनुसरण करता है...।" (जवाहरलाल नेहरू, भारत की खोज, आक्सफोर्ड यूनिवर्सिटी प्रेस, 1955, पृ० 358-9)।

महात्मा गाँधी के सपनों का संसार कौन-सा हो सकता था? गुरुदेव रवीन्द्रनाथ टैगोर के शब्दों में:

"जहाँ मस्तिष्क निर्भीक हो और सिर ऊँचा रहे;

जहाँ ज्ञान मुक्त हो; उस स्वाधीनता के स्वर्ग में, हे मेरे पिता! मेरे देश को जागृत होने दो।"

लेकिन क्या यह स्वप्न भारत में, या विश्व के किसी अन्य भाग में, साकार हो सका? नहीं। क्यों? इसलिए, क्योंकि भूतकाल में मानव अद्वैत के सामाजिक विचारों को समझने में असफल रहा; उसने अद्वैत की बात तो की, लेकिन व्यवहार में द्वैत (पदार्थ और मस्तिष्क, मैं और तुम) को ही अपनाया। इसीलिए आज वह ई-मी[2] के वृहद् सामाजिक विचारों को समझ पाने में भी असफल हुआ है; वह समूहगत ऊर्जा और

इसके विपरीत की स्थिति के अन्य उपयोग के विचार को समझने में अक्षम रहा है। ऐसा इसलिए भी हुआ है, क्योंकि आधुनिक मानव का मस्तिष्क अभी भी न्यूटन के संसार के तीन पड़ावों के प्रभावान्तर्गत है, न कि आइन्सटीन के चहुँमुखी विश्व-स्थान-काल-निरन्तर-अखण्डता-के सिद्धान्त के, जो हैजनबर्ग के अनिश्चितता के सिद्धान्त को प्रमुखता प्रदान करता है। समूह एवं उर्जा, दोनों, होने के कारण एटम के व्यवहार का निर्धारण नहीं किया जा सकता। समूह के रूप में इसके व्यवहार की भविष्यवाणी की जा सकती है; लेकिन ऊर्जा के रूप में इसके व्यवहार की भविष्यवाणी नहीं हो सकती। इसी प्रकार, मनुष्य के कायिक व्यवहार की भविष्यवाणी हो सकती है; लेकिन मस्तिष्क के व्यवहार की नहीं, और इसीलिए इसके व्यवहार को भी निर्धारित नहीं किया जा सकता। तो भी मस्तिष्क में आकर्षित होने और आकर्षित करने की असीमित क्षमता होती है। महात्मा गाँधी ने मस्तिष्क की असीमित क्षमता का बड़े पैमाने पर सदुपयोग किया। एटम की भाँति मस्तिष्क अदृश्य हो सकता है, लेकिन इसके विस्फोट में असीमित शक्तियाँ होती हैं। (विस्तारार्थ ब्रह्म ... उपनिषद, सर्वसेवा संघ, वाराणसी को देखें)।

हिंसा कायिक शक्ति है, अहिंसा मानसिक शक्तिहै। इसीलिए, महात्मा गाँधी अहिंसा को आत्मिक बल कहा करते थे; या वे इसे आध्यात्मिक शक्ति कहते थे। गौतम बुद्ध, सुकरात, ईसा मसीह, महात्मा गाँधी, मार्टिन लूथर किंग और दूसरे महापुरुषों, जो आत्मिक बल की प्रेरणा के उदाहरण रहे, से प्रभावित होने के स्थान पर मनुष्य कायिक

शक्ति, दूसरे शब्दों में पाशविक बल से सम्मोहित है। इसलिए हिंसा आधुनिक समाज पर शासन कर रही है।

अहिंसा और अन्याय, अहिंसा तथा शोषण, अहिंसा एवं साम्राज्यवाद, अहिंसा व व्यक्तिगत अथवा राज्य पूँजीवाद साथ-साथ नहीं बने रह सकते हैं; न ही प्रजातंत्र और हिंसा एक साथ रह सकते हैं। हिंसा लोकतंत्र को नकारती है। सभी क्रान्तियाँ, चाहे वह फ्रांसीसी, सोवियत, चीनी या अमरीकी हो, अथवा भारतीय, असफल हुई हैं; जनाशाएँ असत्य सिद्ध हुई हैं, क्योंकि हिंसा उन्हें खा गई है। फ्रांस और जापान के मध्य हिलोरे लेता केवल एक ही लोकतंत्र है, और वह है भारतीय लोकतंत्र। वह भी इसलिए, क्योंकि भारत ने गाँधीवादी अहिंसा के मार्ग से स्वाधीनता पाई है। लेकिन स्वतंत्रता के उपरान्त भारत भी गाँधीवादी मार्ग से दूर चला गया और यह भी, न्यूनाधिक, उस ब्रिटिश ढंग का अनुसरण कर रहा है, जिसकी गाँधीवादी अहिंसा में अतिसीमित श्रद्धा है; जो केवल दिखावटी प्रशंसा करता है और महात्मा की समाधि राजघाट पर पुष्पों के साथ मात्र श्रद्धांजलि में विश्वास करता है।

पश्चिम ईसा विरोधी हवा के युग में साँस ले रहा है; वहाँ मानवीय मूल्यों, अध्यात्म, नैतिकता और सदाचार को कोई स्थान नहीं है; यदि कोई चीज़ सर्वोच्च है, तो वह है पैसा। 'उन्नति' का मूल अर्थ लक्ष्य पाना या लक्ष्य की ओर बढ़ना हो सकता है (नया आक्सफोर्ड शब्दकोष, 2000), लेकिन वर्तमान में यह उस आर्थिक उन्नति तक सीमित हो गया है, जिसे प्रति व्यक्ति आय में नापा जाता है। यदि यह

बढ़ती है, तो समझो उन्नति है, और बढ़ोत्तरी है; लेकिन यदि वह घटती है, तो वह दोनों ही रूपों में गिरावट है। संसार में ऐसा कोई संस्थान या विश्वविद्यालय नहीं है, जो मानवीय मूल्यों की स्थिति का लेखा-जोखा रखता हो। इसलिए मानव-समाज की चिन्ता किसे है?

संसारभर के शैक्षणिक संस्थान या तो लोगों को साक्षर बनाते हैं अथवा उन्हें रोजगार के लिए तैयार करते हैं। लेकिन श्रेष्ठ मानव बनने के लिए वे कोई शिक्षा नहीं देते हैं। यदि वे ऐसा करें, तो हिंसा का बढ़ता स्तर नीचे आए। लेकिन ऐसी स्थिति में उन फलते-फूलते और लाभकारी अस्त्रों-शस्त्रों का निर्माण करने वाले उद्योगों का क्या होगा जिनके साथ नशे का व्यापार भी निकटतापूर्वक जुड़ा है, और जो संयुक्त रूप से, खुलेआम अथवा गुपचुप रूप से, कई स्तरों पर सरकारों एवं निकायों पर नियंत्रण भी करते हैं?

इसलिए आज के विश्व की परिस्थितियों में गाँधीवादी अहिंसा प्रजातंत्र के सिद्धान्त-न्याय-व्यवस्था, प्रशासन, अर्थ-व्यवस्था, बैंक-व्यवस्था, पराराष्ट्र सम्बन्धों, शिक्षा और अन्य सम्बन्धित विषयों-में परिवर्तन की माँग करती है।

गाँधीवादी अहिंसा का सिद्धान्त और व्यवहार विचार मात्र नहीं है। यह मानवीय चिन्तन का सार है। यह मनुष्य की वह आन्तरिक पुकार है, जो उसे बुद्ध, ईसा अथवा गाँधी का अनुसरण करने को प्रेरित करती है। सिकन्दर, नैपोलियन तथा इसी प्रकार के दूसरे आक्रान्ता अब नहीं हैं, लेकिन लाखोंजन अभी भी बुद्ध, ईसा और गाँधी का अनुसरण

करते हैं। ऐसा तलवार की शक्ति के कारण नहीं, अपितु प्रेम की सर्वोच्च शक्ति के कारण है। इससे स्पष्ट है कि नैतिक बल स्थायी होता है, जबकि सांसारिक बल नाशवान।

आइन्सटीन को उद्धृत करते हुए पण्डित नेहरू कहते हैं, "आज मानव जाति का प्रारब्ध पहले से कहीं अधिक नैतिक बल पर निर्भर करता है। हर स्थान पर सुख और प्रसन्नता का मार्ग आत्मनियंत्रण और इच्छाओं में कमी के मध्य से गुजरता है।" वे कहते हैं, "वे अचानक हमें गर्व-योग्य विज्ञान के युग से वापस प्राचीन दर्शन की ओर ले जाते हैं; शक्ति और लाभ की इच्छा से उस इच्छा त्याग-भावना की ओर ले जाते हैं, जिससे भारत भली-भाँति परिचित है।" (भारत की खोज, पृष्ठ 559)। यद्यपि पण्डितजी ने आइन्सटीन को उद्धृत किया, लेकिन उनके दृष्टिकोण से वे बहुत प्रसन्न दिखाई नहीं देते हैं। वे "वैज्ञानिकों में सबसे प्रसिद्ध वैज्ञानिक होने का स्मरण कराते प्रतीत होते हैं; वे यह बताते प्रतीत होते हैं कि यह युग विज्ञान का है, प्राचीन दार्शनिकों का नहीं।" लेकिन मेरा विश्वास है कि आइन्सटीन महात्मा गाँधी के अतिरिक्त विज्ञान और मूल्यों के सम्बन्ध में किसी अन्य से कहीं अधिक जानते थे। अन्तर वास्तविकता को अनुभव करने मात्र का है। महात्मा गाँधी के समान ही आइन्सटीन ने भी वास्तविकता को अनुभव किया, लेकिन पण्डितजी ने पश्चिम द्वारा उत्पन्न गर्व-योग्य विज्ञान के युग की कृत्रिम प्रतिमा में सुखानुभव किया। इस प्रकार की कृत्रिम वैज्ञानिक प्रतिमा संसार के किसी भी भाग के व्यक्ति की समस्याओं का समाधान करने में सफल नहीं हुई है।

आधुनिक मानव दो मूल त्रुटिओं के वशीभूत है; प्रथमः मस्तिष्क और पदार्थ में द्वैत; और द्वितीयः मनुष्य को अजैव मानना। इसीलिए वह मानवीय समस्याओं को मस्तिष्क से नहीं, अपितु पदार्थ के माध्यम से व्याख्यायित करने का प्रयास कर रहा है। फ्रायड का मनः-विश्लेषण अथवा मनोविज्ञान मनुष्य को प्रायः असामान्य अथवा असन्तुलित मानव के रूप में लेता है। लेकिन महात्मा गाँधी उस परम्परा में उत्पन्न हुए और पले-बढ़े, जो कदाचित् गहन अनुभूति और विश्लेषण पर बल देने वाली सबसे प्राचीन परम्परा थी, जो मानवीय विश्लेषण पर विभिन्न पहलुओं और इसमें छिपी अव्यक्त क्षमता के महत्त्व पर बल देने वाली थी और जिसमें योग, विज्ञान तथा तकनीकी विकसित हुई थी। लेकिन बुद्ध से भी बहुत पहले और पतंजलि के योग-सूत्रों से भी पहले, यजुर्वेद के चौतीसवें अध्याय के पहले छः मंत्र मस्तिष्क के दृष्टिकोण और इसकी असीम शक्ति से सम्बन्धित हैं। (इसका) दूसरा मंत्र कहता हैः

"वह जो उच्च ज्ञान का स्रोत है, और बुद्धि तथा स्मरण शक्ति है; वह, जो जीवित प्राणी में अमर लौ है, जिसके बिना कोई क्रिया सम्भव नहीं है; वह मस्तिष्क वही करे, जो अच्छा है।" (यजु० 34 : 2)

लेकिन आज जो कुछ किया जा रहा है, वह एकदम विपरीत स्थिति वाला है। आज मस्तिष्क को अच्छाई की ओर नहीं ले जाया जा रहा है। अन्यों के लिए जो बुरा है, उसकी ओर इसे लगाया जा रहा है। दुर्भाग्यमयी इस स्थिति से सारा वातावरण दूषित हो गया है; हिंसामय हो गया है। इसलिए, दृष्टिकोण को, मनुष्य के मस्तिष्क को प्राथमिकता से परिवर्तित किए जाने की आवश्यकता है।

सकारात्मक चिन्तन को अभी भी आधुनिक दर्शन का प्रमुख और अभिन्न अंग बनना है। आज यह बिखरा हुआ है; मात्र एक टुकड़े के समान है। उदाहरण के लिए वनस्पति विज्ञान के सम्बन्ध में बहुत सारी बातें होती हैं, टिकाऊ उपज-बढ़ोत्तरी के बारे में बातें होती हैं; गरीबी रेखा के नीचे जीवन-यापनकर्ताओं के सम्बन्ध में बातें होती हैं; और मनुष्य के लिए नहीं, माल के बारे में मुक्त गतिविधियों की चर्चा होती है। लेकिन जब प्रतिस्पर्धा के लेखे-जोखे की बात होती है, अथवा उपज-दर की बात होती है, तो वे बात करने वाले कहीं नहीं होते। यह सब टैगोर के इस भय को उजागर करता है, "ज्ञान मुक्त कहा है?" हमारे समक्ष मात्र प्रश्न खड़ा करने के और चारा (भी) क्या है?

अहिंसक गाँधीवादी समाज के विकास के लिए, वास्तविक सिद्धान्त एवं गम्भीर व्यवहार के लिए, मनुष्य को इस पाखण्डी युग के अन्त के लिए समर्पित भावना से, लगन से और गम्भीर होकर कार्य करना होगा; उसे कल्याणकारी समय की खोज में जुट जाना होगा। स्वयं महात्मा गाँधी के गुंजित शब्दों में, "संसार में इन दिनों पाखण्ड बढ़ गया है। व्यक्ति किसी भी धर्म से हो, वह अपने और पदार्थ के सम्बन्ध में ही विचार करता है, और अपने वास्तविक कर्तव्यों के निर्वहन में वह असफल रहता है।" (महात्मा गाँधीः चयनित कार्य, श्रीमन्नारायण सम्पादित, खण्ड-4, पृष्ठ-3, नवजीवन ट्रस्ट, अहमदाबाद)।

अहिंसा के नाम पर जो कुछ किया जा रहा है, वह आधेमन से तथा श्रद्धा के बिना और दृढ़ता के अभाव में किया जा रहा है। इसलिए,

गाँधीजी भविष्यवक्ता के रूप में टिप्पणी करते हुए कहते हैं, "प्रयुक्त की जाने वाली अहिंसा व्यापक होनी चाहिए। अन्य गतिविधियों में हिंसक रहते हुए, केवल एक ही गतिविधि में मैं अहिंसक नहीं हो सकता। ऐसा हो, तो वह एक नीति हो सकती है, जीवन-शक्ति नहीं।" (गाँधीः आवश्यक लेख, 1935, पृष्ठ 358)। गाँधीजी के समान ही अपने जीवन को परिवर्तित किए बिना कोई समाज को नहीं बदल सकता। इसलिए जो कुछ किया जा रहा है उस पर आत्मचिन्तन किए जाने की आवश्यकता है।

प्रायः (हम) भूल जाते हैं कि गाँधीजी का गहरा और मौलिक ज्ञान से भरपूर मस्तिष्क था; "वे एक प्रमुख भाषा-शिल्पी थे।" (मार्टिन ग्रीन, भारत में गाँधीः स्वयं अपने कार्यों में, यूनिवर्सिटी प्रेस आफ न्यू इंग्लैण्ड, हानोवर और लन्दन, 1987, भूमिका, आठवीं/चौदहवीं) इसलिए नई परिस्थितियों में जब भी उनके समक्ष नई चुनौतियाँ आईं, तो उन्होंने नए मार्ग ही खोजे। वे आशावादी थे और अन्ततः सत्य की विजय में उनका विश्वास दृढ़तापूर्वक बना रहा। निराशा के युग में आशा के मसीहा के रूप में उन्होंने समय चक्र के मार्ग और दिशा को परिवर्तित करने का प्रयास किया। (विस्तार के लिए देखिए लेखक की पुस्तक आशा-पुरुष, नेशनल पब्लिशिंग हाउस, नई दिल्ली, 1998)।

डॉ० रामविलास शर्मा ने रेखांकित किया है कि गाँधीजी का धर्म उपनिषदों में घोषित है; वह अनुष्ठानों से मुक्त है; उन्होंने वेदान्त की दृष्टि से समाधान ढूँढे हैं। (गाँधी, अम्बेडकर, लोहिया और भारतीय

इतिहास की समस्याएँ, वाणी प्रकाशन, नई दिल्ली, 2000, भूमिका -10) इस सन्दर्भ में यह स्वाभाविक है कि प्रोफेसर आर० डी० रानाडे के शब्दों को याद किया जाए। उन्होंने कहा है, "भारतीय चिन्तन के इतिहास में उपनिषदों का अध्ययन बारम्बार प्रेरणा का स्रोत बना है, और महान धर्म-आन्दोलन को जन्म देना वाला भी।" (उपनिषद दर्शन का रचनात्मक सर्वेक्षण, भारतीय विद्या भवन, 1986 पृष्ठ 1)। जान पाऊ रूबी ने यूरोपियन पुनर्जागरण में आमने-सामने हुई सांस्कृतिक भिड़ंत की भूमिका को जानने का प्रयास किया है। (ट्रेवल एण्ड एथनालोजी इन द रिनेसन्स, केम्ब्रिज यूनिवर्सिटी प्रेस, 2000)। दक्षिणी भारत, विशेषकर विजयनगर साम्राज्य की ओर जाने वाले यात्री, वहाँ कुछ ऐसा प्रेरणादायक पाते हैं, जिसने उस यूरोपीय पुनर्जागरण और ज्ञान को एक पड़ाव दिया है, जिसने स्वयं भारत को उचित अवसर पर प्रभावित किया है। महात्मा गाँधी अपवाद थे, उनके पास उत्पन्न होती स्थिति के विश्लेषणार्थ अन्तर्दृष्टि थी। उस दृष्टि में मौलिकता थी। सत्याग्रह और अहिंसा रूपी अस्त्र उसकी उपज थे, जिन्हें भारत में साम्राज्यवाद के विरुद्ध संघर्ष में उन्होंने प्रयुक्त किया; और वृहद विचारों के साथ मानव समाज में परिवर्तनार्थ उसे प्रदत्त किया।

डॉ० रवीन्द्र कुमार रचनात्मक लेखक हैं। वे परिचय के मोहताज नहीं हैं। हिन्दी और अंग्रेजी, दोनों, भाषाओं में समान रुचि के साथ वे लिखते हैं। राजनीतिक दर्शन में उनकी गहन और खुली रुचि है। गाँधीवादी अहिंसा के सिद्धान्त और व्यवहार पर आधारित उनकी यह मूल्यवान पुस्तक गाँधी-साहित्य में स्वागत योग्य है। कदाचित् आज

विश्वभर में सबसे बड़ी संख्या में गाँधीजी के जीवन और कार्यों से सम्बन्धित पहलुओं पर लेख और पुस्तकें प्रकाशित हो रही हैं। विश्व की परिवर्तित होती परिस्थितियों में गाँधीवादी चिन्तन अधिकाधिक महत्त्वपूर्ण होता जा रहा है।

पुस्तक का परिचय-सम्बन्धी अध्याय तनिक पाण्डित्यपूर्ण प्रतीत हो सकता है, लेकिन मूल विषय तो सम्पूर्णतः रचनात्मक ही है। इसमें रचनात्मकता असाधारण बन पड़ी है। अध्याय पाँच और छः रचनात्मक होने के अतिरिक्त पूर्णतः मौलिक भी हैं। यहाँ गाँधीवादी अहिंसा के सिद्धान्त और व्यवहार का विश्व-स्तर पर प्रजातंत्र, स्वतंत्रता, न्याय और शान्ति को केन्द्र में रखकर विश्लेषण किया गया है। लेखक ने अन्तर्राष्ट्रीय स्तर पर विवादों के समाधानार्थ अहिंसा रूपी उपकरण के महत्त्व तथा अन्तर्राष्ट्रीय सहयोग में इसकी भूमिका को श्रेष्ठ ढंग से रेखांकित किया है।

अपनी बात को समेटते हुए डॉ० रवीन्द्र कुमार कहते हैं, अहिंसा को केन्द्र में रखकर गाँधीवादी सिद्धान्त और व्यवहार का परीक्षण कीजिए। ऐसा करने पर, मैं समझता हूँ, आपको इसमें अद्वितीयता मिलेगी; ऐसी अद्वितीयता, जिससे न्यूनाधिक सभी को कुछ-न-कुछ प्राप्त होगा। यही नहीं, इसके माध्यम से प्रत्येक व्यक्ति विश्व-शान्ति के लिए योगदान कर सकेगा। दृढ़ आशावादी महात्मा गाँधी की ही भाँति, मुझे भी आशा है कि डॉ० कुमार के ये शब्द पाठकों के मस्तिष्क में गूँजेंगे।

—प्रो० सिद्धेश्वर प्रसाद

अपनी बात

गाँधी को शताब्दी का महानतम पुरुष घोषित किए जाने वाले वर्ष में यदि उनकी अहिंसा को सिद्धान्त एवं व्यवहार में विश्लेषित करने का अवसर मिले, तो यह मेरा बहुत बड़ा सौभाग्य होगा। वह इसलिए, क्योंकि अपनी ग्राह्य और सदानुकरणीय अहिंसा के कारण ही वे शताब्दी के महान पुरुष माने गए हैं। शैक्षणिक जगत में गाँधी को कोई बड़ा बुद्धिजीवी नहीं माना जाता है। उन्हें कोई महान विद्वान, दार्शनिक अथवा चिन्तक भी नहीं माना गया है। लेकिन तब भी अनेक विद्वानों और बुद्धिजीवियों के अध्ययन व शोध का विषय वे बने हैं। क्यों? इसलिए, क्योंकि उन्होंने शाश्वत तथा मानव स्वभाव में स्थायी रूप से उपस्थित अहिंसा को जिस ढंग से दुनिया के सामने प्रस्तुत किया, वह अपने आप में अद्वितीय था; अनोखा रहा था।

करोड़ोजन को अहिंसक गतिविधियों के बल पर जागृत करना, फिर उन्हें सक्रिय कार्यवाही में संलग्न करके विश्व के शक्तिशाली साम्राज्य को चुनौती देना, तथा अन्ततः उस साम्राज्य की पराधीनता के जुए को उतारकर फिंकवा देना कोई सामान्य बात नहीं हो सकती; कोई साधारण घटना भी वह नहीं कही जा सकती। जिन लोगों की धारणा थी कि दुनिया के इतिहास में किसी भी देश को बिना हिंसा के आजादी प्राप्त नहीं हुई, गाँधी के अहिंसा के सिद्धान्त और व्यवहार ने उनकी धारणा को तोड़ दिया। फिर देखो उन महात्मा को! सब कुछ करने के उपरान्त उन्होंने कहा, "मेरे पास आपको सिखाने के लिए नया कुछ नहीं है। सत्य और अहिंसा उतने ही प्राचीन हैं कि जितनी पहाड़ीं।

अति प्राचीनकाल से ही, विभिन्न रूपों में, सिद्धान्त एवं व्यवहार में अहिंसा मानव-जगत में उपस्थित रही है। मानव के अस्तित्व, विकास और वास्तविक लक्ष्य को प्राप्त करने का यह साधन रही है। समय-समय पर विश्व के विभिन्न स्थानों पर चिन्तकों, दार्शनिकों और धर्म-सम्प्रदायों के संस्थापकों तथा व्याख्याताओं ने किसी-न-किसी रूप में अहिंसा की सर्वोच्चता को आखिरकार स्वीकार किया ही। मेरी दृष्टि में समस्त धर्म-सम्प्रदायों के जो भी शाश्वत मूल्य आधार बने, वे सभी अहिंसा के पूरक थे, और रहेंगे। इसीलिए गाँधी ने ही मानवता को अहिंसा का मार्ग दिखाया हो, यह बात उचित नहीं है। बात तो यह है कि जिस ढंग से उन्होंने इसे व्यक्तिगत के साथ ही, सामाजिक गुण के रूप में व्याख्यायित और स्थापित करके ग्राह्य तथा अनुकरणीय बनाया, छोटी से लेकर बड़ी समस्या के समाधान का आधार बनाया, वह अद्वितीय कार्य था; साथ ही विभिन्न प्रयोग करके जिस प्रकार अहिंसा को दुनिया के सामने उन्होंने प्रस्तुत किया, वह बहुत ही सराहनीय व अनोखा कृत्य था। फिर अहिंसा से सम्बन्धित समस्त अवधारणाओं में, वे पूरब से हों या पश्चिम से, समन्वय उन्होंने स्थापित किया। जैन हो अथवा बौद्ध, वैदिक-हिन्दू या ईसाई, यहूदी या मुसलमान, अथवा अन्य कोई और, हर एक को, न्यूनाधिक, अपनी इच्छा के अनुरूप की अहिंसा के दर्शन गाँधी के इससे सम्बन्धित सिद्धान्त तथा व्यवहार में हो सकेंगे। यही इसकी मुख्य और अनोखी विशेषता है।

जब तक हमारा अस्तित्व है, अहिंसा हमारे लिए आवश्यक है। कभी भी अहिंसा की महत्ता कम नहीं होगी। सिद्धान्त में स्वीकारने के बाद, जितना भी अधिकाधिक इसे व्यवहारों में उतारा जाएगा, उतना ही हमारा कल्याण होगा। दिन-प्रतिदिन की सभी स्तरों की समस्याओं के समाधानार्थ, कठिनाइयों और परेशानियों से छुटकारे हेतु, अहिंसा तथा

अहिंसक गतिविधियों से बढ़कर कोई दूसरा श्रेष्ठ साधन नहीं है। लेकिन हमारे सामने प्रश्न यह आता है कि अहिंसा व अहिंसक गतिविधियों को सहज ही ग्रहण कैसे करें, उन्हें अपनाएँ कैसे? इस सन्दर्भ में गाँधी ने अपना पक्ष हमारे समक्ष रखा है, जिसे अपने शब्दों में तथा अपनी सूझ-बूझ से, जितनी भी थोड़ी-बहुत मुझमें है, रखने का प्रयास मैं कर रहा हूँ। आशा है कि पाठक, शोधकर्ता और विषय में रुचि रखने वाले, न्यूनाधिक, इस विश्लेषण से लाभान्वित हो सकेंगे। मैं गाँधीवादी अहिंसा के सिद्धान्त और व्यवहार विषय पर अपना यह विश्लेषण प्रस्तुत करने के लिए दिए गए अवसर के लिए स्पेन के कास्तेलो स्थित जोम-प्रथम विश्वविद्यालय और इसके शान्ति अध्ययन केन्द्र का आभार व्यक्त करूँगा।

महात्मा गाँधी और अहिंसा के सिद्धान्त और व्यवहार पर अपना विश्लेषण मूलतः मैंने अंग्रेजी भाषा में तैयार किया, लेकिन अब मेरे स्वयं के द्वारा अनुवाद के बाद इसका हिन्दी में भी प्रकाशन हो रहा है। हिन्दी भाषा में पाण्डुलिपि को प्रकाशन योग्य बनाने हेतु, विशेषकर पाण्डुलिपि को पढ़ने में, सदा की भाँति श्री मनोज कुमार 'मनोज' ने मेरी सहायता की है, जिस हेतु मैं इनके प्रति सस्नेह धन्यवाद देता हूँ। इसी के साथ-साथ श्रीमती कमलेश, सुश्री रंजना चावड़ा तथा श्री नरेश सैनी का भी किसी-न-किसी रूप में प्रदत्त सहयोग हेतु धन्यवाद करता हूँ।

-रवीन्द्र कुमार

23 बी/2, मानसरोवर, सिविल लाइन्स,
मेरठ- 250001 (भारत)

सत्य-अहिंसा को अपनाकर,
तुमने इनको अमर कर दिया।
सोए भारत के जन-मन में,
तुमने नव उत्साह भर दिया।
जन-गंगा के अमर भगीरथ
बनकर तुमने स्नेह लुटाया।
दीन-हीन पर दया दिखाकर,
तुमने पलकों पर बैठाया।
नवल किरण उन्नति की लाकर,
अंधकार का किया सफाया।
भटक रहे जो अपने पथ से,
सत्य-सुधा का पाठ पढ़ाया।
हे प्रणाम्, तुमको हे गाँधी!
तुमने आकर देश जगाया।
तुम आज़ादी के थे प्रेरक,
आज़ादी को मन से गाया।।

—मनोज कुमार 'मनोज'

अध्याय-एक

परिचय

परिभाषा, जीवन-यात्रा और सैद्धान्तिक परिप्रेक्ष्य में विकास; अहिंसा की एशियाई अवधारणा-पश्चिम से तुलना; और अहिंसा की भारतीय अवधारणा-एशिया के अन्य भागों से भिन्नता।

महात्मा गाँधी निःसन्देह बीसवीं शताब्दी के एक महान व्यक्ति थे, और वे मानवतावादी चिन्तक होने के साथ ही कर्मयोगी भी थे। सिद्धान्त और व्यवहार सदैव ही दो अलग-अलग पहलू होते हैं। इस मानव-विश्व में गिनती के ही ऐसे चिन्तक या व्यक्ति हुए हैं, जिनके सिद्धान्त और व्यवहार में पूर्णतः एकरूपता रही हो, अथवा एकरूपता का सामीप्य रहा हो। दूसरे शब्दों में, उनके व्यवहार सिद्धान्तों की कसौटी पर पूरी तरह खरे, या लगभग खरे, उतरे हों।

गत हजारों वर्षों के इतिहास में एक से बढ़कर एक सिद्धान्त प्रतिपादित हुआ है। सिद्धान्तों के प्रस्तुतकर्ताओं ने अपने सिद्धान्तों के माध्यम से भिन्न-भिन्न रूपों में विश्व की व्याख्या करने के प्रयास किए; मानव के जीवन के सभी पहलुओं पर विस्तारपूर्वक प्रकाश डाला। क्रमानुसार जीवन को सुरक्षित रखते हुए तथा उसे समृद्ध बनाकर कैसे लक्ष्य को प्राप्त किया जाए, इस हेतु मूल्यवान सुझाव दिए। लेकिन केवल सिद्धान्त एवं सुझाव, भले ही वे कितने भी श्रेष्ठ क्यों न हो, उन्हें

अतिसुन्दर शब्दों में प्रस्तुत क्यों न किया गया हो, अथवा उनके लिए कितनी भी श्रेष्ठ-शैलीदार भाषा क्यों न प्रयुक्त की गई हो, तब तक किसी काम के नहीं हो सकते, जब तक वे व्यवहार में न आ जाएँ, वे व्यवहारों की परिधि में न समा जाएँ।

सौभाग्य से गाँधी मानव के सम्पूर्ण इतिहास में उन कुछ गिनी-चुनी विभूतियों में से एक हैं, जिनके सिद्धान्तों और व्यवहारों में लगभग एकरूपता है। अर्थात गाँधी ने जो विचार मानव-विश्व के सामने रखे, उनको ही अधिकाधिक सम्भव अपने जीवन में उतारने का कार्य भी किया। यही नहीं, गाँधी के कई अनुयायिओं ने उनके सिद्धान्त के अनुरूप अपने को उस व्यवहार में ढालकर दिखाया।

जैसा कि मेरे संज्ञान में है, गाँधी के विचारों को गाँधीवाद का नाम दिया जाता है। लेकिन मेरी दृष्टि में मात्र गाँधी के विचार ही गाँधीवाद नहीं हैं। वे गाँधीवाद का एक पक्ष हैं। गाँधीवाद का दूसरा पक्ष निश्चिततः उनके व्यवहारों में है।

गाँधीवाद का मूलाधार अहिंसा है। इसे ऐसे भी कहा जा सकता है कि गाँधीवाद को पलभर के लिए भी अहिंसा से पृथक नहीं किया जा सकता है। दोनों-गाँधीवाद और अहिंसा-घनिष्ठतः एक-दूसरे के साथ जुड़े हुए हैं; अथवा ऐसे कहिएगा कि गाँधीवाद के प्राण ही अहिंसा में हैं। स्वयं गाँधी के शब्दों में, "मेरा जीवन अहिंसा ... के पालन ... के लिए समर्पित है।" हमें अहिंसा को, इसीलिए, गाँधी के सिद्धान्त और व्यवहार में विश्लेषित करना है। साथ ही सदा-सदा के लिए सम्पूर्ण मानवता के परिप्रेक्ष्य में उसके महत्त्व को जानना है। दिन-प्रतिदिन की

समस्याओं, वे छोटी-से-छोटी हों अथवा बड़ी-से-बड़ी, वे व्यक्तिगत हों या फिर अन्तर्राष्ट्रीय स्तर की, के समाधानार्थ क्या वह सक्षम है, यह भी देखना है। लेकिन इससे भी पहले अहिंसा के अर्थ को समझना है; इसके शब्दार्थ से परिचित होना है। यही नहीं, अहिंसा की अवधारणा, जीवनी, सैद्धान्तिक परिप्रेक्ष्य में इसके विकास आदि को जानना है।

अभिप्राय

अति साधारण शब्दों में किसी के प्राणों को न हरना ही अहिंसा माना जाता है। लेकिन वास्तव में यह अहिंसा का पूर्ण अभिप्राय या अर्थ नहीं है। वास्तव में अहिंसा शब्द 'अ' तथा 'हिंसा' से मिलकर बना है। भारतीय व्युत्पत्ति विज्ञान के अनुसार अहिंसा में तीन अवयव हैं। ये हैं 'अ' (अर्थात नहीं), 'हिंस' (अर्थात मारने या घायल करने वाली क्रिया) तथा 'अ' (उपसर्ग)। दोनों, अर्थात सामान्य और भारतीय व्युत्पत्ति विज्ञान के अनुसार, इस प्रकार, अहिंसा हिंसा के विपरीत की क्रिया है, अथवा स्थिति है। शाण्डिल्योपनिषद में कहा भी गया है, "मन, वचन व कर्म से समस्त प्राणियों के दुख का कारण न बनना अहिंसा है।" यद्यपि शाण्डिल्योपनिषद की यह व्याख्या दुख की अवधारणा के सन्दर्भ में अहिंसा को देखती है, लेकिन तब भी यह स्पष्ट है कि अहिंसा हिंसा के विपरीत की क्रिया या स्थिति है। इस परिप्रेक्ष्य में हमारे लिए अब यह अच्छा होगा कि हम अहिंसा को जानने व समझने लिए हिंसा के अर्थ व अवधारणा से भी परिचित हो जाएँ।

जैसा कि हमने अति साधारण अर्थों में किसी के प्राणों को न हरना अहिंसा माना, ठीक उमी प्रकार किसी के प्राण लेना हिंसा माना

जा सकता है। लेकिन यह भी हिंसा का पूरा अभिप्राय नहीं है। इस सन्दर्भ में आप चाहे पश्चिमी जगत के चिन्तकों व विद्वानों के उदाहरण दें या पूरब के, अथवा विशेष रूप में भारत के। फिर हिंसा क्या है? यह प्रश्न हमारे सम्मुख है।

आधुनिक युग के एक विद्वान ने हिंसा की सूक्ष्म व्याख्या करते हुए कहा है, "राग-द्वेषपूर्ण भावनाओं एवं अनवधानता से वशीभूत जब अपने मन, वाणी अथवा कर्म से दूसरे के मन, वाणी या कर्म को दुख पहुँचाया जाता है, अथवा जीवन नष्ट किया जाता है, तब उस अशुभ भावना, अशुभ वाणी और अशुभ प्रवृत्ति को हिंसा-दोष से दूषित स्वीकारा जाता है। ऐसे में भले ही बाह्य रूप से किसी भी प्रकार की हिंसा नहीं रही हो, लेकिन (फिर भी) आन्तरिक रूप से सारी भावना में हिंसा वृत्ति है ...।"[1]

सूक्ष्म रूप से की गई उक्त व्याख्या के आधार पर भी हम लगभग इसी निष्कर्ष पर पहुँचते हैं कि मन, वचन और कर्म से दूसरे के मन, वचन व कर्म को दुख देना या किसी का वधकर देना हिंसा है।

चूँकि हिंसा के एकदम विपरीत की क्रिया, स्थिति या प्रवृत्ति अहिंसा है, इसलिए मन, वाणी एवं कर्म से अन्य प्राणी के मन, वाणी और कर्म को ठेस न पहुँचाना, साथ ही जीवन को नष्ट न करना, अहिंसा है। यदि कुछ ही शब्दों में कहना हो तो, "हिंसा से सर्वथा निवृत्ति अहिंसा है।"

अवधारणा, जीवनी और सैद्धान्तिक परिप्रेक्ष्य में विकास

शब्दार्थ एवं परिभाषा के उपरान्त यदि हम अहिंसा की अवधारणा, इसके जीवन-काल एवं सैद्धान्तिक परिप्रेक्ष्य में इसके विकास की चर्चा करें, तो सर्वप्रथम हमारे लिए इस कड़ी में वैदिक दृष्टिकोण को जानना उचित होगा। वेद, जैसा कि विदित है, विश्व के प्राचीनतम ग्रंथ हैं। इनके आधार पर स्थापित वैदिक-व्यवस्था ने लम्बे समय से भारतीय उपमहाद्वीप के निवासियों के जीवन को निर्देशित किया है; विश्व के अनेक अन्य भागों के लोग भी वेदों से, न्यूनाधिक, प्रभावित हुए हैं। फिर अहिंसा के बारे में वेदों में उल्लेख हैं। ऐसा होना स्वाभाविक है। वह इसलिए, क्योंकि वेदों के अस्तित्व में आने से लाखों वर्ष पहले मानव को अहिंसा की अनुभूति हो चुकी थी।

वैदिक अहिंसा के सम्बन्ध में संस्कृत के एक शब्दकोष में उल्लेख है कि किसी भी अनुभव कर सकने वाले प्राणी के प्रति समस्त प्रकार की हिंसा का निषेध अहिंसा है, इस शर्त के साथ कि इस हेतु कोई शास्त्रीय आदेश न हो।[2] इसका अभिप्राय यह हुआ कि अनुचित एवं अवैधानिक ठहराई गई चोट की अनुपस्थिति अहिंसा है।

मनु वैदिक-विधान के जनक माने जाते हैं। वे उक्त वर्णित वैदिक अहिंसा के समान ही मत व्यक्त करते हैं कि न केवल प्राण ही न लेना और न केवल चोट ही नहीं पहुँचाना, अपितु वह वध और वह चोट भी अहिंसा (की परिधि में) है, जिसे वेदों की स्वीकृति प्राप्त हो। इसीलिए, ''जो हिंसा वेदविदित है और इस चराचर जगद् में नियत है,

उसे अहिंसा ही समझना चाहिए" क्योंकि वही धर्म है, और धर्म वेद से ही प्रकट हुआ है। अर्थातः

"या वेदविहिता हिंसा नियत स्मिंश्चराचरे।
अहिंसामेव तां विद्याद्रेदाद्धर्मो हि निर्वभौ।।[3]

अतः "...कर्मनिष्ठ (ब्रह्मचर्य, गृहस्थ अथवा वानप्रस्थ आश्रम में रहते हुए) आपत्ति (काल) में भी वेद-विरुद्ध हिंसा न करें।" अर्थातः

"गृहे गुरावण्ये वा निवसन्नात्मवान्द्विजः।
नावेदविहितां हिंसानापद्यपि समाचरेत्।।"[4]

स्पष्ट है कि अहिंसा से सम्बन्धित वैदिक अवधारणा के अन्तर्गत प्रत्येक प्रकार की चोट का निषेध ही अहिंसा नहीं है। वैदिक-व्यवस्था को बनाए रखने के लिए, न्याय की माँग के अनुसार, अहिंसा के औचित्य का निर्धारण यहाँ प्रमुख मुद्दा है। इसीलिए अपराधी को दिया जाने वाला दण्ड, अथवा न्याय के लिए लड़े जाने वाले युद्ध में शत्रु का वध, अहिंसा की परिधि में है; शास्त्र इसकी अनुमति देता है। अतः, जैसा कि अब हमें ज्ञात भी हुआ, वैदिक अहिंसा को न्याय और हिंसा को अन्याय के परिप्रेक्ष्य में उसी भाँति जानना चाहिए, जैसा कि शास्त्र में उल्लेख है। लेकिन वास्तविकता यह भी है कि उक्त अवधारणा अतिप्राचीन है। शाण्डिल्योपनिषद में अहिंसा परदुख अथवा परपीड़ा के परिप्रेक्ष्य में सामने आती है, जैसा कि हमने अभी कुछ समय पूर्व जाना; जबकि मनु के वैदिक अहिंसा के क्षेत्र में न्याय अहिंसा का आधार बना है।

यद्यपि शाण्डिल्य सहित दूसरे उपनिषद भी वैदिक साहित्य का ही भाग हैं, लेकिन उपरोक्त विश्लेषण से ऐसा लगता है कि वैदिक साहित्य अथवा ग्रंथों में अहिंसा को लेकर एकमतता नहीं है। क्या वास्तव में ऐसा है? यदि हाँ तो क्यों? इस प्रश्न का उत्तर मैं इस प्रकार से दूँगा कि वेद उपनिषदों से प्राचीन हैं; वेदों के लिपिबद्ध किए जाने के समय न्याय को अहिंसा की कसौटी बनाया जाना आवश्यक रहा होगा। विपरीत इसके, बाद के समय में, परिवर्तित परिस्थितियों के चलते, परपीड़ा को अहिंसा की कसौटी बनाना आवश्यक हो गया होगा। इससे यह ज्ञात होता है कि अहिंसा की अवधारणा में विकास भी हुआ, क्योंकि बाद की कसौटी, अर्थात परपीड़ा, पहली से अधिक महत्त्वपूर्ण है और वह अहिंसा के अर्थ या अभिप्राय के अधिक निकट भी। यही नहीं, यह अपेक्षाकृत अधिक प्रगतिशील भी है।

जैन दर्शन की अहिंसा की अवधारणा वैदिक दर्शन की अवधारणा से तनिक भिन्न प्रतीत होती है। मैं मानता हूँ कि भारतीय उपमहाद्वीप में वैसे भी जैन दर्शन, जो कि अहिंसा की सर्वथा परिक्रमा करता है, कम-से-कम वैदिक- व्यवस्था जितना प्राचीन है। कैसे? इसे मैं यहाँ चर्चा का विषय नहीं बनाना चाहता हूँ, क्योंकि यह अभी विश्लेषण का बिन्दु नहीं है। इसीलिए यहाँ इस दर्शन की अहिंसा से सम्बन्धित अवधारणा को मैं संक्षेप में रखना चाहूँगा।

जैसा कि विषय-विशेषज्ञ परिचित भी हैं, अवधारणा के दृष्टिकोण से जैन दर्शन में अहिंसा की स्थिति अद्वितीय है; इसका स्थान यहाँ

सर्वोच्च है। कदाचित् जैन दर्शन से अधिक सूक्ष्म अहिंसा की व्याख्या किसी अन्य दर्शन में नहीं हुई है। प्रारम्भ में शब्दार्थ को जानते समय जो परिभाषा अहिंसा की हम कर आए हैं, जैन दर्शन उस पर अडिग है। अर्थात जैन दर्शन के अनुसार, "न हिंसा अहिंसा;" हिंसा से सर्वथा निवृत्ति अहिंसा है।

जिस प्रकार गाँधीवाद के सम्बन्ध में मैने कहा है कि "इसका मूलाधार अहिंसा है," उसी प्रकार यह जान लेना चाहिए कि जैन दर्शन भी पूर्णतः अहिंसा के चहुँओर घूमता है। लेशमात्र भी अहिंसा की परिधि के बाहर जाने की सम्भावना यहाँ नहीं है। इससे भी अधिक महत्त्वपूर्ण बात यहाँ यह है कि जैन धर्म-सम्प्रदाय का प्रमुख और आधारभूत मूल्य ही अहिंसा है। गाँधीवादी अहिंसा और जैन दर्शन की अहिंसा में फिर भी कुछ अन्तर है, जिसे हम बाद में देखेंगे।

जैन दर्शन की अहिंसात्मक अवधारणा नकारात्मक है; इस दर्शन में 'नञ' समास से निर्मित अहिंसा शब्द हिंसा के नकारात्मक पक्ष को प्रकट करता है। यह प्राणों के अतिपात से पूर्णतः निवृत्ति की बात करते हुए स्पष्ट करता है कि "हिंसा न करने के बाद भी कुछ कर्तव्य शेष रह जाता है, जिसमें से अहिंसा का दया, करुणा, मुदिता, मैत्री, अनुकम्पा आदि वाला विधायक रूप फूटता ... है।"[5]

यह स्वीकार करते हुए कि अहिंसा से विमुखता दुख का कारण है, जैन दर्शन आत्म-नियंत्रण द्वारा अहिंसा के सम्पूर्ण विकास का पक्षधर है। संक्षेप में, जैन दर्शन में अहिंसा साध्य है और यही साधन भी

है; शनैः-शनैः अहिंसक साधनों को अपनाते हुए इसकी पराकाष्ठा को पाना ही जीवन का लक्ष्य है। अटल सत्य के रूप में इस तथ्य को स्वीकार करते हुए कि ... "सव्वेसि जीवियं पियं, पाणिण च पिया दया; आत्मवत् सर्वभूतेषु, परस्परोपग्रहों जीवानाम् ।" अर्थात प्रत्येक को जीवन प्रिय होता है। हर प्राणी में सबसे महत्त्वपूर्ण व बड़ी इच्छा जीने की ही होती है। यही प्रायः एक ऐसी कामना है, जो मृत्यु के क्षण तक बनी रहती है; जब तक भी सम्भव हो सके, प्राणी जीना चाहता है।

किसी व्यक्ति को मृत्यु दण्ड मिला हो और अचानक उससे पूछा जाए कि सम्पूर्ण धरा और जीवन, इन दो, में से किस एक को वह चुनना चाहेगा, तो निश्चित रूप से वह जीवन का ही चयन करेगा। जब सभी प्राणी जीना चाहते हैं, मरना कोई नहीं चाहता, और किसी ने अपने को मारने का अधिकार भी किसी अन्य को नहीं दिया है, तो किसी को अनाधिकार कोई चेष्टा भी नहीं करनी चाहिए। किसी दूसरे को कष्ट नहीं देना चाहिए। कोई किसी अन्य को कष्ट देता है, आघात करने की चेष्टा करता है, अथवा प्राण हरने का प्रयास करता है, तो दूसरा भी प्रतिकार करने का प्रयास करेगा; वह बदला लेना चाहेगा। इससे बैर व विरोध की स्थिति उत्पन्न होती है। इसलिए यह चाहिए कि सभी एक-दूसरे के जीवन के अधिकार का सम्मान करें, अर्थात वे अहिंसा का परिचय दें।

जिस प्रकार समस्त प्राणियों को प्राणाघात अप्रिय है, उसी प्रकार उन्हें दया प्रिय है। कहा भी है, ''पाणिण च पिया दया।'' विचारणीय

है वह क्षण, जिसमें दो व्यक्ति एक पशु के सामने खड़े हों; और उन दो में से एक के हाथ में छुरा हो, जबकि दूसरे के हाथ में हरी घास का गुच्छा हो। दोनों को देखकर न बोल पाने वाले पशु की आँखें भी स्पष्ट भान करा देंगी कि उसे अपने हाथ में घास लिए व्यक्ति ही प्रिय है, और छुरा लिए व्यक्ति उसे प्रिय नहीं है। जीवों को अभयदान देना मानव का स्थायी स्वभाव बन जाना चाहिए। अभयदान और दया-भावना मनुष्य को निर्भीक बनाते हैं। जो दूसरों को अभयदान देता है, वह स्वयं भी निर्भीक बन जाता है; प्रायः किसी दूसरे की ओर से उसे भय नहीं रह जाता हैं। यह अहिंसा का श्रेष्ठतम परिचय होता है। अतः अभय अति महत्त्वपूर्ण है और इसीलिए कहा भी जाता है कि सब प्रकार के दानों में अभयदान श्रेष्ठ है।

"अहो आत्मान्" को सदैव मस्तिष्क में सजीव रखकर, दूसरे शब्दों में, किसी दूसरे के प्रति हिंसात्मक भावों के जागृत होने के समय स्वयं अपने को उसके स्थान पर रखकर विचारना चाहिए। सोचना चाहिए कि जिसके प्राणों को हरने की इच्छा जागृत हुई है, या कष्ट, दुख व चोट आदि पहुँचाने का विचार आया है, अथवा उसे वश में करने की अनाधिकारिक चेष्टा जो वह करने जा रहा है, यदि वह स्वयं उसके स्थान पर हो, तो? कहने का तात्पर्य यह है कि मानव-विश्व की समस्त आत्माओं अथवा समस्त प्राणियों के दुख-दर्द की स्वः-अनुभूति करके ऐसा अनुभव करके चलना कि जैसे स्वयं अपने पर ही दुख पड़ रहा है, अपने को ही दुख हो रहा है। फिर परपीड़ा जानकर सद्व्यवहार करना,

"आत्मवत् सर्वभूतेषु" का निरन्तर स्मरण करके, क्योंकि यह अहिंसा की पहचान है।

मनुष्य समाज का अभिन्न अंग है और वह इसीलिए सामाजिक प्राणी कहलाता है। समाज से वह बहुत कुछ लेता है और इसीलिए उसका नितान्त कर्तव्य हो जाता है कि वह भी समाज का ऋण चुकाए; समाज को कुछ अवश्य दे। लेकिन क्या दे? निश्चित ही वह सद्‌भाव और सहयोग दे; जीव के जीवत्व को सिद्ध करते हुए और "परस्परोपग्रहों जीवानाम्" के अनुरूप समाज में परस्पर सहयोगी बने। यही जीवन को सार्थक करने की शर्त है और अहिंसा का मार्ग भी है।

इस प्रकार उपरोक्त व्याख्या से परिचित होने के बाद हम इस निष्कर्ष पर पहुँचते हैं कि लक्ष्य को प्राप्त करने के लिए, अर्थात अहिंसा की परकाष्ठा तक पहुँचने हेतु मानव को आत्म-नियंत्रण करना होता है, जैन दर्शन का यही मानना है। दूसरे शब्दों में, जैन दर्शन में अहिंसा की अवधारणा का सबसे महत्त्वपूर्ण आधार आत्म-नियंत्रण है। जैन अहिंसा की अवधारणा के बारे में एक मुख्य बात यह भी रही है कि सैद्धान्तिक रूप से उसमें भूतकाल या वर्तमानकाल के परिप्रेक्ष्य में, देशकाल की परिस्थितियों में परिवर्तन के बाद भी, कोई अन्तर नहीं आया है।

बौद्ध अहिंसा

जैन दर्शन की ही भाँति बौद्ध दर्शन का भी आत्म-नियंत्रण पर पूरा-पूरा बल है, लेकिन बौद्ध अहिंसा जैन अहिंसा से अवधारणा में थोड़ी भिन्न प्रतीत होती है। जैसा कि सब जानते हैं, गौतम बुद्ध ने अपने

समय की परिस्थितियों और मानवीय आवश्यकताओं को दृष्टिगत रखकर करुणा को अपने दर्शन और व्यवहारों का आधार बनाया; करुणा मैत्री व दया के जुड़ने से उत्पन्न होती है। निःसन्देह करुणा अहिंसा की एक श्रेष्ठतम पूरक मान्यता है, लेकिन बौद्ध दर्शन में जैन दर्शन की भाँति अहिंसा के पालनार्थ कड़ा अनुरोध नहीं है। फिर भी जैसा कि उल्लेख किया है, आत्म-नियंत्रण बौद्ध दर्शन में भी समानतः महत्त्वपूर्ण है, और इस तथ्य की पुष्टि के लिए मैं यहाँ धम्मपद से चार श्लोक प्रस्तुत कर रहा हूँ :

"कायप्पयकोपं रक्खेय्य कायेन सवुतो सिया।
कायदुच्चरितं हित्वा कायेन सुचरितं चरे।।
वचीपकोप रक्खेय्य वाचाय संवुतो सिया।
वची दुच्चरितं हित्वा वाचाय सुचरितं चरे।।
मनोपपकोपं रक्खेय्य मनसा संवुतो सिया।
मनुच्चरितं हित्वा मनसा सुचरितं चरे।।
कायेन संवुता धीरा अथो वाचाय संवुता।
मनसा संवुता धीरा ते वे सुपरिसंवुता।।"[6]

उक्त चारों श्लोकों का संक्षेप में जो श्रेष्ठ भाव मैक्समूलर ने दिया है, उसे हिन्दी में मैं इस प्रकार प्रस्तुत कर सकता हूँ, "शारीरिक-ताव के प्रति तुम सावधान रहो, और काया पर नियंत्रण रखो! कायिक पापों का त्याग कर दो, और शरीर के साथ तुम नैतिक गुण का अभ्यास करो! वाणी-क्रोध के प्रति तुम सावधान रहो, और वाणी पर तुम नियंत्रण करो! जिह्वागत पापों को छोड़ दो, और तुम वाणी के द्वारा सद्गुणों का

अभ्यास करो! मानसिक क्रोध के प्रति सावधान रहो, और तुम मस्तिष्क पर नियंत्रण करो! मानसिक पापों का परित्याग कर दो, और तुम मस्तिष्क द्वारा गुण को विकसित करो! वे बुद्धिमान, जो अपनी काया को, जो अपनी वाणी को, और जो अपने मस्तिष्क को नियंत्रित करते हैं, वे (वास्तव में) श्रेष्ठतः नियंत्रित हैं।"[7]

उपरोक्त वर्णित तीन प्रमुख और प्राचीन अहिंसा से सम्बन्धित अवधारणाओं* को जानने एवं समझने के बाद हम इससे जुड़ी समकालीन अवधारणाओं को, वह भी विशेष रूप से पश्चिमी जगत के सन्दर्भ में, देखेंगे तो अच्छा होगा। वैसे मैं यहाँ यह भी स्पष्ट कर देना चाहूँगा कि अहिंसा-सम्बन्धी समकालीन अवधारणाओं में गाँधीवादी अवधारणा स्वयं न केवल प्रमुख है, अपितु वह अति लोकप्रिय भी है। चाहें तो ऐसा कहिएगा कि पूरब और पश्चिम, दोनों, की अहिंसा से सम्बन्धित अवधारणाओं का अच्छा समन्वय गाँधीवादी अहिंसा में है।

---

* प्राचीनकाल की जिन तीन अवधारणाओं- वैदिक, जैन और बौद्ध-की चर्चा मैंने की है, वह इसलिए, क्योंकि वे प्रमुख हैं तथा इस सन्दर्भ में अग्रणी भी। यह समझ लेना चाहिए कि मेरा ऐसा करने का अभिप्राय यह कदापि नहीं है कि केवल ये तीन ही प्रांचीन अवधारणाएँ हैं और इनके अतिरिक्त अहिंसा से सम्बन्धित कोई और अवधारणा नहीं है। निश्चिततः पारसी दर्शन में आई मानव-एकता, कन्फ्युशी की समानता, ताओं की विनम्रता, यहूदी में न्याय, शिन्तों में प्रेम और ईसाई में सेवा के अद्वितीय सिद्धान्त को अहिंसा के परिप्रेक्ष्य में, उसके साथ संलग्न हुआ देखा जा सकता है। ये सभी अवधारणाएँ एशियाई हैं, लेकिन यूरोप भी इनसे अछूता नहीं रहा है। यही नहीं, प्राचीन ग्रीस के राजनीतिक दार्शनिकों, जैसे कि अरस्तु को भी मैं उद्धृत करूँगा, क्योंकि वे सद्गुणों के संपोषण के पक्षधर थे, मानव को श्रेष्ठ बनाने हेतु नैतिक-मूल्यों के उत्तरोत्तर विकास के पक्षधर थे।[8] निश्चित रूप से यह सब अहिंसक प्रवृत्तियों के माध्यम से ही सम्भव है, भले ही बाह्य रूप से ऐसा प्रतीत न होता हो।

चूँकि गाँधीवादी अहिंसा की चर्चा हम एक पृथक अध्याय में करेंगे, इसलिए यहाँ कुछ अन्य प्रमुख समकालीन अवधारणाओं की बात करते हैं, और वह भी पश्चिमी जगत से जुड़ी हुई अवधारणाओं के बारे में।

आइए! इस कड़ी में सर्वप्रथम चर्चा करें जर्मनी के श्रेष्ठतम दर्शनों में से एक के व्याख्याता और विश्व-शान्ति के समर्थक इमानुएल कांट की, जो मानवीयता को केवल एक साधन ही नहीं, अपितु सदा और समान रूप से साध्य के रूप में समझने और अनिवार्यतः भी ऐसा मानने का आह्वान करते हैं।

कांट रोमन-विधि-शास्त्री अल्पियन द्वारा प्रतिपादित तीन विख्यात सूत्रों, '(क) स्वभावोचित ढंग से रहो; (ख) किसी के अधिकार का हनन न करो; और (ग) दूसरे को उसका अधिकार दो,'[9] को स्वीकार करते हुए कहते हैं, "...अन्यों के लिए साधन ही नहीं, अपितु साध्य भी बनो; दूसरों के अधिकार का हनन न हो, इसलिए दृढ़ रहो, भले ही इस हेतु जो भी बलिदान करना पड़े; तथा ऐसा नाता जोड़ों, जिसमें कोई अपने (समुचित) भाग से वंचित न हो।"

इस प्रकार एक तरह से सम-व्यवहार को स्वीकार करके अन्ततः कांट अहिंसा को ही एक आधार प्रदान करते हैं। मेरा मानना है कि उनकी अधिकार-सम्बन्धी अवधारणा को इसी परिप्रेक्ष्य में देखा जाना चाहिए। ऐसा करते समय हमें यह भी स्मरण रखना चाहिए कि उनके विचारों का केन्द्र मनुष्य ही है, न कि समस्त जीव हैं।

एक और प्रसिद्ध पाश्चात्य चिन्तक, ग्रीन, की न्याय-सम्बन्धी अवधारणा को अहिंसा के परिप्रेक्ष्य में भली-भाँति देखा जा सकता है। ग्रीन के मतानुसार, "न्याय मस्तिष्क का वह स्वभाव है, जो अन्यों के साथ व्यवहारार्थ उन शर्तों का आदर हमें सिखाता है, जिनमें उनके अस्तित्व में रहने तक हस्तक्षेप नहीं होता, (लेकिन) यदि वे अस्तित्वहीन हो जाएँ, तो उन्हें पुनः अस्तित्व प्रदान करने के लिए हस्तक्षेप किया जाता है।"[10]

स्पष्ट है कि ग्रीन किसी भी प्राणी के अस्तित्व के प्रति अहस्तक्षेप, और साथ ही सकारात्मक रूप से इसके उत्थान को न्याय के रूप में स्वीकार करते हैं। यह न्याय निश्चिततः अहिंसा के सिद्धान्त की परिधि में है; न्याय स्वयं अहिंसा की पूरक मान्यता है। 'अस्तित्व बना रहे,' इतने विचार मात्र से भी अहिंसा की भावना का प्रकटीकरण हो जाता है। हमें यह जानना चाहिए कि वह अस्तित्व की सुरक्षा का ही विचार था, जो मानव-मस्तिष्क में सबसे पहले उभरा था, और जिसके परिणामस्वरूप उसे अहिंसा की अनुभूति हुई थी।

अंग्रेज उपयोगितावादियों के नैतिक कर्तव्य की अवधारणा को न केवल मनुष्य के लिए, अपितु पशुओं के लिए भी अहिंसा के परिप्रेक्ष्य में जाना जा सकता है। उपयोगितावादी, जैसा कि उल्लेख है नैतिक कर्तव्यों पर बहुत बल देते हैं, विशेषकर पशुओं के सन्दर्भ में, क्योंकि पशु सुख व दुख की अनुभूति के प्रति संवेदनशील हैं।

अपने पड़ोसी को हानि न पहुँचाने को न्याय* के रूप में स्वीकारकर्ता एडम स्मिथ हिंसा की अनुपस्थिति के पक्षधर हैं। अर्थात न्याय अहिंसा का पूरक है। एडम के शब्दों में, "अधिकतर अवसरों पर केवल न्याय ही, जो कि नकारात्मक गुण हैं, हमें अपने पड़ोसियों को घाव देने से रोकता है। जो व्यक्ति मुश्किल से किसी व्यक्ति या स्थान का अतिक्रमण करने से बाज आता है, अथवा अपने पड़ौसी के सम्मान को सुनिश्चित करता है, उसमें निश्चित रूप से कुछ सकारात्मक योग्यता या गुण होता है। लेकिन ऐसा व्यक्ति निश्चिततः उन सभी नियमों का पालन करता है, जो विशेष रूप में न्याय कहलाते हैं। साथ ही वह ऐसा सब कुछ भी करता है, जो मर्यादा के भीतर उसके समान ही अन्य भी कर सकते हैं; अथवा न कर सकने की स्थिति में दण्ड द्वारा (उससे) करा भी सकते हैं।"[11]

उक्त कुछ समकालीन पाश्चात्य अवधारणाओं को अहिंसा के परिप्रेक्ष्य में जान लेने के उपरान्त अब मैं एक आधुनिक चिन्तक अल्बर्ट को भी उद्‌धृत करना चाहूँगा। वे वास्तव में जीवन के प्रति आदर को सदाचार का मूल सिद्धान्त मानते हैं। उनकी स्वीकारोक्ति है कि मानव का प्रथमाधिकार "जीवन का अधिकार है" और प्रथम कर्तव्य "जीवन का आदर करना है"; अपने ही जीवन का आदर करना नहीं, अपितु दूसरे के जीवन का भी। स्वयं अल्बर्ट के शब्दों में:

"सदाचार की उत्पत्ति उसी मूल (जड़) से होती है, जिससे कि संसार की, अथवा उसी भाँति, जैसे कि प्रति-ज्ञान की; सदाचार भी और

---

* जो एडम स्मिथ के लिए नकारात्मक गुण भी है।

कुछ नहीं सिवाए जीवन के प्रति आदर के। इसी से नैतिकता के मूल सिद्धान्त की मुझे प्राप्ति होती है। कहना न होगा कि जीवन में वृद्धि, उन्नति और उसके अस्तित्व (की निरन्तरता) में अच्छाई है, जबकि उसकी समाप्ति, उसमें कमी अथवा उसे हानि पहुँचाने की क्रियाएँ बुराई हैं।"[12]

सारांश

इस प्रकार शब्दार्थ, परिभाषा या अभिप्राय के साथ ही अहिंसा की विभिन्न, लेकिन प्रमुख अवधारणाओं को प्राचीन, समकालीन और कुछ हद तक आधुनिक युग में हमने जाना। इस सबसे बारम्बार न केवल अहिंसा के महत्त्व की पुष्टि होती है, अपितु जीवन में इसकी सर्वोच्च स्थिति का स्पष्टीकरण भी होता है।

अहिंसा की जीवनी और सैद्धान्तिक परिप्रेक्ष्य में विकास

जहाँ तक सम्बन्ध अहिंसा की संक्षिप्त जीवनी और सैद्धान्तिक परिप्रेक्ष्य में इसके विकास का है, तो इस विषय में विद्वानों और विषय-विशेषज्ञों की अपनी-अपनी सोच है, उनका इस हेतु विश्लेषण का अपना-अपना ढंग है। वैसे सत्यता यह है कि अहिंसा अपने विकासक्रम में अनेक अवस्थाओं से गुजरी है। हमने वैदिककाल, फिर उपनिषदों के समय, बौद्धकाल, तदोपरान्त समकालीन अवधारणाओं की जो चर्चा की है, उससे भली-भाँति इसके सैद्धान्तिक परिप्रेक्ष्य में विकास का भान भी हो जाता है; देशकाल की परिस्थितियों और आवश्यकताओं के न्यूनाधिक अनुरूप इसकी श्रेष्ठ रूप से उपस्थिति का ज्ञान होता है।

मेरी अपनी दृढ़ मान्यता यह है कि अहिंसा की जीवन-यात्रा मानव-जीवन के पृथ्वी पर उदय के साथ ही प्रारम्भ हुई है। जैसा कि अपने अनेक व्याख्यानों और लेखों में मैं उल्लेख कर चुका हूँ, अहिंसा मानव के स्वभाव में स्थायी रूप से बैठकर उसके साथ ही आई है। उत्पत्ति के पीछे किसी सृष्टा की उपस्थिति को स्वीकार करने वाले यह मान सकते हैं कि उसने मानव और अहिंसा को एक साथ ही उत्पन्न किया; यह बात दूसरी है कि सैद्धान्तिक परिप्रेक्ष्य में अहिंसा का विकास विभिन्न चरणों में हुआ, और विभिन्न रूपों में हुआ, देशकाल की परिस्थितियों में और आवश्यकतानुसार हुआ। अपनी इस मान्यता के पक्ष में मैं कई तर्क भी प्रस्तुत कर सकता हूँ।

मानव के बारे में एक मान्यता यह है कि अपनी प्रारम्भिक अवस्था में वह पूर्णतः जंगली था। अर्थात वह पूर्णतः अविकसित था। मानवजन इधर-उधर भटकते फिरते थे। अपनी-अपनी भूख की उन्हें चिन्ता थी और उसे शान्त करने के लिए वे एक-दूसरे को मारकर भी खा जाया करते थे। वे प्रायः जंगली जानवरों को शिकार बनाते थे, लेकिन वे स्वयं भी जानवरों का शिकार बन जाते थे। इस प्रकार की स्थिति में मानव के अस्तित्व पर प्रश्न-चिह्न था। लेकिन कुछ समयोपरान्त स्थिति में परिवर्तन हुआ और परिवर्तन के मूल में था मनुष्य के मस्तिष्क में अस्तित्व को बचाने के सम्बन्ध में उठा विचार। परिणामस्वरूप आपस में एक-दूसरे को मारकर खाने का क्रम रुक गया और मनुष्य अन्य प्राणियों का ही वध करके उन्हें खाने लगे। फिर भी मानव के अस्तित्व

को पूरी सुनिश्चितता नहीं मिली। अन्य जानवरों से तो भय बना ही रहा।

मानव के मस्तिष्क में अस्तित्व के सम्बन्ध में उठे विचार कुछ और विकसित हुए, और परिणामतः मनुष्यों में सामूहिकता की भावना उत्पन्न होने लगी। इधर-उधर भटकने की अपेक्षा मनुष्यों ने एक स्थान पर साथ-साथ रहने की आदत डाली। निश्चित रूप में ऐसा करने से वे जंगली जानवरों के आक्रमणों से सुरक्षित होने लगे। यदि कोई जानवर अथवा जानवरों का समूह किसी मनुष्य अथवा मनुष्य-समूह पर आक्रमण करता, तो एक ही स्थान पर उपस्थित सभी मनुष्य सामूहिक रूप से आक्रमणकारी के विरुद्ध आ जुटते थे। वर्षों तक यही स्थिति रही। उपरान्त इस सन्बन्ध में मानवीय सोच और आगे बढ़ी। जंगली जानवरों में से अनेक को मानव ने पालना प्रारम्भ कर दिया। ऐसा करने से उसे तुरन्त दो अभूतपूर्व लाभ प्राप्त हुए। प्रथमः कुछ पशुओं से उसे अमृत के समान दुग्ध जैसा पेय मिला; और द्वितीयः वे पशु मनुष्य के सहायक बने। न केवल कृषि कार्य हेतु वे वरदान सिद्ध हुए, अपितु सामान को ढोने और सवारी का कार्य करने में भी सहायक बने।

जैसा कि स्वाभाविक था, पशुपालन और कृषि-कार्यों में उनकी संलग्नता के कारण उनके वध में कमी आने लगी। दूसरे, मांस के स्थान पर कृषि-उपज मानव का मुख्य दैनिक आहार बनती चली गई। इस कड़ी में समय-समय पर अन्य अनेक परिवर्तन हुए। यदि इन परिवर्तनों के विस्तार में जाने की इच्छा हो, तो उसके लिए हमें लम्बी ऐतिहासिक

यात्रा करनी होगी; विषय से सम्बन्धित अनेक विश्लेषणों की गहराई में जाना होगा, जो यहाँ प्रासंगिक नहीं है। फिर भी मैं संक्षेप में यह कहूँगा कि अभी तक कि जो अन्तिम स्थिति है, वह हमारे समक्ष है, और उससे हम भली-भाँति सब कुछ जान और समझ सकते हैं।

अपने अस्तित्व को बनाए रखने की प्रक्रिया में मानव के मस्तिष्क में उठे विचारों के विकास और परिणामस्वरूप सामूहिकता की भावना के उदय की बात मैंने की थी। उसी प्रकार, एक-दूसरे के साथ मिलकर एक स्थान पर बसने का उल्लेख भी इसी सन्दर्भ में मैंने किया था। मैं यह कहना चाहूँगा कि इसी परिवर्तन और विकास की प्रक्रिया में कुटुम्ब, परिवार आदि अस्तित्व में आए; आज हमारे सामने जो सुविधाओं से भरपूर बड़े-बड़े नगर, कस्बे और ग्राम हैं, वे भी इसी प्रक्रिया का भाग हैं।

ये सब जो परिवर्तन हुए, अर्थात जिनमें मनुष्य ने सबसे पहले अपने को सुरक्षित किया, फिर अनेक पशुओं से मित्रता की, उपरान्त न समाप्त होने वाले विकास के क्रम से गुजरते हुए वह आगे बढ़ता चला गया, स्पष्ट करते हैं कि अहिंसा स्थायी रूप से मानव के स्वभाव में है। यदि अहिंसा उसके स्वभाव में नहीं होती, तो मनुष्य दूसरे के साथ मिलकर नहीं रहता; वह सामूहिकता की परिधि में नहीं आता, और यदि ऐसा नहीं होता, तो मानव का अस्तित्व नहीं बचता। अस्तित्व नहीं रहता, तो उन्नति या किसी लक्ष्य प्राप्ति की कोई बात कहाँ उत्पन्न होती? इसीलिए मेरी यह दृढ़ मान्यता है कि अहिंसा की उत्पत्ति मानव

के साथ ही हुई है; यह मानवीय स्वभाव में है, यद्यपि इसकी अनुभूति जीवन के अस्तित्व और उसकी सुरक्षा के विचार के समय हुई। मनुष्य का सारा इतिहास, वह जब से भी उपलब्ध है, और विकास का क्रम, स्वयं उक्त वास्तविकता की पुष्टि करता है।

यह सम्भव है कि मेरे उक्त मत से अनेकजन सहमत न हों। यह भी हो सकता है कि इस सम्बन्ध में उनके अपने विचार हों। फिर भी मैं यहाँ एक निवेदन करूँगा। जहाँ तक भी इतिहास की वास्तविकता में आपका विश्वास हो, अर्थात पाँच सौ, एक हजार, दो हजार या पाँच हजार वर्ष पूर्व के काल तक, कृपया उसमें गोता लगाइएगा। मेरा यह दृढ़ता से मानना है कि ऐसा करने पर प्रत्येक स्तर पर आप शनैः-शनैः सहयोग को बढ़ते हुए क्रम में पाएँगे। सहयोग के बढ़ते क्रम के कारण ही मानव आज तक इतनी उन्नति कर सका है। बढ़ता सहयोग और विकास अहिंसा की भावना के द्योतक हैं और अन्ततः अहिंसा की स्थायी उपस्थिति के प्रमाण हैं।

मैं इसीलिए यह कहता हूँ कि मानव और अहिंसा एक-दूसरे के साथ घनिष्ठतापूर्वक जुड़े हुए हैं; सदा से दोनों का अटूट सम्बन्ध है। अर्थात अहिंसा मनुष्य के धरा पर प्रकट होने के दिन से ही उसके साथ है। आप विचार कीजिएगा कि यदि ऐसा नहीं होता, तो क्या स्थिति बनती? फ्रांस के विचारक जान रूसो, 'सामाजिक संविदा' के परिप्रेक्ष्य में कहते हैं, "... प्रारम्भिक अवस्था और जारी नहीं रह सकती थी, और मानव-जाति यदि अपने रहने के ढंग को न बदलती, तो नष्ट हो

जाती।''[13] इसलिए सामाजिक समझौते की अनिवार्यता की स्थिति उत्पन्न हुई। मैं रूसो के तर्क तथा मान्यता से और आगे बढ़कर और दृढ़तापूर्वक कहता हूँ कि यदि अहिंसा स्थायी रूप में मानव के स्वभाव में नहीं रही होती, अस्तित्व की सुरक्षा के विचार के समय मनुष्य को उसका भान नहीं हुआ होता, उसने सामूहिक तथा स्थायी रूप से रहना प्रारम्भ नहीं किया होता, तो प्रारम्भ में ही उसका नामोनिशान शेष नहीं रहता। इससे ही अहिंसा की जीवनी को भली-भाँति समझा व जाना जा सकता है।

एशिया के परिप्रेक्ष्य में अहिंसा

सम्पूर्ण विश्व में मौजूद विभिन्न धर्म-सम्प्रदायों की मान्यताओं का अनुयायिओं के जीवन अथवा ऐसा कहिएगा कि दिनचर्या पर गहरा प्रभाव है। विश्व के लोगों में से अधिकतर किसी न किसी धर्म-सम्प्रदाय के अनुयायी हैं। भली-भाँति हम सब यह जानते हैं। कदाचित् हम यह भी जानते हैं कि प्रत्येक धर्म-सम्प्रदाय द्वारा निर्धारित मान्यताओं, जो अनुयायिओं को श्रेष्ठ जीवन का आधार प्रदान करती हैं, में से एक-एक प्रमुख है। लेकिन वह प्रमुख मान्यता भी अहिंसा की पूरक है।

जैसे कि सर्वविदित है, विश्वभर में आज उपस्थित लगभग सभी प्रमुख धर्म-सम्प्रदायों की उत्पत्ति अथवा विकास एशिया में हुआ। वैदिक, जैन, जरथुस्त्री, कन्फ्युशी, यहूदी, बौद्ध, शिन्तो, ईसाई और इस्लाम आदि का नाम मैं दृढ़तापूर्वक इस सन्दर्भ में ले सकता हूँ। इन समस्त धर्म-सम्प्रदायों के संस्थापकों अथवा व्यख्याकर्ताओं या पोषकों का, और

साथ ही विभिन्न व प्रमुख मतों के अग्रणियों का अपने-अपने समय में अपने अनुयायिओं के साथ भावनात्मक जुड़ाव रहा है। एशियावासी इसी कारण आज तक भी शेष विश्व से, और मुख्यतः यूरोपवासियों से, अपेक्षाकृत अधिक भावना-प्रधान हैं। भावनात्मक अपील का एशियाइयों पर निश्चिततः प्रभाव पड़ता है। अहिंसा की अवधारणा को भी एशिया में इससे पृथक करके नहीं देखा जा सकता है। इस सम्बन्ध में पुष्टि के लिए हमें गहराई से भूतकाल में जाने की आवश्यकता नहीं है।

आइए! देखें सबसे पहले 1992 का थाईलैण्ड का घटनाक्रम। सैनिक और नागरिकों के नेता भयानक 'स्ट्रीट-हिंसा' में लिप्त थे। लेकिन अचानक थाई राजा भूमिबोल अदुल्यदेज की भावनात्मक अपील पर दोनों पक्षों ने हिंसा को विराम दिया। अभी भी थाईलैण्ड में राजा समस्त समुदायों व गुटों में आदर के पात्र हैं; तथा राजा स्वयं अपने देशवासियों से अधिकाधिक सम्भव सम्पर्क रखते हैं। इसीलिए उनका जनता के साथ भावनात्मक रूप से जुड़ाव है। एशिया में थाई राजा की भाँति ही भावनात्मक अपील अभी भी महत्त्वपूर्ण है और संघर्ष की स्थिति में बहुत हद तक कारगर भी है, विशेषकर यदि सामुदायिक सहानुभूति और एकता उत्पन्न करनी हो तो। पश्चिमी जगत की स्थिति इस प्रकार की नहीं है। क्यों? उक्त विश्लेषण को केन्द्र में रखकर इसे भली-भाँति समझा जा सकता है।

वर्ष 1986 के फिलीपीन्स के घटनाक्रम को हम दूसरे उदाहरण के रूप में देख सकते हैं। जन व धन की न्यूनतम हानि वाला यह भी

एक अहिंसक जनान्दोलन था, जिसने सफलतापूर्वक सत्ता-परिवर्तन का मार्ग प्रशस्त किया था। यद्यपि इस घटनाक्रम की विस्तृत चर्चा में मैं यहाँ नहीं जाना चाहूँगा, क्योंकि यह हमारे विषय की परिधि में नहीं है, परन्तु भावनात्मक अपील के सन्दर्भ में इसे एक प्रसंग के रूप में अवश्य प्रस्तुत करना चाहूँगा।

उक्त घटनाक्रम, जैसा कि जानकारी रखने वालों के संज्ञान में है, चार दिनों तक जारी रहने वाली एड्सा क्रान्ति थी। इन चार दिनों के घटनाक्रम के दौरान भली-भाँति संगठित समूहों* ने रेडियो पर अपने सदस्यों के नाम भावनात्मक अपील प्रसारित करते हुए, उनसे विशेष प्रकार का तैयार भोजन साथ लाकर, विशेषतः निर्धारित स्थान पर मिलने का अनुरोध किया। साथ ही, वहाँ विशेष कार्य को, जो परिवर्तन की दिशा में निश्चित कदम था, हाथ में लेने को भी कहा। उपरान्त क्या हुआ? फिलीपीन्स के मेरे एक मित्र के अनुसार, "उन दिनों गलियों में जनता के भीतर एक अभूतपूर्व उत्साह की लहर थी, लेकिन चेतना उत्पन्नकर्ता समूह कदाचित् छोटे थे और वे ही जनता से कार्य को सम्पन्न करा सके थे। हर तरह के समूहों, वे चर्च से जुड़े महिला संगठन हों, या निकटवर्ती बास्केटबाल समूह, या फिर युवा संगठन, ने भागीदारी की थी।" ऐसा था भावनात्मक अपील का उत्तर। एशियावासियों की यही तो विशेषता है।

तीसरे उदाहरण के रूप में हम तत्कालीन दक्षिणी वियतनाम के बौद्ध साधुओं की जनता से की गई भावनात्मक अपील को देख सकते

* चर्च-प्रयोजित समूह, विद्यालयों की छात्र-परिषदें, विभिन्न जनकार्यों में संलग्न संगठन।

हैं। वहाँ बौद्ध भिक्षुओं ने नगो दिन्ह-दीम के सैनिक शासन के विरोध में जनता का आह्वान किया। आह्वान को आशातीत सफलता मिली, हम सब यह जानते ही हैं।

इसी प्रकार के कई और उदाहरण भी हैं, जो सभी कालों से सम्बन्धित हैं, और वे स्पष्ट करते हैं कि एशिया की धर्मपरायण जनता के जीवन नें भावना का महत्त्वपूर्ण स्थान है। इसीलिए भावनात्मक अपील का उन पर गहरा प्रभाव भी पड़ता है। और इसीलिए अहिंसा की अवधारणा और विशेष रूप से उसकी दैनिक जीवन में अनुभूति को भावनाओं से पृथक करके नहीं देखा जा सकता है; और प्रश्न केवल अमाजन की दिनचर्या तक ही समिति नहीं, अपितु एशिया में राजनीतिक क्रियाएँ भी इससे अछूती नहीं हैं। ऐसा हो भी क्यों नहीं? धार्मिक नेताओं का, जैसा कि पहले भी उल्लेख किया गया है, आमजन और खासजन, दोनों, के जीवन पर गहन प्रभाव रहा है, और एक बड़ी सीमा तक अभी भी है।

एशिया के किसी भी देश या क्षेत्र में हुई अहिंसक कार्यवाही की जड़े अन्ततः धर्म-सम्प्रदाय, या जिसे आमतौर पर धर्म कहते हैं, में मिलेंगी। गाँधी के नेतृत्व में हुई सारी अहिंसात्मक कार्यवाहियाँ स्वयं इसका जीता-जागता उदाहरण हैं। विपरीत इसके, पश्चिम में यह स्वरूप आपको अपेक्षाकृत अधिक निर्पेक्ष जान पड़ेगा; धर्म-सम्प्रदाय या धर्म से उतना जुड़ा हुआ नहीं मिलेगा। मेरा स्वयं का इस सन्दर्भ में अनुभव यह है कि पश्चिम के लोग अधिकांशतः व अपेक्षाकृत धार्मिक उद्देश्यों को

प्रयुक्त करने के अनिच्छुक होते हैं। इसके पीछे कारण मनुष्य के स्वभाव के सम्बन्ध में परिकल्पना अथवा कार्य-पद्धति, अथवा जीवन-शैली या ढंग हो सकता है।

अधिकार का मनुष्य के जीवन में अति-महत्त्वपूर्ण स्थान है; अहिंसा की अवधारणा पर वार्ता के समय जीवन के अधिकार के बारे में हम चर्चा भी कर चुके हैं। अतः यह अप्रासंगिक नहीं होगा, यदि हम यहाँ इसी परिप्रेक्ष्य में मानवाधिकारों की संक्षिप्त चर्चा करेंगे।

वास्तव में एशिया में मानवाधिकार-सम्बन्धी विचार भी सामुदायिक भावना पर आधारित हैं, और जैसा कि सर्व विदित है, एशिया में समुदायों की स्थिति अत्यधिक सुदृढ़ है। मानव-जीवन के संचालन में समुदाय अच्छी भूमिका का निर्वाह करते हैं। व्यक्तिगत की अपेक्षा समुदाय के साथ जुड़कर कार्य करना, भले ही कार्य का सम्बन्ध न्याय की प्राप्ति से जुड़ा हो, या वह अधिकारों की माँग का ही क्यों न हो, एशियावासियों की विशेषता है। तात्पर्य यह है कि व्यक्तिगत के स्थान पर सामुदायिक लाभ के लिए कार्य करना एशियाइयों का स्वभाव है। गहराईपूर्वक देखेंगे तो इसके मूल में धर्म-दर्शन व धार्मिक नेताओं की शिक्षाएँ दीख पड़ेंगी।

मानवाधिकारों के सम्बन्ध में आपको एशिया से अनेक शिकायतें मिल सकती हैं। कभी-कभी अहिंसा के सिद्धान्त और मानवाधिकारों के व्यवहार में वहाँ विसंगति भी आपको प्रतीत हो सकती है। लेकिन विभिन्न रूपों में, और समय-समय पर, धार्मिक नेताओं द्वारा प्रदत्त दर्शन

एवं शिक्षाओं के पीछे ऐसा कोई उद्देश्य व कारण नहीं रहा, जो किसी के मानवाधिकारों के उल्लंघन का आधार बनता हो।

'सभी के प्रति प्रेम' के आह्वान को सर्वोच्च रखकर ईसाइयत के संस्थापक ईसा मसीह की मानव-सेवा की महान शिक्षा का उद्देश्य क्या था? निःसन्देह इनके आधार पर वे सत्यमय सहयोग और सर्व-उन्नति का मार्ग प्रशस्त करना चाहते थे; और वे अन्ततः अहिंसा व अहिंसक प्रवृत्तियों को सुदृढ़ता प्रदान करना चाहते थे। समस्त प्राणियों के प्रति करुणा प्रकट करने के बुद्ध के सन्देश का उद्देश्य क्या था? वही जो बाद में ईसा का था। करुणा स्वयं अहिंसा की सुदृढ़ और श्रेष्ठ रूप में एक व्यावहारिक प्रवृत्ति है। इसी प्रकार हिन्दू दर्शन में प्रकट हुई सहिष्णुता और सहनशीलता की भावना, अहिंसा के दो श्रेष्ठतम स्वरूप हैं; वे अहिंसा को गति प्रदान करने वाले हैं। हम इसी तरह की बात अन्यों के बारे में भी कह सकते हैं।

पूरब की अपेक्षा पश्चिम की मानवाधिकारों से सम्बन्धित अवधारणा व्यक्तिवादी है; साथ-ही-साथ वह अधिक विधिसम्मत विचारों वाली है। पश्चिम में मानवाधिकारों को अधिकाधिक व्यक्तिगत परिप्रेक्ष्य में देखा जाता है, और इसका अपना महत्त्व भी है; विशेषकर आज बने वातावरण में वह महत्त्वपूर्ण है। और इस सबके लिए पश्चिमी जगत के महान दार्शनिक, चिन्तक और विद्वान, उनके गहन विचार तथा उनका प्रभाव मुख्यतः उत्तरदायी है। साथ ही, पिछले हजारों वर्षों का घटनाक्रम और एक सीमा तक धार्मिक शिक्षाएँ इस हेतु उत्तरदायी हैं। लेकिन

यूरोपवासियों में सामुदायिक भावना एशियाइयों की भाँति नहीं है; भावनात्मकता की भी ऐसी ही स्थिति है। इसलिए सारे प्रकरण का आगे विश्लेषण, दूसरे शब्दों में अहिंसा से जुड़े मुद्दों का स्पष्टीकरण हमें एशिया और पश्चिमी जगत में व्याप्त अन्तर को ध्यान में रखकर ही करना होगा; ऐसा करना नितान्त आवश्यक है।

अहिंसा भारत के परिप्रेक्ष्य में

अहिंसा को एशिया के सन्दर्भ में जानने के उपरान्त, इसे भारतीय परिप्रेक्ष्य में समझना भी नितान्त आवश्यक है; साथ ही महत्त्वपूर्ण भी है। क्यों? वह इसलिए कि भारत एशिया महाद्वीप का प्राचीनतम सभ्यता वाला देश है; भारत की प्राचीन तथा अद्वितीय संस्कृति है। यही नहीं, वैदिक-हिन्दू, जैन, बौद्ध और सिक्ख धर्म-सम्प्रदायों की जन्मभूमि या उनके विकास की भूमि भारत ही है। मानव-विश्व को प्रमुख मानवीय मूल्य, अहिंसा, साथ ही शान्ति का सन्देश देने वाले युगपुरुष और महामानव जैसे कि महावीर, बुद्ध, नानक और गाँधी इसी देश में उत्पन्न हुए। अवधारणा के दृष्टिकोण से भी यह देश प्रथम स्थान पर है, तथा सबसे बढ़कर जो बात है, वह यह कि आम भारतीयों के व्यवहार में जिस तरह अहिंसात्मक गतिविधियाँ पाई जाती हैं, वैसी संसार के किसी दूसरे देश के लोगों में नहीं पाई जाती हैं। निश्चिततः इस रूप में भारत एशिया के दूसरे देशों से भिन्न है; वह विशिष्ट स्थिति वाला है।

अहिंसा के बारे में सैद्धान्तिक रूप से कुल मिलाकर भारतीय दृष्टिकोण "मन, वचन और कर्म से किसी की हिंसा न करने" की

परिधि में ही है। हमें यह स्पष्टतः जान लेना चाहिए कि अहिंसा का भारतीय दृष्टिकोण प्राणीमात्र के लिए है, केवल मानव ही इसकी परिधि में नहीं है। न्यूनाधिक यह सिद्धान्त हजारों वर्षों से भारतवासियों के व्यवहारों में रहा है। वैदिक-हिन्दू, जैन, बौद्ध और सिक्ख धर्म-सम्प्रदायों के अग्रणियों ने स्वयं अपने जीवन व कार्यों से प्रयोगों के रूप में अहिंसा के व्यवहार के अद्वितीय उदाहरण प्रस्तुत किए। पौराणिक ऋषि दधीचि द्वारा जीते-जी अपने शरीर की हड्डियों का दान कर देना, महावीर द्वारा चींटियों को अपने शरीर में घर बना लेने देना, बुद्ध द्वारा घायल हंस का उपचार करना और उस पर करुणा की वर्षा करना, तथा उसी प्रकार अन्याय के समक्ष न झुकते हुए अनेक महान पुरुषों द्वारा किए गए आत्म-बलिदान से जुड़ा घटनाक्रम, मेरी दृष्टि में सिद्धान्त और व्यवहार-दोनों-ही रूपों से भारतीय अहिंसा का स्वयं श्रेष्ठ और बेजोड़ उदाहरण है। फिर आत्म-नियंत्रण रखना, अभयदान और क्षमा जैसे महान गुणों को विकसित करने और साक्षात् उन्हें जीवन में अंगीकार करने के उदाहरण भारत से अधिक और कहाँ आपको मिलेंगे? कदाचित् एशिया के किसी भी दूसरे देश में इतने उदाहरण न मिलेंगे।

वैसे शेष एशियाई राष्ट्रों की ही भाँति भारतीय अहिंसा की अवधारणा पूर्णतः धार्मिकता से प्रभावित है। भारतीयजन भावना प्रधान भी हैं; उन पर भावनात्मक अपील का अत्यधिक और गहरा प्रभाव पड़ता है। शेष एशिया की भाँति यहाँ भी सामुदायिक भावना है। इसलिए भी यदि शेष एशिया की भाँति यहाँ की अहिंसा का अवलोकन किया जाए,

तो वह अनुचित नहीं होगा। थोड़े बहुत अन्तर को छोड़कर मानवाधिकारों के बारे में भी यही स्थिति बताई जा सकती है।

अहिंसा की अवधारणा और सैद्धान्तिक परिप्रेक्ष्य में इसके विकास पर चर्चा के समय हमने वैदिक-हिन्दू, जैन और बौद्ध दर्शनों का विशेष रूप से उल्लेख किया था। ये तीन प्राचीन दर्शन हैं। हम जानते हैं कि जैन दर्शन में सूक्ष्म-से-सूक्ष्म रूप में, और पूर्णतः अहिंसा को अपनाने पर बल दिया गया है। यह दर्शन, जब से ऐतिहासिक प्रमाण उपलब्ध हैं, भारतवासियों के एक वर्ग के जीवन को निर्देशित करता रहा है। उसी प्रकार वैदिक दर्शन परपीड़ा को स्वयं अनुभव करके ही दैनिक व्यवहारों के निष्पादन का आह्वान करता रहा है; सहिष्णुता और सहनशीलता को सर्वोच्च मानकर आगे बढ़ने का सन्देश देता रहा है। हजारों वर्षों से अधिकांश भारतीयजन वैदिक व्यवस्था और दर्शन से निर्देशित होते रहे हैं। हम जानते हैं कि करुणा को जीवन में अंगीकार करके व्यावहारिक अहिंसा का निरन्तर परिचय देने का कार्य बौद्ध दर्शन करता रहा; और एक समय बौद्ध दर्शन बड़ी संख्या में भारतीयों के जीवन का आधार भी बना। यही नहीं, सिक्ख सम्प्रदाय के संस्थापक गुरु नानकदेव की सारी-की-सारी शिक्षाएँ मानव-प्रेम, एकता, भाईचारे और धार्मिक समन्वय पर आधारित हैं; ये सभी शिक्षाएँ अहिंसा की परिधि में हैं। हमें ज्ञात है कि भारत में एक वर्ग सिक्ख धर्म-सम्प्रदाय का अनुयायी है।

इस सबका परिणाम है कि भारतवासी सामान्यतः 'अहिंसा परमोधर्मः' के सन्देश को स्वीकार करते हुए रक्त बहाने से बचते हैं;

पशुओं तक के जीवन के अधिकार को व्यावहारिक मान्यता देते हुए शाकाहार को अपनाते हैं। सम्भवतः हम यह जानते हैं कि लाखों-करोड़ों भारतीय ऐसे भी हैं, जो खाने की उस मेज पर बैठना पसन्द नहीं करेंगे, जहाँ मांस परोसा जा रहा हो, अथवा जहाँ मांसाहारी उपस्थित हों।

यही नहीं, भारत के अतिरिक्त विश्व के किसी भी दूसरे देश का किसान बन्दरों, चिड़ियाओं और दूसरे जंगली जानवरों को अपनी हरी-भरी व लहलहाती फसल को खाने एवं उजाड़ने की अनुमति नहीं देता दिखाई देगा। कदाचित् प्रेमभाव से चींटियों व दूसरे पक्षिओं के सामने खाना डालते हुए भारत के अतिरिक्त कहीं अन्य लोग आपको नहीं मिलेंगे। पक्षिओं के घोसलों से अण्डों को निकालने या उन्हें गिराने को प्रेरित करते भारतीय आपको नहीं मिलेंगे। यह है जीवन के प्रति भारतीयों के आदर का व्यावहारिक ढंग। इन्ही उदाहरणों के बल पर भारतीय अहिंसा के दूसरे देशों की अहिंसा से अन्तर को जाना व समझा जा सकता है। और फिर, यदि भारतीयजन इस प्रकार अहिंसक नहीं होते, तो वे महात्मा गाँधी के दर्शन के साथ करोड़ों की संख्या में जुड़कर राष्ट्रीय मुक्ति-आन्दोलन में बढ़-चढ़कर भाग नहीं लेते।

प्राचीनकाल से ही भारत की संघर्षों और युद्धों में संलग्नता रही है। महाभारत और उससे पूर्व रामायणकाल के भयंकर युद्धों का उल्लेख हमारे सामने आता है। निश्चिततः उन युद्धों में हिंसा का नग्न नृत्य हुआ। भले ही उन युद्धों के लिए न्याय-प्राप्ति अथवा शान्ति-स्थापना के कारण क्यों न बताए जाएँ, या इस प्रकार के तर्क क्यों न दिए जाएँ,

हिंसा तो अन्ततः हिंसा ही है। कोई भी सच्चा अहिंसा-प्रेमी हृदय से हिंसा व हिंसक गतिविधियों को स्वीकार नहीं कर सकता। राम और कृष्ण ने भी ऐसा नहीं किया। कृष्ण के सम्बन्ध में यह उल्लेख है कि उन्होंने बारम्बार कहा कि "यदि एक भी अहिंसक मार्ग उपलब्ध हो, तो हिंसा का त्याग करते हुए हमें उसी अहिंसक राह को पकड़ना चाहिए।"[14] लेकिन फिर भी युद्ध हुए, यही सत्यता है। इस सम्बन्ध में जो बात मैं भारत के बारे में कहना चाहता हूँ, वह यह कि हजारों वर्षों तक युद्धों में जो संलग्नता भारतवासियों की रही, उसमें अधिकाशतः एक वर्ग से जुड़े लोग ही सम्मिलित रहे थे। भारतीयों का यह वर्ग क्षत्रिय कहलाता था। इसके अतिरिक्त तीन अन्य वर्णों-ब्राह्मण, वैश्य व शूद्र-से सम्बन्धित जन का राजाओं या राजकुमारों के मध्य के युद्धों से, प्रायः कुछ भी लेना-देना नहीं होता था। तथा, जैसा कि विदित है, जनसंख्या में सबसे बड़े दो वर्णों- वैश्य और शूद्र-से जुड़े लोग कृषि-कार्यों व दूसरे उद्योगों में ही संलग्न रहते थे। ब्राह्मणजन भी युद्ध में भाग नहीं लेते थे।

तात्पर्य यह है कि युद्ध और युद्ध से सम्बन्धित गतिविधियों का केन्द्र केवल क्षत्रिय ही थे; तथा क्षत्रिय संख्या में अपेक्षाकृत कम थे। विशेष बात यह भी थी कि वे स्वयं युद्ध-क्षेत्र में जाकर लड़ते थे, न कि यूरोपीय बारोन की भाँति भाड़े के सिपाहियों को युद्ध में सहायतार्थ बुलाते थे। इससे सिद्ध होता है कि भारत में युद्ध में संलग्नता प्रायः एक वर्ग विशेष की ही होती थी, अर्थात जनसंख्या के कुछ प्रतिशत लोग ही युद्ध में जाते थे। इस रूप में भारत शेष राष्ट्रों से भिन्न रहा है।

आज कितने भी परिवर्तन राष्ट्रीय-अन्तर्राष्ट्रीय स्तर पर क्यों न हो गए हों, स्वयं भारत में हिंसा के साधनों की उपलब्धता क्यों न हो गई हो, मनोरंजन व सूचना के क्षेत्रों में हिंसक गतिविधियाँ क्यों न दृष्टिगोचर होती हों, राजनीतिज्ञों द्वारा हिंसा का सहारा क्यों न लिया जाता हो, अथवा भारत स्वयं एक शक्तिशाली व परमाणु क्षमता-सम्पन्न राष्ट्र क्यों न बन चुका हो, भारत का आमजन व्यवहार में एशिया और विश्व के अन्य देशों के निवासियों से अपेक्षाकृत अधिक अहिंसावादी है। इसीलिए वह दूसरों से अलग है। यह बात मैं दृढ़ता के साथ कहता हूँ, सभी भारतीयों के बारे में कहता हूँ; मैं ऐसा केवल हिन्दुओं या जैनियों के लिए ही नहीं कहता, अपितु भारतीय ईसाइयों व दूसरे धर्म-सम्प्रदायों से जुड़े लोगों के बारे में भी कहता हूँ।

सन्दर्भ

1. ऐसेज ऑन गाँधीस्म एण्ड पीस, पृ० 22

2. तारानाथ्स संस्कृत डिक्शनरी, वॉल्यूम-फस्ट, पृ० 582-3

3. मनुस्मृति, 5/44, पृ० 158

4. वही उपरोक्त, 5/43, पृ० 158

5. जैन दर्शन और..., पृ० 320

6. धम्मपद, 231-4/17

7. द धम्मपद- ए कलेकशन ऑफ वर्सस, पृ० 60

8. राजनीतिक सिद्धान्तों का इतिहास, खण्ड-एक, पृ० 174

9. वही उपरोक्त, खण्ड-दो, पृ० 259

10. ग्रीन-लेक्चर्स, पृ० 188

11. *स्मिथ, एडम, दी थ्यौरी-सेकण्ड, पृ० 124*

12. *अल्बर्ट शिजलर, सिविलाइजेशन एण्ड ऐथिक्स, पृ० 18*

13. *राजनीतिक सिद्धान्तों का इतिहास, खण्ड-दो, पृ० 197*

14. *ऐसेज ऑन रिलीजन, पृ० 37*

****

अध्याय-दो

महात्मा गाँधी और अहिंसा : सिद्धान्त व व्यवहार में

गत अध्याय में अहिंसा के शब्दार्थ, परिभाषा, सैद्धान्तिक परिप्रेक्ष्य में इसके विकास और जीवनी को हमने जाना। एशिया और भारत के विशेष दृष्टिकोण से अहिंसा के सिद्धान्त और व्यवहार को भी हमने देखा। हमने जाना कि एशिया अहिंसा के सिद्धान्त और व्यवहार की दृष्टि से पश्चिमी जगत से भिन्न है और उसी प्रकार भारत की स्थिति एशिया के दूसरे देशों की तुलना में भिन्न है, और विशिष्ट भी है। भारत में अहिंसा की सूक्ष्मतम व्याख्या हुई है। यहाँ प्राणिमात्र को अहिंसा की परिधि में लाया गया है। आत्म-नियंत्रण, परदुख के मर्म का अनुभव एवं प्राणी के जीवन के अधिकार को स्वीकार करने जैसी श्रेष्ठताएँ अहिंसा के व्यवहार के साथ अभिन्नतः जोड़ी गई हैं। इससे भी बढ़कर अहिंसा को परमधर्म के रूप में स्वीकारा गया है। यह सब होने के बाद भी हम गाँधी और अहिंसा के सम्बन्ध में एक पृथक अध्याय में यदि चर्चा कर रहे हैं, तो क्यों? क्या गाँधी की अहिंसा एशिया और भारत की अहिंसा से अलग है? क्या अहिंसा की भारतीय अवधारणा से गाँधी

सहमत नहीं हैं? हमारे समक्ष इस प्रकार के प्रश्न आते हैं, जो स्वाभाविक भी हैं।

इस बात में कोई सन्देह नहीं है कि महात्मा गाँधी एशिया की सारी मान्यताओं का प्रतिनिधित्व करते थे। इसी के साथ-साथ वे एक महान भारतीय थे; एक श्रेष्ठ हिन्दू थे। यही नहीं, वे एक सच्चे और अद्वितीय मानवतावादी थे; उनके सिद्धान्त की परिधि में किसी एक क्षेत्र या राष्ट्र विशेष के निवासी ही नहीं, अपितु धरा पर बसने वाले समस्तजन आते हैं। यह सही है कि उन्होंने दक्षिणी अफ्रीका के अतिरिक्त अपने सिद्धान्त का व्यवहार केवल भारत में ही किया, लेकिन इसके माध्यम से जो रास्ता उन्होंने दिखाया, वह भारत से अधिक अन्य देशों के लोगों के लिए ग्राह्य है, और अनुकरणीय है। वैसे भी कोई महापुरुष, यहाँ तक कि ईश्वरीय अवतार भी, एक ही समय में पूरे संसार को अपनी कर्मभूमि नहीं बना सकता। कोई एक क्षेत्र या राष्ट्र विशेष ही आदर्श के प्रयोग का विषय हो सकता है; हाँ, आदर्श के प्रयोग का अनुकरण, संसार भर में जो चाहे, वह कर सकता है। महात्मा गाँधी के सिद्धान्त व व्यवहार, जिनके मूल में अहिंसा है, के सम्बन्ध में भी ऐसा ही है। इस सन्दर्भ में स्वयं उनके द्वारा व्यक्त विचारों को समझकर इस बात को हम भली-भाँति जान सकते हैं, और व्यवहार में ऐसा करके हम लाभान्वित भी हो सकते हैं।

गाँधीजी कहते हैं, "... अहिंसा कोई ऐसी स्थिर या बेकार की वस्तु नहीं है, जैसा कि सामान्यतः कहा जाता है। निश्चिततः प्राणी को

चोट न पहुँचाना अहिंसा का एक भाग है, लेकिन जहाँ तक अहिंसा की पहचान का सम्बन्ध है, उस सन्दर्भ में यह केवल एक अंशमात्र है। अहिंसा के सिद्धान्त का उल्लंघन प्रत्येक बुरे विचार, बुरे कथन, घृणा या किसी का बुरा चाहने से भी होता है। संसार के लिए आवश्यक चीजों की जमाखोरी से भी यह सिद्धान्त भंग होता है।"[1] इस सन्दर्भ में यंग इण्डिया के एक अंक में स्पष्ट करते हुए गाँधी ने लिखा कि किसी को चोट पहुँचाना, किसी का बुरा सोचना या किसी का जीवन लेना, वह भी क्रोध के वशीभूत और स्वार्थ की भावना से, हिंसा है। विपरीत इसके आध्यात्मिक और शारीरिक लाभ पहुँचाने की भावना से और अन्ततः बिना किसी स्वार्थ के, शुद्ध विचारों के साथ व खूब सोच-विचार करके किए गए कृत्य में शुद्धतम् अहिंसा निहित है। हिंसा और अहिंसा की कसौटी अन्ततः कृत्य के पीछे रही भावना ही है।[2]

इसी सन्दर्भ में 1922 में एक स्थान पर महात्मा गाँधी ने लिखा "... जब कोई व्यक्ति अहिंसक होने का दावा करता है, तो उससे आशा की जाती है कि अपने को घायल करने वाले के प्रति वह क्रोध न दिखाए। वह उसका बुरा करने की इच्छा भी नहीं रखेगा; वह उसका भला चाहेगा; वह उसे अपशब्द नहीं कहेगा; वह उसे शारीरिक हानि नहीं पहुँचाएगा। वह बुरा करने वाले द्वारा पहुँचाई गई हानि को भूल जाएगा। इस प्रकार अहिंसा पूर्णतः निर्दोषता है। सम्पूर्णतः, प्राणियों के प्रति बुरी भावना की पूरी तरह अनुपस्थिति में ही समग्र अहिंसा है। इस प्रकार यह विषैले कीड़ों या पशुओं सहित सबके प्रति प्रेम का आह्वान

करती है। वे (सभी) हमारी विनाशकारी प्रवृत्तियों को पूरा करने के लिए उत्पन्न नहीं किए गए हैं। यदि हम सृष्टा के मस्तिष्क को ही जानते, तो हमें पता चलता कि उसकी उत्पत्ति में उनका भी उचित स्थान है। इस प्रकार अपने सक्रिय भाव में अहिंसा प्राणिमात्र के प्रति सद्भावना प्रकट करने में है। यह शुद्ध प्रेम है। मैने ऐसा हिन्दू ग्रन्थों में, बाइबिल और कुरआन में पढ़ा है।"[3]

अहिंसा के सन्दर्भ में महात्मा गाँधी के विचारों को उपरोक्त वर्णित अवसरों पर लिखे गए लेखों के सन्दर्भ में भली-भाँति समझते हुए हम कुछ महत्त्वपूर्ण निष्कर्षों पर पहुँचते हैं। इन निष्कर्षों में प्रथम तो यह है कि महात्मा गाँधी अहिंसा से सम्बन्धित भारतीय अवधारणा से स्पष्टतः साक्षात्कार करते हुए दीख पड़ते हैं। जब वे कहते हैं कि "अहिंसा के सिद्धान्त का उल्लंघन प्रत्येक बुरे विचार, बुरे कथन, घृणा या किसी का बुरा चाहने से भी होता है"[4] और "प्राणी को चोट नहीं पहुँचाना अहिंसा का एक भाग है, लेकिन जहाँ तक अहिंसा की पहचान का सम्बन्ध है उस सन्दर्भ में यह केवल एक अंशमात्र है,"[5] गाँधीजी तब वैदिक अहिंसा की अवधारणा के निकट आने के साथ ही इसकी जैन अवधारणा से जुड़े हुए भी प्रतीत होते हैं। इसमें और अधिक निकटता तब जान पड़ती है कि जब हम उनके इन विचारों से सरोकार करते हैं, "सम्पूर्णतः प्राणियों के प्रति बुरी भावना की पूरी तरह अनुपस्थिति में ही समग्र अहिंसा है,"[6] और "इस प्रकार अपने सक्रिय भाव में अहिंसा प्राणिमात्र के प्रति सद्भावना प्रकट करने में है।"[7] इस

सन्दर्भ में कई और ऐसे उदाहरण दिए जा सकते हैं, जो स्पष्ट करेंगे कि महात्मा गाँधी जैन अहिंसा के बहुत निकट हैं। लेकिन इसी कड़ी में जब वे कहते हैं कि "हिंसा और अहिंसा की कसौटी अन्ततः कृत्य के पीछे रही भावना ही है"[8] और, "आध्यात्मिक तथा शारीरिक लाभ पहुँचाने की भावना से और अन्ततः बिना किसी स्वार्थ के शुद्ध विचारों के साथ व खूब सोच-विचार करके किए गए कृत्य में शुद्धतम् अहिंसा है,"[9] तब वे नकारात्मक जैन अहिंसा के सिद्धान्त से भिन्न सकारात्मक दृष्टिकोण अपनाते हैं। इस सम्बन्ध में उनके व्यवहार को वर्ष 1928 में अहमदाबाद स्थित साबरमती आश्रम के एक गम्भीर रूप से बीमार पशु के प्रति उनकी भावना और आखिरकार उसकी पीड़ा-मुक्ति के लिए की गई कार्यवाही में देखा जा सकता है।[10]

अभयदान, क्षमा और इससे भी बढ़कर आत्म-नियंत्रण जैसे महान गुणों के निरन्तर विकास का महात्मा गाँधी ने आह्वान किया। ये सारी बातें उन्हें पुनः जैन, बौद्ध एवं साथ ही भारत की अहिंसा से सम्बन्धित सामान्य अवधारणा के निकट ले आती हैं। और जब वे कहते हैं, "संसार के लिए आवश्यक चीजों की जमाखोरी से भी अहिंसा का सिद्धान्त भंग होता है, तब वे भारत के साथ ही एशिया, एवं एक सीमा तक पश्चिमी जगत की अहिंसा की अवधारणा के निकट भी पहुँच जाते हैं। इसमें और वृद्धि होती है तब, जब वे इसके साथ प्रेम को जोड़ते हैं, और प्रसंगतः बाइबिल को उद्धृत करते हैं। तथा बात केवल वृद्धि तक ही सीमित नहीं रहती, अपितु इससे विश्व-बन्धुत्व के प्रति उनकी वचनबद्धता की पुष्टि भी होती है।

दक्षिणी अफ्रीका और उसके बाद भारत में महात्मा गाँधी द्वारा चलाए गए अहिंसक संघर्षों से भी कदम-कदम पर हम विश्व-बन्धुत्व के प्रति व्यावहारिक वचनबद्धता को जान सकते हैं। इसी प्रकार वे अहिंसा की पश्चिमी जगत की अवधारणाओं के साथ अनेक अवसरों पर मिलते दिखाई पड़ते हैं। वे इस सम्बन्ध में पूरब-पश्चिम, साथ ही प्राचीन एवं नवीन अवधारणाओं के मध्य सुन्दर समन्वय करते हुए प्रतीत होते हैं। आगे जब अहिंसा के बारे में गाँधी की मान्यताओं पर हम चर्चा करेंगे, तो यह बात और अधिक स्पष्टता के साथ हमारे सामने आएगी। यहाँ, तो भी, हमें भली-भाँति यह समझ लेना है कि गाँधी के अहिंसा के बारे में विचार, अथवा उनका सिद्धान्त एवं व्यवहार सकारात्मक ही है। इस बारे में उनकी सकारात्मकता स्वयं उनके इस कथन से स्पष्ट है:

"अहिंसा व्यापक चीज है। हम हिंसा की लपटों में घिरे हुए पापी प्राणी हैं। मनुष्य क्षणभर के लिए भी बाह्य हिंसा के बिना जीवित नहीं रह सकता। खाते-पीते, उठते-बैठते, सभी क्रियाओं में इच्छा-अनिच्छा के वशीभूत वह कुछ-न-कुछ हिंसा तो करता ही रहता है। यदि इस हिंसा से मुक्त होने के लिए वह महाप्रयत्न करता है, (तो) उसकी भावना में अनुकम्पा होती है, वह सूक्ष्म-से-सूक्ष्म जीव का भी नाश नहीं चाहता है और यथा-शक्ति उसे बचाने का प्रयास करता है; (ऐसी ही स्थिति में) वह अहिंसा का पुजारी है। उसके कार्यों में निरन्तर संयम की वृद्धि होगी; लगातार उसमें करुणा बढ़ती रहेगी। किन्तु (फिर भी) देहधारी बाह्य हिंसा से सर्वथा मुक्त नहीं हो सकता।"

(क) अहिंसा की सनातनता

महात्मा गाँधी अहिंसा को सनातन मानते हैं। अहिंसा की जीवनी को वे मनुष्य के इतिहास, वह जब से उपलब्ध है, के साथ सम्बद्ध करते हैं; तथा इस संदर्भ में वे कहते हैं, "ऐतिहासिक प्रमाण, जहाँ से भी मिलते हैं, वहाँ से प्रारम्भ करके आज तक के समय पर जब हम दृष्टि डालते हैं, तो हमें ज्ञात होता है कि मनुष्य निरन्तर अहिंसा के मार्ग पर बढ़ता आया है।"[11] इस प्रकार अहिंसा एक शाश्वत मूल्य है, और जैसा कि मैं पहले कह चुका हूँ, यह मनुष्य के साथ ही अस्तित्व में आई हैं। वास्तव में सृष्टा ने अहिंसा रूपी कवच प्रारम्भ में ही मनुष्य को प्रदान कर दिया, ताकि इसके माध्यम से उसका अस्तित्व सुरक्षित रह सके। यह आवश्यक भी था। इसलिए, क्योंकि यदि अहिंसा प्रारम्भ से ही मनुष्य के साथ नहीं रही होती, तो मानव ने स्वयं ही अपना अस्तित्व मिटा लिया होता। लेकिन ऐसी स्थिति नहीं आई, और न केवल आज इनती बड़ी संख्या में मनुष्य मौजूद हैं, अपितु विकास का क्रम तीव्रता से आगे बढ़ा है, एक-दूसरे से निकटता हुई है; और वह भी अनेक अवरोधों और कठिनाइयों के चलते, लेकिन इसीलिए कि अहिंसा सनातन है तथा शाश्वत है। स्वयं गाँधी के शब्दों में:

"मेरी दृष्टि में यदि मानव स्वभाव से अहिंसक नहीं होते, तो युगों पूर्व ही उन्होंने अपना स्वतः ही विनाश कर लिया होता। लेकिन हिंसा की शक्तियों और अहिंसा के मध्य द्वन्द्व में सदा अहिंसा की विजय हुई है।"[12] यह इसलिए हुआ "क्योंकि स्वभाव से ही मानव अहिंसक है।"

(ख) अहिंसा और सत्यः एक सिक्के के दो पहलू

सनातन होने के साथ ही अहिंसा स्थायित्व की परिधि में है, और जो स्थाई होता है, वही सत्तावान भी हो सकता है। इसलिए गाँधीजी सही ही कहते हैं, "... सत्य और अहिंसा एक ही सिक्के के दो पहलू हैं। दोनों का मूल्य समान है। भेद केवल दृष्टि के कारण है। एक ओर अहिंसा है, तो दूसरी ओर सत्य है।"[13]

स्पष्ट है कि स्थायित्व में ही सत्य होता है। दूसरे शब्दों में, सत्य ही स्थाई है, इसका कोई विकल्प नहीं है। चूँकि अहिंसा सदैव मानव के साथ रही है, इसलिए वह उसके लिए सत्य है। यही सर्वहित में है कि अहिंसा और सत्य को एक साथ जोड़कर जीवन में व्यवहार किया जाए। इसीलिए भी कि अन्ततः जीवन के विकास के लिए और वास्तविक लक्ष्य की प्राप्ति हेतु ऐसा किया जाना आवश्यक होता है। विपरीत इसके स्वयं गाँधी के शब्दों मेंः

"कोई भी असत्य से सत्य को नहीं पा सकता है। सत्य को प्राप्त करने के लिए सदा सत्याचरण ही करना होगा। सत्य में अहिंसा छिपी हुई है, और अहिंसा में सत्य। इसलिए मैंने कहा है कि सत्य और अहिंसा एक ही सिक्के के दो पहलू हैं। दोनों की कीमत एक ही है।"[14]

इसी सन्दर्भ में उनकी दृढ़ता का एक और उदाहरण भी स्वयं उन्हीं के शब्दों में, "अहिंसा के प्रति मेरा प्रेम किसी अन्य, साधारण अथवा असाधरण से, बढ़कर है। इसकी बराबरी मेरे सत्य के प्रति प्रेम से की जा सकती है; सत्य मेरे लिए अहिंसा के समान है और इसके माध्गम से ही मैं केवल सत्य के दर्शन कर सकता हूँ।"[15]

(ग) अहिंसा और कायरताः एक दूसरे से भिन्न

महात्मा गाँधी अहिंसा के सकारात्मक सिद्धान्त को स्वीकार करने वाले थे। यही कारण था कि उनकी अहिंसा सदैव सक्रिय रही। निष्क्रियता उनके जीवन के निकट भी नहीं थी। और वास्तव में अहिंसा किसी दुर्बल का अस्त्र नहीं हो सकती; कोई कायर अहिंसावादी नहीं हो सकता। अन्याय का विरोध न करके अहिंसक होने का दावा करने वाला तो कोई कायर ही हो सकता है। विपरीत इसके सच्चा अहिंसावादी वीर होता है, तथा अन्याय व दुष्टता के समक्ष वह नहीं झुक सकता; वह दुष्टता व अन्याय के विरुद्ध संघर्ष करता है। गाँधी के शब्दों में, "सर्व प्रकार की बुराई का प्रतिकार, या उसके विरुद्ध संघर्ष न करना अहिंसा नहीं है। विपरीत इसके बुराई के विरुद्ध सच्चा संघर्ष ही मेरी अहिंसा का सिद्धान्त है; यह एक सक्रिय विरोध है न कि "जैसे को तैसा" वाला उपाय है।"[16]

जैसा कि सर्वविदित है, भारत के स्वाधीनता संग्राम के दिनों में कुछ ऐसे लोग भी थे, जो साम्राज्यवादी शासन के विरुद्ध हिंसक कार्यवाही के पक्षधर थे। उन्होंने कई अवसरों पर हिंसक गतिविधियाँ चलाई थीं। ऐसा करते समय उनका तर्क था कि अहिंसा दुर्बल का अस्त्र है; यह स्थूल है और निष्क्रियता का परिचायक है। गाँधी ने अपने उत्तर में उन्हें कहा था कि जो अहिंसा को स्थूल मानते हैं, इसे निष्क्रियता के साथ जोड़ते हुए कमजोर का साधन स्वीकारते हैं, वे सही नहीं हैं "क्योंकि अहिंसा और कायरता का कतई कोई सम्बन्ध नहीं है। मैं शस्त्र-सज्जित किसी व्यक्ति के हृदय से कायर होने की बात सोच सकता

हूँ; क्योंकि भले ही शस्त्रधारी को कायर न माना जाता हो, तब भी उसके द्वारा शस्त्र रखना भयभीत होने का प्रतीक है। शुद्ध अहिंसा बिना बहादुरी के असम्भव है।''[17] और, ''मेरे मत की अहिंसा तीव्रतम व सक्रिय बल है। इसमें कायरता अथवा दुर्बलता को कोई स्थान नहीं है। किसी हिंसक व्यक्ति के एक दिन अहिंसक बन जाने की आशा हो सकती है, लेकिन एक कायर से ऐसी आशा नहीं हो सकती। इसीलिए मैंने कई बार कहा है कि यदि हमें अहिंसा के माध्यम से रक्षा करने का ढंग नहीं आता, तो हमें, यदि हम मानव हैं, कम-से-कम लड़ते हुए अपनी रक्षा करना तो आना चाहिए।''[18]

अहिंसा के बारे में इससे अधिक स्पष्ट और क्या कहा जा सकता है? सिद्धान्त ही नहीं, व्यवहार में कई उदाहरण हैं, जो उपरोक्त परिप्रेक्ष्य में गाँधी की वचनबद्धता की पुष्टि करते हैं। इसी कड़ी में वर्ष 1942 में भारत छोड़ो आन्दोलन के समय जनता को 'करो या मरो' की स्पष्ट पुकार देकर सदियों के पराधीनतापूर्ण अन्याय और शोषण को मिटाने को उन्होंने कहा था।

अन्याय तथा अहिंसा भी साथ-साथ नहीं चल सकते। कारण यह कि अन्याय को कोई कायर ही सहन कर सकता है, कोई वीर नहीं। कोई वीर शोषण का जुआ अपने कन्धों पर नहीं रख सकता। अहिंसा वीर के साथ ही होती है। यही सनातन मान्यता भी है, जो वैदिक दर्शन में है, और जिसे बाद में पश्चिमी जगत के विद्वान विचारकों ने भी माना, विशेषकर उन्होंने, जो अहिंसा को न्याय के परिप्रेक्ष्य में देखते हैं।

(घ) अहिंसा : व्यक्तिगत और सामाजिक विषय

अहिंसा केवल व्यक्तिगत विषय है या सामाजिक व्यवहारों का विषय भी है, गाँधी इस महत्त्वपूर्ण प्रश्न के उत्तर में वैदिक और जैन, इसी के साथ अधिकांश पाश्चात्य अवधारणाओं और प्रारम्भिक बौद्ध अवधारणा से कुछ भिन्न मत रखते हैं। वैदिक विचारधारा मनुष्य के लिए 'व्यक्तिवादी' सिद्धान्त की समर्थक है। इसके अनुसार मनुष्य अकेला आता है और संसार से वह अकेला ही जाता है। अपने कर्मों का वह स्वयं कर्ता है और किए गए कर्मों के आधार पर स्वयं परिणामों, अच्छे या बुरे, को भोगता है। इस सन्दर्भ में वैदिक विधान के पिता मनु ने मनुस्मृति में कई स्थानों पर स्पष्टतः उल्लेख किया है। मैं यहाँ उनके दो श्लोकों को उद्धृत कर रहा हूँ:

"एकः प्रजायते जन्तुरेक एव प्रलीयते।
एकोऽनुमुङ्क्ते सुकृतभेक एव च दुष्कृतम्।।
मृतं शरीरमुत्सृज्य काष्ठलोष्ठसमं क्षितौ।
विमुखा वान्धवा यान्ति धर्मस्तमनुगच्छति।।"[19]

इसका तात्पर्य यह है, "... यह जीव अकेला आता है और यहाँ से अकेला ही जाता है, वह अकेला ही पाप-पुण्य का फल भी भोगता है। मृत शरीर को काठ और ढेले की भाँति धरती पर छोड़कर बांधवजन मुँह फेरकर चले जाते हैं।"

स्पष्ट है, चूँकि व्यक्ति स्वयं ही कर्मों का केन्द्र है, इसलिए वैदिक विचारधारा के अनुसार अहिंसा भी व्यक्तिगत विषय है। इसी प्रकार जैन दर्शन भी व्यक्तिवादिता के सिद्धान्त को ही मानता है। इस सन्दर्भ में

जैन दर्शन में स्पष्ट निर्देश है, "बुद्धिमान व्यक्ति, जो बन्धन एवं जन्म के मार्ग के कारणों को भली-भाँति जानता है, उसे चाहिए कि वह स्वयं सत्य की खोज करे, और प्राणिमात्र के प्रति दया की भावना रखे। माता, पिता, बहू, भाई, पत्नी और पुत्र में से कोई भी उस समय (मेरी) सहायता नहीं कर सकेगा, जब मैं अपने कर्मों का फल भोग रहा हूँगा। इस सत्यता को हृदय से सच्चे विश्वासी मनुष्य को स्वीकार करना चाहिए। उसे चाहिए कि वह मोह व प्रेम को छोड़ दे, और अपने पूर्व सम्बन्धों की लालसा में वह न आए।"[20]

प्रारम्भिक बौद्ध दर्शन भी अहिंसा को व्यक्तिवाद के साथ जोड़ता है। लेकिन उत्तर बौद्धकाल के विचारक, विशेषकर महायान-मत से जुड़े जन अहिंसा को सर्वकल्याण के लिए लागू करते हुए दिखाई पड़ते हैं। धम्मपद में सुख-दुख, कर्म-फल व्यक्ति से जुड़े हुए हैं। विपरीत इसके, महायान-मत से जुड़े विद्वान सबके हित में कार्य करने का मानव का आह्वान करते हैं, और वे इस प्रकार अहिंसा को सामाजिक भी बनाते हैं।

यहाँ भी एक आश्चर्यजनक बात यह है कि जहाँ वैदिक दर्शन सामान्यतः व्यक्तिवाद का समर्थक माना जाता है, वही श्रीमद्भगवद् -गीता कर्मों को सामाजिकता से जोड़ती है। इस प्रकार इसमें अहिंसा समाज का विषय भी हो जाती है। यही नहीं, वैदिक दर्शन में पाई जाने वाली वर्ण व्यवस्था भी अन्ततः निर्दिष्ट कर्मों द्वारा स्वाभाविक रूप में सामाजिकता का समर्थन करती है।

अल्बर्ट शिजलर का, जो अहिंसा को व्यक्तिगत परिप्रेक्ष्य में देखते हैं, मानना है कि व्यक्तिगत प्रयास स्वयं अपने ही भले की ओर ले जाते हैं। उन्हीं के शब्दों में, "अहिंसा का मूल दया की अनुभूति के अलावा संसार की ओर से अपने को स्वच्छ रखने के दृष्टिकोण में था; इसको करुणा के उद्देश्य के रूप में बाद में ही स्वीकार किया गया।"[21]

महात्मा गाँधी के लिए अहिंसा व्यक्तिगत के साथ ही सामाजिक गुण भी है। इस सन्दर्भ में वे वैदिक, जैन, प्रारम्भिक बौद्ध व अनेक पाश्चात्य विचारकों से भिन्न हैं, और भगवद्-गीता के निकट हैं। यही नहीं, जैसा कि वे अपनी आत्मकथा में लिखते हैं, "... रस्किन की 'अनटु दिस लास्ट' (पुस्तक) पढ़ने के बाद मैं इस नतीजे पर पहुँचा कि व्यक्ति का हित भी सबके हित में समाहित है।"[22]

तात्पर्य यह है कि इस सम्बन्ध में गाँधी रस्किन से भी प्रभावित हुए और इस प्रभाव ने अहिंसा के सामाजिक गुण होने की उनकी मान्यता को बल प्रदान किया। इसके बाद अनेक उदाहरण मिलते हैं, जिनके माध्यम से वे बार-बार अपनी मान्यता की पुष्टि करते हैं, और वे कहते हैं, "मेरा विश्वास है कि अहिंसा केवल व्यक्तिगत गुण ही नहीं है। यह एक सामाजिक गुण भी है, जिसका अन्यों की ही भाँति विकास किया जाना चाहिए।"[23]

'टूवर्डस द ब्रदरहुड आफ मैन' नामक अपने एक अंग्रेजी में वर्ष 1934 में लिखे लेख में गाँधी ने उल्लेख किया, "मैं पृथक वायुरुद्ध कक्ष

में विभाजित जीवन में विश्वास नहीं रखता हूँ। विपरीत इसके, यह एक अविभाज्य और अखण्ड इकाई है, और इस प्रकार, जो एक के लिए अच्छा हो सकता है, वह सबके लिए अच्छा होना चाहिए।"[24]

जैसा कि मैंने कहा है, अहिंसा स्थायी रूप से मानव के स्वभाव में है। इसका आगमन मानव के साथ ही हुआ। यदि आप विश्वास करते हैं, और आपको ऐसा करना चाहिए, कि मनुष्य की उत्पत्ति ईश्वर द्वारा हुई है, तो आप निश्चित रूप से यह मानकर चलिएगा कि उसी ईश्वर ने अहिंसा को मनुष्य के स्वभाव में रखकर, उसके साथ ही भेजा है। ऐसा करना आवश्यक था। यदि ऐसा नहीं होता तो, जैसा कि पहले भी कहा है, मनुष्य का अस्तित्व कैसे बचता? मानव ने अस्तित्व को बचाया, लेकिन दूसरों के सहयोग से; अकेले अपने दम पर वह अपने को नहीं बचा सकता था। उपरान्त उसने अन्यों के साथ मिलकर, अर्थात सहयोग करके, अभूतपूर्व उन्नति की। सहयोग से ही यह प्रक्रिया आगे बढ़ी, समाज का निर्माण हुआ, जिससे मनुष्य ने बहुत कुछ पाया।

सहयोग अहिंसा की एक प्रमुख गतिविधि है। अहिंसा अस्तित्व और उन्नति के लिए आवश्यक है। इसीलिए अहिंसा एक व्यक्तिगत गुण तो है ही, सामाजिक गुण भी है। अन्ततः समाज का निर्माण भी व्यक्तियों के मिलने से होता है। यदि किसी एक व्यक्ति में ही अहिंसा होती और दूसरों में नहीं, तो काम आगे कैसे बढ़ता? इसलिए यदि गाँधीजी कहते हैं कि "अहिंसा केवल व्यक्तिगत ही नहीं, अपितु यह सामाजिक भी है,"[25] तो वे गलत नहीं हैं। उनका यह कथन भी असत्य नहीं हैः

"हम यह मानने को बाध्य हैं कि समाज के पारस्परिक सम्बन्धों का संचालन बड़ी सीमा तक अहिंसा के द्वारा ही होता है, और मैं चाहता हूँ कि इसे बड़े पैमाने पर विकसित किया जाए।"[26]

अपने उपरोक्त कथन पर दृढ़ रहते हुए, उन्होंने विपरीत के समस्त तर्कों को नकार दिया, और कहा, "यह सत्य नहीं है कि समाज का संगठन या संचालन अहिंसा के आधार पर नहीं किया जा सकता। मैं ऐसे किसी भी कथन का विरोध करता हूँ।"[27]

(च) अहिंसा : सार्वकालिक और सर्वहितकारी

अहिंसा को सनातन, अर्थात सार्वकालिक स्वीकार करते हुए गाँधी ने मानव-विश्व का आह्वान किया कि यह जीवनभर व्यवहारों में निरन्तर बनी रहनी चाहिए; इसे जीवन का आधार मानना चाहिए; स्वयं उन्हीं के शब्दों में, "अहिंसा पर व्यवहार विशेष अवसरों पर ही नहीं होना चाहिए।"[28] इसी के साथ उन्होंने अहिंसा को सर्वहितकारी माना और पूर्ण समानता को इसकी कसौटी बनाया। रस्किन के 'अनटु दिस लास्ट' से प्रभावित गाँधी ने अपने को उपयोगितावाद से पृथक किया और कहाः

"अहिंसा का पुजारी उपयोगितावादी नहीं हो सकता। वह 'सर्वभूतहिताय', जिसका अभिप्राय सबका अधिकतम हित है, के लिए कार्य करेगा; और अपने उद्देश्य की प्राप्ति के प्रयासों में अपने को खपा देगा। अधिकतम का अधिकतम सुख भी सबके अधिकतम सुख में सम्मिलित है। अहिंसा का अनुयायी और उपयोगितावादी, दोनों, अनेक

बार एक ही मार्ग पर दृष्टिगोचर होंगे, लेकिन अन्ततः एक अवसर ऐसा आएगा कि जब दोनों अपने-अपने अलग-अलग रास्तों पर जाने को बाध्य होंगे। कुछ दिशाओं में तो वे एक-दूसरे का विरोध भी करेंगे। एक उपयोगितावादी अपने तर्क की रक्षा के लिए अपना बलिदान नहीं दे सकता, जबकि कोई अहिंसक बलिदानार्थ सदैव ही तैयार होगा।"[29]

(छ) अहिंसा : अद्वितीय व निरन्तरता वाला मूल्य

अहिंसा अपने में अद्वितीय है, इसका कोई विकल्प नहीं है; इसके कोई समानान्तर भी नहीं है। महात्मा गाँधी के शब्दों में, "... अहिंसा के साथ... किसी दूसरे का मेल ही नहीं बैठता है।"[30] अहिंसा में ठहराव को भी कोई स्थान नहीं है। यह निरन्तर आगे बढ़ती रही है; आगे भी यह प्रक्रिया निरन्तर रहेगी। सम्पूर्ण इतिहास स्वयं बारम्बार इस वास्तविकता का साक्षी रहा है। इसलिए गाँधी का आह्वान है कि इसे किसी अवसर विशेष के सम्बन्ध में नहीं, अपितु दिन-प्रतिदिन की समस्त गतिविधियों में और प्रत्येक स्तर पर विकसित करना चाहिए।

(ज) अहिंसा और ईश्वर

ईश्वर के साथ अहिंसा को सम्बद्ध करते हुए गाँधी ने कहा, "सत्य एवं अहिंसा के पथ का अनुसरण तब तक असम्भव है कि जब तक ईश्वर पर जीता-जागता विश्वास न हो। ईश्वर ही वह जीवित शक्ति है, जिसमें संसार की अन्य समस्त शक्तियाँ समाहित हैं। वह शक्ति किसी पर आधारित नहीं है, और जब संसार की अन्य समस्त शक्तियाँ समाप्त हो जाती हैं, तो वह शक्ति तब भी अस्तित्व में रहती है। यदि

मैं इस तेजस्वी (शक्ति) में विश्वास न करूँ, जिसने अपने में सबको समाया हुआ है, तो मेरी समझ नहीं आता कि मैं किस प्रकार से जीवित रहूँगा?''[31]

ईश्वर के सन्दर्भ में गाँधी के विश्वास को व्यक्तिगत कहा जा सकता है। इस बारे में उन्होंने ज़ो कुछ कहा, वह उनके व्यक्तिगत अनुभवों का परिणाम माना जा सकता है। लेकिन फिर भी यह अहिंसा को ईश्वर के साथ जोड़कर चलने का ही परिणाम था कि वे अपने महान सिद्धान्त को भारत जैसे विभिन्न धर्म-सम्प्रदायों एवं मतों वाले देश में व्यावहारिक बना सके। तनिक देखिए वर्ष 1920 में उस समय को कि जब असहयोग व खिलाफत आन्दोलन छेड़ा गया था। करोड़ों हिन्दुओं मुसलमानों, सिक्खों आदि को एक ही ईश्वर की सन्तान होने का भान कराकर अहिंसा के आधार पर वे सक्रिय विरोध के लिए तैयार कर सके थे। वे अहिंसा के मार्ग से अन्याय का विरोध करने के लिए उन्हें जोड़ सके थे।

गाँधी के दर्शन के प्रति वचनबद्ध उनके कई साथी, जो सक्रिय अहिंसक आन्दोलनों का संचालन करने में दक्ष थे, आमजन को उक्त आधार पर ही एकताबद्ध कर सके थे। बारडोली किसान आन्दोलन की सफलता के पीछे भी यही कारण था। सब लोग आपसी भेदभाव को भुलाकर, एक और सर्वोच्च ईश्वर की सन्तान के रूप में, सामूहिक रूप से अन्याय का प्रतिकार करने को एकताबद्ध हुए थे। सभी जातियों, धर्म-सम्प्रदायों अथवा मतों की एकता के सजीव उदाहरण रहे इस

आन्दोलन में इसके नेता ने संघर्षकर्ताओं से कहा था कि उनमें धर्म-सम्प्रदाय या जात-पात के नाम पर भेदभाव नहीं हो सकता। और, "जो भूमि को जोतने वाले हैं, वे छोटे जमींदार हों या किसान, अथवा खेतिहर मजदूर, उनकी कोई जाति या सम्प्रदाय हो, वे सभी किसान हैं। वे एक ही नाव पर सवार हैं; वे साथ ही तैरेंगे या डूब जाएँगे।"[32] इसी सन्दर्भ में उन्होंने आगे कहा था कि ईश्वर ने मनुष्यों के सम्बन्ध में कोई भेदभाव नहीं किया है। कोई दैवीय विपत्ति आए, तो सभी को मिलकर उसका सामना करना होता है। सभी एक पिता की सन्तान हैं, इसलिए भेदभाव भुलाकर साथ-साथ चलिए और न्याय को प्राप्त कीजिए।

इसी प्रकार अवध किसान संघर्ष (1920-21), लगान-बन्दी आन्दोलन (1930) और कई अन्य सत्याग्रहों में भी आमजन, न्यूनाधिक, एक ही पिता की सन्तान के रूप में एकताबद्ध होकर भागीदार बना। यह गाँधी के अहिंसा को ईश्वर के साथ जोड़कर चलने, एवं इसकी वास्तविकता को भारत की करोड़ों की संख्या वाली धर्म-परायण जनता को भान कराने का ही परिणाम था। ऐसा होता भी क्यों नहीं? ईश्वर एकता का सर्वोच्च प्रतीक जो है। सभी एकताबद्ध होकर अहिंसा जैसे श्रेष्ठतम मूल्य के विकासार्थ कार्य करें, तो इस एकता का आधार फिर ईश्वर के अतिरिक्त और कौन हो सकता है?

स्वयं मेरा (लेखक का) अपना विश्वास और अनुभव इस सन्दर्भ में स्पष्ट है। मैं एक समय तक ईश्वर से विमुख था। उस पर मुझे विश्वास नहीं था। लेकिन अन्ततः मेरा विश्वास ही, और मेरे जीवन के

अनुभव भी, मुझे इस परिणाम पर ले आए कि वास्तव में वही जगत का स्वामी है; उसी ने अहिंसा जैसा महान मूल्य मानव को दिया, ताकि अपने अस्तित्व को सुरक्षित करते हुए, उनकी राह पर चलते हुए, वह लक्ष्य को पा सके। फिर ईश्वर ने सभी को उसके साथ ही समानता की परिधि में रखा; छोटे-बड़े के बीच कोई भेद नहीं किया, किसी को महान व तुच्छ, या अमीर व गरीब, नहीं माना। ऐसा केवल तभी सम्भव है, जैसा कि ईश्वरीय वैभव ने प्रावधान किया, यदि मनुष्य अहिंसा के मार्ग से जीवन में व्यवहार करे और इसको सर्वोच्च मानते हुए जीवन में भेदभाव को स्थान न दे। जब मनुष्य ऐसा करता है, वास्तव में तब वह ईश्वर को भुला नहीं सकता, उस ईश्वर को, जो स्वामी है, और जिसने स्वयं अहिंसा को मनुष्य के स्वभाव में स्थायी रूप से रखा। मैं, स्वयं, इसीलिए महात्मा गाँधी के उक्त तर्क को स्वीकार करता हूँ।

इस प्रकार उपरोक्त प्रमुख बातों को हम महात्मा गाँधी के सकारात्मक अहिंसा के सिद्धान्त और व्यवहार के सन्दर्भ में प्रस्तुत कर सकते हैं। साथ ही, यदि हम इन बातों का समालोचनात्मक विश्लेषण करें, तो निश्चित रूप से हम इस वास्तविकता पर पहुँचेंगे कि अहिंसा सनातन है, यह सदा से मनुष्य के साथ रही है; यह सत्य है और यह वीरता की निशानी है। व्यक्तिगत के साथ-साथ अहिंसा सामाजिक मूल्य है, और इसमें कोई सन्देह नहीं कि सर्वकल्याण इसके माध्यम से सम्भव है। ईश्वर में विश्वास न केवल अहिंसा को सुदृढ़ बनाता है, अपितु मनुष्यों में समानता और न्याय की अवधारणा को मजबूत आधार प्रदान करता है। गाँधीजी तो अहिंसा के साथ त्याग को भी जोड़ते हैं, जो वास्तव में एक महान मानवीय मूल्य है।

जैसा कि कहा जा चुका है, गाँधी ने व्यक्तिगत जीवन में व्यवहारों के माध्यम से अद्वितीय ढंग से अहिंसा का पालन किया, जो अनुकरणीय है। उन्होंने नवीन-प्राचीन, पूरब-पश्चिम आदि समस्त अवधारणाओं में समन्वय स्थापित करते हुए अहिंसा को सभी के लिए ग्राह्य बना दिया। मैं समझता हूँ कि प्रत्येक को अपनी आशा और इच्छा के अनुरूप, अपनी कल्पना की अहिंसा महात्मा गाँधी के सिद्धान्त एवं व्यवहार में मिल जाएगी; न्यूनाधिक प्रत्येक को इस हेतु यहाँ सन्तुष्टि प्राप्त होगी। यही गाँधीवादी अहिंसा की महान विशेषता है; वह इसी कारण अद्वितीय है और विशेष पहचान वाली है।

सन्दर्भ

1. *मंगल प्रभात, 1945, पृ० 2*
2. *'व्हेन किलिंग मेबी अहिंसा' शीर्षक से 4 अक्टूबर, 1928 को यंग इण्डिया में दो कड़ियों वाले अपने लेख में अहिंसा के बारे में उन्होंने अपने विचार प्रकट किए। मेरे द्वारा उद्‌धृत उक्त पंक्तियाँ उसी लेख का सार हैं। चूँकि लेख का प्रथम भाग बहुत महत्त्वपूर्ण है, इसलिए उसे मैं परिशिष्ट संख्या एक के रूप में सम्मिलित कर रहा हूँ।*
3. *मार्च 22, सन 1922 के यंग इण्डिया के अंक से। चौरी-चौरा में घटित हिंसक घटना के बाद गाँधीजी ने असहयोग व खिलाफत आन्दोलन को रोक दिया था। हिंसा की उस घटना से उन्हें बड़ा आघात लगा था और फलस्वरूप 'नान-वाइअलंस' शीर्षक से उन्होंने एक लेख लिखा, जिसे प्रासंगिक मानते हुए मैं परिशिष्ट संख्या दो में दे रहा हूँ।*
4. *मंगल प्रभात।*
5. *वही उपरोक्त।*
6. *यंग इण्डिया, मार्च 3, 1922*
7. *वही उपरोक्त।*

8. ऐसेज आन गाँधीज्म, पृ० 23
9. वही उपरोक्त।
10. विस्तार के लिए परिशिष्ट संख्या दो को देखें।
11. हरिजन-सेवक, अगस्त 11, 1940
12. यंग इण्डिया, जनवरी 2 , 1930
13. हरिजन-सेवक, जुलाई, 13, 1947
14. वही उपरोक्त।
15. इसॅन्शल्स आफ गाँधीयन थॉट, पृ० 9
16. यंग इण्डिया, जून 4, 1925
17. हरिजन, जुलाई 15, 1939
18. यंग इण्डिया, जून 16, 1927
19. मनुस्मृति, 4/240-41
20. जैन-सूत्र, उत्तराध्ययन, 6/2-4
21. इण्डियन थॉट, अल्बर्ट शिजलर, पृ० 8
22. ऑटोबाइआग्राफि, पृ० 365
23. महात्मा, वोल्यूम-5, पृ० 18
24. हरिजन, फरवरी 16, 1934
25. वही उपरोक्त, जुलाई 1, 1939
26. वही उपरोक्त।
27. हरिजन, दिसम्बर 3, 1938
28. वही उपरोक्त, सितम्बर, 5, 1936
29. सर्वोदय, 1955, पृ० 4
30. हरिजन, दिसम्बर 12, 1939
31. हरिजन-सेवक, जुलाई 28, 1946
32. सरदार पटेल और..., पृ० 61

****

अध्याय-तीन

दक्षिणी अफ्रीका में अनुभव

दक्षिणी अफ्रीका में आगमन : कारण और परिस्थितियाँ; एशियाई मूल के लोगों की स्थिति; प्रयोगों के दो काल; सत्याग्रह का अद्वितीय अहिंसक शस्त्र के रूप में श्रीगणेश; संघर्ष व सफलता; और भारत आगमन।

गाँधी के सिद्धान्त और व्यवहार के मार्ग पर जब हम प्रस्थान करते हैं, तो हमारा पहला पड़ाव दक्षिणी अफ्रीका होता है। दूसरे शब्दों में, हमें गाँधी के दक्षिणी अफ्रीका के अनुभवों या प्रयोगों का विश्लेषण करना होता है। इस सन्दर्भ में विशेष रूप से उल्लेखनीय बात यह है कि सिद्धान्त के साथ ही गाँधी के अहिंसक व्यवहारों का विधिवत विकास पहले दक्षिणी अफ्रीका में ही हुआ। उपरान्त यही विकास भारत के स्वाधीनता आन्दोलन के चरमोंत्कर्ष के समय गाँधी की अद्वितीय अहिंसक कार्यवाही का आधार बना। यही नहीं, अद्वितीय और अनुकरणीय अहिंसक सत्याग्रह का जो अस्त्र मानव-विश्व को गाँधी ने प्रदान किया, वह भी दक्षिणी अफ्रीका में ही विकसित हुआ। सार यह है कि गाँधी का दक्षिणी अफ्रीका का अनुभव व उनके प्रयोग अहिंसा के सिद्धान्त और व्यवहार के परिप्रेक्ष्य में मील के पत्थर सिद्ध हुए। इसीलिए, उक्त संदर्भ

में, कोई भी वास्तविक विश्लेषण यदि करना हो, तो वह दक्षिणी अफ्रीका के प्रयोगों के उल्लेख के बिना सम्भव नहीं हो सकता।

दक्षिणी अफ्रीका में गाँधी के प्रयोगों के सम्बन्ध में मेरा जो व्यक्तिगत दृष्टिकोण है, उसे मैं दो भागों में बाँटकर प्रस्तुत करना चाहूँगा। इसमें पहला भाग वर्ष 1893 से 1901 के मध्य के काल का है। जैसा कि विदित है, गाँधी 1893 में दक्षिणी अफ्रीका पहुँचे थे। दूसरा भाग इसके बाद के काल का है, जो उनके अन्ततः 1914 में भारत वापस प्रस्थान तक के समय को समेटता है। अहिंसा के सिद्धान्त एवं व्यवहार की दृष्टि से दोनों कालों का अपना-अपना महत्त्व और योगदान है।

जैसा कि इतिहास साक्षी है, भारत से गिरमिटियाओं (एक प्रकार निश्चित समय सीमा के लिए बँधुवा श्रमिकों) का पहला जत्था 16 नवम्बर, 1860 को दक्षिणी अफ्रीका के नाटाल बन्दरगाह,[1] जिसे दरबन भी कहा जाता है, पर पहुँचा था। वह जत्था वहाँ क्यों पहुँचा? यह जानना स्वाभाविक है। वास्तव में दक्षिणी अफ्रीका पहुँचने बाद अंग्रेज 1820 ईस्वी में मुख्यतः नाटाल में बसे थे। नाटाल क्षेत्र गन्ना, चाय और काफी की खेती के लिए बहुत ही अनुकूल था। अंग्रेज वहाँ इन चीजों की खेती करते तो उन्हें अनेक श्रमिकों की आवश्यकता थी, जैसा कि स्वयं गाँधीजी ने लिखा है:

"... हजारों श्रमिकों की आवश्यकता थी... (क्योंकि वहाँ खेती करना) कुछेक (उपनिवेशवादी) गोरों के बस की बात नहीं थी। नाटाल

के नीग्रो स्वयं कठिन कार्य करने के आदि नहीं थे, और दास प्रथा के उन्मूलन के कारण उनसे बलात् कार्य लिया भी नहीं जा सकता था।"[2] नीग्रों के बारे में बात यह थी कि वे अपने लिए वर्ष में छः माह कार्य करके जो उपाजर्न करते, उससे वर्षभर काम चला सकते थे; फिर क्यों वे अपने को अधिक समय के लिए कार्य करने हेतु बाँधकर रखें? अब अंग्रेज खेती करके लाभ लें, तो उन्हें और श्रमिकों की आवश्यकता थी ही। इसीलिए उन्होंने भारत सरकार के साथ वार्ता की[3] और श्रमिक उपलब्ध कराने की प्रार्थना भी की। उनकी प्रार्थना को भारत सरकार ने स्वीकार किया[4] और उसी का परिणाम था कि उक्त वर्णित जत्था नाटाल पहुँचा; उसके बाद फिर अनेक दल और वहाँ गए। आगे क्या हुआ? गाँधी का उस सबसे क्या सरोकार था? इस बात को अभी यहीं रोककर पहले गाँधी से सम्बन्धित दूसरे प्रकरण पर, उनके वहाँ आने के सन्दर्भ में जुड़े मुद्दे पर, आते हैं।

जैसा कि उल्लेख किया जा चुका है, दक्षिणी अफ्रीका में गाँधी का आगमन 1893 में हुआ। क्यों? इसके पीछे एक कहानी है, जिसे पूरी तरह तो यहाँ प्रस्तुत करना प्रासंगिक नहीं है, लेकिन संक्षेप में, कृपलानी को उद्धृत करते हुए, मैं इसके सार को यहाँ देना चाहूँगा।

"दादा अब्दुल्ला ऐण्ड कम्पनी नामक एक व्यवसायी संस्था का दक्षिणी अफ्रीका में काफी व्यापार था। राजकोट में इसी कम्पनी के प्रतिनिधि ने गाँधी के भाई से सम्पर्क किया, क्योंकि चालीस हजार पाउण्ड की रकम का उनकी कम्पनी का एक मामला दक्षिणी अफ्रीका के

एक न्यायालय में लम्बित था। कम्पनी के पास यद्यपि एक यूरोपीय वकील थे, लेकिन उन्हें एक सहायक की आवश्यकता थी, जो हिसाब-किताब में उनकी सहायता करने के अतिरिक्त संस्था के लिए गुजराती में पत्र-व्यवहार भी कर सके। सहायक की आवश्यकता एक वर्ष के लिए थी, और उसके लिए देय धनराशी कुल एक सौ पाँच ब्रिटिश पाउण्ड, एवं साथ में प्रथम श्रेणी का आने-जाने का टिकट। गाँधी ने संस्था के प्रस्ताव को स्वीकार किया; अप्रैल 1893 में उन्होंने दक्षिणी अफ्रीका को प्रस्थान किया, और मई माह में वे दरबन पहुँचे।"[5]

जिस समय गाँधी दक्षिणी अफ्रीका पहुँचे, वहाँ भारतीयों की कुल संख्या लगभग एक लाख थी। नाटाल दक्षिणी अफ्रीका का एक महत्त्वपूर्ण प्रदेश था और अकेले उसी में इक्यावन हजार भारतीय रहते थे।[6] इनमें लगभग 16,000 गिरमिटिया-भारतीय थे, 30,000 गिरमिटिया पूर्व-स्थिति से मुक्त होकर वहाँ बस गए थे, जबकि शेष 5,000 व्यापारी थे। ये व्यापारी मुख्य रूप से तत्कालीन बम्बई राज्य से पूँजी लेकर वहाँ गए थे, और वे मुसलमान थे। वे अच्छे व्यवसायी थे। नाटाल में गिरमिटिया भारतीय, जो अधिकांशतः हिन्दू थे, उस समय के मद्रास राज्य और कलकत्ता आदि से गए थे। जो लोग मुक्त हो चुके थे, उनके बारे में भी यही बात थी। दक्षिणी अफ्रीका में बसने वाले शेष लगभग 49,000 भारतीय वहाँ के दूसरे भागों में रहते थे। विपरीत इसके, नाटाल में निवासकर्ता यूरोपीयजन भी भारतीयों के ही बराबर, अर्थात संख्या में लगभग 50,000 थे, जबकि वहाँ के मूल निवासियों की नाटाल में संख्या लगभग चार लाख थी।[7]

चूँकि दक्षिणी अफ्रीका पहुँचने वाले अधिकांश भारतीय गिरमिटिया थे, इसलिए नाटाल और दूसरे क्षेत्रों-जुलुलैण्ड, केप कॉलनि, चार्टरड टेरीटॅरिज, ट्रांसवल आदि-में उनकी स्थिति, सामाजिक व आर्थिक रूप से बहुत शोचनीय थी। यूरोप वाले, विशेष करके अंग्रेजों का उनके प्रति बहुत अमानवीय व असमानता का व्यवहार था। यही नहीं, गिरमिटियाओं के अतिरिक्त दूसरे भारतीयों, वे व्यवसायी हों या वकीलों सहित अन्य कार्यों में लगे जन, के प्रति भी उनका व्यवहार लगभग वैसा ही था। उदाहरणार्थ, गाँधी द्वारा अगस्त, 1896 में नाटाल की विधान सभा और विधान परिषद के सदस्यों को इस स्थिति के बारे में लिखे गए ऐतिहासिक पत्र के अंशों से, जो नीचे दिए जा रहे हैं, स्थिति का सहज ही अनुमान हो सकता हैः

''साधारण यूरोपीय भी उनसे द्वेष रखते हैं; उन्हें कोसते हैं, वे उन पर थूकते हैं; प्रायः वे उन्हें पगडंडियों से बाहर कर देते हैं। उन्हें 'मिस्टर कुली' और 'ब्लैक मैन' कहकर पुकारा जाता है। और ये संतापकारी उपाधियाँ इतनी आम बन गई हैं कि इनका, और विशेष रूप में 'कुली' का, प्रयोग न्यायालय की पवित्र सीमा में भी किया जाता है। मानों कि जैसे 'कुली' कोई कानूनी और ऐसा वास्तविक नाम है, जो किसी भी भारतीय को दिया जा सकता है। इस प्रकार के दुखदायी शब्दों का प्रयोग करते हुए मैंने ऐसे लोगों को भी सुना है, जिनसे वस्तु-स्थिति के अच्छे ज्ञान की आशा होनी चाहिए। ट्रैम गाड़ियाँ भारतीयों के लिए नहीं हैं। रेलवे कर्मचारी भारतीयों के साथ पशुओं जैसा व्यवहार करते हैं। भारतीयजन कितने भी स्वच्छ क्यों न हों, उपनिवेश के प्रत्येक श्वेत

को उन्हें देखते ही सन्ताप हो जाता है। वह सन्ताप इतना होता है कि वे कुछ क्षणों के लिए भी भारतीयों के साथ रेलगाड़ी के एक ही डिब्बे में बैठना पसन्द नहीं करते हैं। होटलों के द्वार भारतीयों के लिए बन्द हैं। सार्वजनिक स्नानगृह भी भारतीयों को उपलब्ध नहीं होते, फिर भारतीय कोई भी क्यों न हों? आवारा कानून आवश्यक रूप से उत्पीड़क है; वह कानून प्रतिष्ठित भारतीयों को बड़ी अड़चन में डाल देता है।"[8]

बैरिस्टर होने के बावजूद गाँधी स्वयं एक भारतीय थे। इसीलिए उक्त स्थिति से वे क्यों न गुजरते? वे जैसे ही दक्षिणी अफ्रीका पहुँचे, एक अनजान बैरिस्टर के रूप में कुछ ही दिनों में वे अपमान का शिकार हो गए। उनके साथ वह घटना दरबन में हुई थी। उन दिनों वे एक लम्बा कोट पहनते थे और सिर पर पगड़ी बाँधते थे। पगड़ी पहनना दरबन न्यायालय के न्यायाधीश के लिए उत्तेजित हो जाने का विषय बन गया। इसीलिए गाँधी को सिर से पगड़ी हटाने को कहा गया, परन्तु ऐसा न करने पर गाँधी को न्यायालय से ही विदाई लेनी पड़ी थी।

दूसरी घटना प्रीटोरिया जाते समय मार्ग की थी। जिस मुकदमें में सहायता करने के उद्देश्य से गाँधी दक्षिणी अफ्रीका गए थे, उसी के सम्बन्ध में उन्हें प्रीटोरिया भी जाना था। यात्रा रेल द्वारा तय की जानी थी, और उनके पास प्रथम श्रेणी में रेल का टिकट था। लेकिन उन्हें प्रथम श्रेणी में यात्रा करने की आज्ञा नहीं दी गई; उन्हें डब्बे से नीचे धकेल दिया गया और परिणामस्वरूप उन्हें स्टेशन के पास के प्रतीक्षा कक्ष के बाहर ही बिना सोए रात्रि गुजारनी पड़ी थी। यही नहीं,

जोहनसबर्ग में किसी भी यूरोपीय होटल में उन्हें ठहरने नहीं दिया गया था।

उक्त कुछ घटनाओं ने गाँधी को यह सोचने को विवश किया कि क्या अपमान की स्थिति में उन्हें दक्षिणी अफ्रीका में ठहराना चाहिए? भले ही उन्होंने अपने लिए 'दादा अब्दुल्ला ऐण्ड कम्पनी' से एक वर्ष का अनुबंध किया है, भले ही दक्षिणी अफ्रीका आने का उन्हें पहला और महत्त्वपूर्ण अवसर मिला है, लेकिन अपमान की असहनीय स्थिति के कारण क्यों न भारत वापस चले जाना चाहिए?" उनके मस्तिष्क में फिर वीरतापूर्ण दूसरे विचार भी आए। उन्होंने विचार किया कि "क्यों न कारयता छोड़कर और वीर बनकर यहीं रहा जाए?" और अन्ततः उन्होंने दृढ़तापूर्वक वहीं रहने का निश्चय कर लिया; अपने कार्य को पूर्ण करने का मन बना लिया। यही निर्णय उनके महान जीवन की नींव का पत्थर सिद्ध हुआ।

अनुबंध के अनुसार, अनेक अनुभवों से गुजरते हुए, गाँधी ने दक्षिणी अफ्रीका में अपना एक वर्ष पूर्ण किया; इन अनुभवों में अपमान सह रही और कठिनाइयों में जी रही भारतीय जनता को उन्होंने जाँचा-परखा और उसके साथ एकाकार करने का प्रयास भी किया। कृपलानी के शब्दों में, "अपने लोगों के समस्त वर्गों की परेशानियों को उन्होनें जाना और उनकी पंगु स्थिति को भली प्रकार जाँचा; एक सीमा तक उन्हें गाँधी ने संगठित किया, ताकि एक-दूसरे से विचार-विमर्श करने के लिए वे नियमित रूप से मिल सकें। सलाह और सहायता के

लिए सभी वर्गों के लोगों-गिरमिटियाओं, मुक्त श्रमिकों, व्यापारियों और लिपिकों आदि-ने गाँधी से सम्पर्क किया; गाँधी ने उन्हें सलाह दी।"[9]

यही नहीं, अनेक सच्चे ईसाइयों से भी गाँधी का प्रारम्भिक-काल में ही दक्षिणी अफ्रीका में सम्पर्क हुआ। वे ईसाई यूरोपीय थे; ईसा मसीह के मानव-प्रेम के महान सन्देश और सेवा जैसे प्रमुख मूल्यों के वे ईसाई पोषक थे। यूरोपीयजन भी श्रेष्ठ मानव होते हैं, वे लोग इस सत्यता की पुष्टि करने वाले थे। उन ईसाइयों में हम गाँधी के वरिष्ठ वकील ए० डब्ल्यू० बेकर, कोट्स, कुमारी गेब, कुमारी हैरिस आदि के नाम का प्रमुख रूप से उल्लेख कर सकते हैं। इसमें कोई सन्देह नहीं कि वे सभी लोग दृढ़ ईसाई थे; वे चर्च से निकटतापूर्वक जुड़े रहे थे। दृढ़ ईसाई होना और चर्च के साथ जुड़े रहना कोई बुरी बात नहीं होती; ये सब तो अच्छी बातें हैं; ये श्रेष्ठता की परिधि में हैं। फिर ऊपर वर्णित लोग तो मानव-प्रेम में लिप्त थे, इतने लिप्त कि गाँधी स्वयं उनके इस महागुण की प्रशंसा किए बिना न रह सके। कोट्स के सम्बन्ध में उन्होंने लिखा है कि वे पाप से डरकर चलने वाले थे, उनका हृदय निर्मल था, और वे हृदय-शुद्धि की शतशयता में विश्वास रखते थे।

अब एक वर्ष पूरा हो जाने के बाद क्या करना चाहिए? अनुबंध समाप्त हो गया था; दक्षिणी अफ्रीका में गाँधी का कार्य अब शेष नहीं रह गया था। इसीलिए गाँधी ने भारत वापस लौटने का कार्यक्रम बना लिया। वे भारत के लिए वापस प्रस्थान करें, इससे पहले उन्हें प्रायोजित करने वाले अब्दुल्ला सेठ ने उनके सम्मान में दरबन में विदाई

समारोह का आयोजन किया। इसी विदाई समारोह में गाँधी अपनी मेज पर रखे कुछ समाचारपत्रों को देख रहे थे। अचानक उनकी दृष्टि एक समाचारपत्र में छपे एक शीर्षक पर पड़ी। शीर्षक था 'इण्डियन फ्रैंचाइज बिल' (अर्थात भारतीय मताधिकार विधेयक),[10] जिसे गाँधी ने ध्यान से पढ़ा और अन्ततः उसमें उन्होंने पाया कि नाटाल कि धारा सभा के लिए चुने जाने वाले सदस्यों को भारतीय लोग अपने मत नहीं दे सकेंगे। उन्होंने छपे हुए समाचार में यह भी पाया कि उक्त विधेयक के सन्दर्भ में कोई अन्तिम निर्णय लिए जाने के सम्बन्ध में अभी बहस चल रही है। गाँधी तुरन्त ही चौंक पड़े।

चूँकि उपरोक्त सन्दर्भ में गाँधी को पूरी जानकारी नहीं थी, इसलिए उन्होंने अब्दुल्ला से चर्चा की, और उन्हें दुख हुआ यह जानकर कि वहाँ समारोह में उपस्थित लोगों में से अधिकांश लोग प्रस्तावित कदम के बारे में अनभिज्ञ थे। यही नहीं, जिन्हें कुछ जानकारी थी भी, वे विषय में रुचि नहीं रखते थे। "यदि विधेयक पारित होकर कानून बन जाएगा, तो भारतीयों का क्या होगा?" गाँधी के मस्तिष्क में यह सोच उभरी। दूसरी ओर गाँधी को वापस भारत के लिए प्रस्थान करना था। मस्तिष्क में उठी सोच व वापसी के विचार के मध्य ही गाँधी ने अब्दुल्ला सेठ से विधेयक के सन्दर्भ में कुछ विस्तार से बात छेड़ दी, जिसे वहाँ उपस्थित कई दूसरों ने भी सुना, और उन्हीं में से कुछ ने तो अब्दुल्ला से यह प्रार्थना तक कर डाली कि वे गाँधी को वापस भारत जाने से रोक लें। अब्दुल्ला ऐसा कैसे कर सकते थे? यदि वे अनाधिकार चेष्टाकर

गाँधी से रुक जाने का अनुरोध भी करें, तो उनके पारिश्रमिक आदि का प्रबन्ध कैसे होगा? इस तरह के प्रश्न उनके सामने प्रस्तुत थे, और उन्होंने इन प्रश्नों को समस्त उपस्थितजन के समक्ष रख दिया।

अब लोग तो चाहते ही थे कि गाँधी उनके बीच ठहर जाएँ, इसलिए उपस्थित समस्त भारतीयों ने गाँधी को सहयोग देने का प्रस्ताव किया, और उसके अनुपालन में गाँधी ने पहले एक माह के लिए नाटाल में बसने का निर्णय लिया। वे, एक जनसेवक, जो नाटाल के सर्वोच्च न्यायालय में वकालत के लिए अपने को पंजीकृत कराकर कार्य भी कर सके, के रूप में वहाँ रहने लगे। इससे सम्बन्धित समस्त वृतान्त को गाँधी ने निम्न शब्दों में समाप्त करते हुए लिखा हैः

> "ईश्वर ने दक्षिणी अफ्रीका में मेरे स्थायी वास की नींव रखी और स्वाभिमान का बीज रोपा ...।"[11]

गाँधी के सम्मान में आयोजित विदाई वाले दिन ही उपस्थितजन में से एक कार्य-समिति का गठन हो गया था। वही समिति 22 मई, 1894 को नाटाल इण्डियन काँग्रेस के रूप में परिवर्तित हो गई थी।[12] इस समिति को इण्डियन फ्रैंचाइज से सम्बन्धित विधेयक को कानून बनने से रोकना था। इसलिए समिति ने सर्वप्रथम नाटाल की धारा सभा के अध्यक्ष, प्रान्त के मुख्यमंत्री, जान राबिन्सन, आदि को तार भेजकर यह अनुरोध किया कि वे विधेयक को रोक लें। विधेयक समानता के सिद्धान्त के विरुद्ध था, उसमें दुर्भावना थी, और उसे स्थगित करने का अनुरोध करने वालों का पक्ष न्यायपूर्ण था। अन्ततः ईश्वर भी न्याय के

पक्ष को ही जीत प्रदान करता है, भले ही कुछ देर से। तार से अनुरोध किए जाने का परिणाम यह हुआ कि विधेयक पर दो दिन के लिए धारा सभा में चर्चा स्थगित हो गई; लोगों में प्रसन्नता हुई और उन्हें आशा भी बँधी।

अब विधेयक के विपक्ष में विधिवत प्रार्थनापत्र तैयार किए गए, जिन्हें तैयार करने के पीछे गाँधी का ही दिमाग था। उन्होंने विधेयक के समस्त पहलुओं को जान व समझ लिया था। इसी कारण प्रार्थनापत्रों में ठोस और तर्क संगत बिन्दु रखे गए थे। उपरान्त वे समस्त भारतीय, विशेषकर व्यापारी लोग, जिनके पास सुविधाएँ थीं, विभिन्न स्थानों पर बसे भारतीयों के हस्ताक्षर लेने निकले। एक प्रकार इस कार्यवाही से सोए हुए भारतीयजन में चेतना का संचार हुआ; उन्हें यह ज्ञात भी हुआ कि उनके विरुद्ध क्या होने जा रहा है?

हजारों हस्ताक्षरों से युक्त प्रार्थनापत्र भेजकर अधिकारियों से गुहार की गई, लेकिन फिर भी धारा सभा में इण्डियन फ्रैंचाइज विधेयक पारित हो गया। हाँ, इतना अवश्य हुआ कि विधेयक के पारित होने से पूर्व सभा में उस पर भरपूर चर्चा की गई। गाँधी और उनके साथियों ने हिम्मत नहीं हारी। विधेयक पारित ही तो हुआ; बिना क्राउन की स्वीकृति के वह कानून तो बन नहीं सकता था, और वहाँ से स्वीकृति मिलनी अभी भी शेष थी। गाँधी ने पुनः कठिन परिश्रम करके एक अन्य आवेदन पाँच प्रतियों में तैयार किया, जिसमें इण्डियन फ्रैंचाइज विधेयक के प्रस्तावकों द्वारा उसमें सम्मिलित किए गए समस्त उद्देश्यों में से

एक-एक का सतर्क प्रतिकार किया था। इस आवेदन को तत्कालीन ब्रिटिश उप-विदेश मंत्री, लार्ड रिपन को, इस अनुरोध के साथ भेजा गया कि उसे क्राउन की स्वीकृति न मिले। यही नहीं आवेदन की एक हजार प्रतियाँ कराकर उन्हें विभिन्न समाचारपत्रों में प्रकाशन के लिए भी भेजा गया। सार्वजनिक जीवन में सक्रिय अनेक लोगों को भी प्रतियाँ भेजकर एक ऐसे वातावरण का निर्माण किया गया, जिसके परिणामस्वरूप दक्षिणी अफ्रीका में रहने वाले समस्त भारतीयों की उपेक्षा करना सरकार के लिए सरल कार्य नहीं रह गया। अनेक स्रोतों से भारतीयों को सहानुभूति मिलने लगी, और अन्ततः क्राउन ने विधेयक को वीटो कर दिया। इससे भारतीयजन उत्साह से भर गए। न्याय और सत्य पर आधारित अनुरोध मान्य हुआ। गाँधी के महान जीवन की नींव सुदृढ़ हुई। यही होना भी था, विशेष रूप से इसलिए, क्योंकि उन्होंने विधेयक के विरोध में कड़ी मेहनत करके जो आवेदन तैयार किया था, उस पर हस्ताक्षर लेने की व्यवस्था की थी, उससे भारतीयों में एकता स्पष्टतः प्रकट हुई थी। दूसरे शब्दों में, वह भारतीयों के सामूहिक विरोध का प्रतीक थी और उससे जनता में जागृति की स्पष्टता होती थी।

एकजुटता, सामूहिकता और जागृति जहाँ हों, वहाँ अन्ततः सफलता आती ही है। फिर यदि न्याय के मार्ग पर बढ़ते हुए जनसमूह सत्यता का दामन थामे रहें तथा लोग हिम्मत न हारें, तो उन्हें असफलता का मुँह देखना ही नहीं पड़ेगा। ऐसा ही 1894 में गाँधी की प्रेरणा से हुआ; उनका परिश्रम व कार्य करने का ढंग तथा साथ ही योजनाबद्धता

भी रंग लाई। विशेष बात यह थी कि उस समय, सीमित साधनों के साथ और जटिल परिस्थितियों में, विशेषतः देशकाल की, जो कुछ भी प्राप्त हो सका, वह कम महत्त्व का नहीं था, न ही वह सरल कार्य था। गाँधी के शब्दों में:

"आवेदन पर दस हजार हस्ताक्षर हुए। मात्र पन्द्रह दिनों में आवेदन भेजने लायक हस्ताक्षर मिल गए। इतने समय के भीतर नाटाल से दस हजार हस्ताक्षरों को प्राप्त करना कोई छोटी बात नहीं थी। हस्ताक्षर सारे नाटाल प्रान्त से प्राप्त करने थे, लोग इस तरह के कार्य से प्रायः अपरिचित थे। लोगों को बिना यह स्पष्ट किए, कि वे किसलिए हस्ताक्षर कर रहे हैं, हस्ताक्षर नहीं लेने थे। इसलिए विशेष रूप से स्वयं-सेवकों को भेजकर ही हस्ताक्षर प्राप्त किए जा सकते थे। ग्राम दूर-दूर थे। इसलिए अधिकतर कार्य करने वाले लगनपूर्वक काम करें, तभी शीघ्रता से वह हो सकता था; ऐसा ही हुआ। इस कार्य में सब उत्साहपूर्वक जुटे।"[13]

उपरोक्त वर्णित महत्त्वपूर्ण घटना के उपरान्त 'नाटाल इण्डियन काँग्रेस' को गतिशील बनाने, स्वच्छता, शिक्षा तथा शाकाहार की महत्ता जनता को बताने और धार्मिक एकता से लोगों को जोड़ने जैसे कार्य भी गाँधी ने किए। इन कार्यों में कई उदार यूरोपियों का सहयोग उन्हें मिला। यही नहीं, जनता को व्यावहारिक रूप में सामूहिक जीवन जीने की कला बताने और बिना किसी भेदभाव के अन्य मनुष्यों की सेवा के कार्यों के लिए उन्होंने प्रेरित किया। इन कार्यों के सम्बन्ध में कई

उदाहरण दिए जा सकते हैं, लेकिन इस हेतु सबसे अच्छा उदाहरण उनके द्वारा बोर युद्ध के समय किए गए कार्य का दिया जा सकता है।[14] घायलों को सेवाएँ प्रदान करने के उद्देश्य से गाँधी ने 40 सुदृढ़ तथा दस नेतृत्वकारियों के अन्तर्गत 1100 लोगों का एक सेवादल स्थापित किया।[15] यह कार्य बाद में भी गाँधी के रचनात्मक कार्यक्रमों का, न्यूनाधिक, आधार बना था।

दक्षिणी अफ्रीका में हिन्दू, मुसलमान, पारसी और ईसाई, सभी गाँधी के सहयोगी रहे थे। अतः जाति, वर्ण, लिंग या धर्म-सम्प्रदाय के भेदभाव के बिना सामुदायिक सेवा तथा सुधार के कार्यक्रम भी गाँधी ने प्रारम्भ किए। न्याय की प्राप्ति के लिए दृढ़तापूर्वक प्रयास करना, जीवन में सादगी, स्वच्छता और सक्रियता को अपनाना उनके कार्यक्रम का अटूट भाग थे। गाँधी ने उस समय जो कुछ वहाँ किया, वह देश की स्वाधीनता के 60 वर्षों के बाद हमारे लिए अभी भी प्रासंगिक व अनुकरणीय है, क्योंकि अनेक क्षेत्रों में अभूतपूर्व उन्नति करने के बाद भी जीवन को सही दिशा में सक्रिय बनाने की हमारे लिए नितान्त आवश्यकता है। गाँधी ने इस सन्दर्भ में सौ वर्ष पूर्व ही हमारा मार्गदर्शन कर दिया था। मैं तो यहाँ तक कहता हूँ कि भारत ही नहीं, अपितु एशिया महाद्वीप सहित विश्व के अनेक राष्ट्रों के लोगों के लिए उनके द्वारा दिखाया गया मार्ग समानतः अनुकरणीय है। दुनिया के कई राष्ट्रों में जनता की दयनीय स्थिति में निश्चित सुधारार्थ गाँधी का सिद्धान्त आज भी उतना ही सक्षम है, जितना वह एक सौ दस वर्ष पूर्व था। भोजन, स्वास्थ्य, शिक्षा, साम्प्रदायिक एकता और स्वतंत्रता जैसे परमावश्यक

मुद्दों पर गाँधी का सिद्धान्त और साथ ही उनका व्यवहार हम सभी के लिए आज भी वरदान है।

'इण्डियन फ्रैंचाइज बिल' के सम्बन्ध में किए गए चिरस्मरणीय कार्य के बाद गाँधी ने दो वर्ष तक सामुदायिक सेवा-कार्यक्रम चलाए; भविष्य में दुनिया को दिए जाने वाले अपने अहिंसा दर्शन की नींव को सुदृढ़ करने और भारतीयों को सच्चाई के साथ स्वाभिमान की रक्षा करने की सीख देने का कार्य किया। ऐसा इसलिए भी उन्होंने किया, क्योंकि वे भारतीयों को वीरों की भाँति अहिंसक रहकर संघर्ष करना सिखाना चाहते थे।

गाँधी यद्यपि 1896 ईस्वी में छः माह के लिए भारत आए थे, लेकिन उनका वह आगमन पूर्णतः अस्थायी था। वे तय कर चुके थे कि दक्षिणी अफ्रीका में अभी और ठहरकर भारतीयों के लिए काम करेंगे, अन्याय से उबारकर भारतीयों को वे स्वतंत्र नागरिकों के रूप में स्थापित करेंगे, क्योंकि दक्षिणी अफ्रीका की रंग-भेद समर्थक उपनिवेशवादी सरकार की नीयत से वे परिचित हो चुके थे। सरकार के एक दूसरे कदम का, जो 1894 में ही वह भारतीयों के विरुद्ध उठा चुकी थी, गाँधी विरोध करने की ठान चुके थे।

1894 में नाटाल प्रान्त की सरकार ने प्रत्येक भारतीय गिरमिटिए पर 25 पाउन्ड प्रतिवर्ष का कर लगा दिया था, लेकिन भारी विरोध के चलते उसे अन्ततः घटाकर 3 पाउन्ड प्रतिवर्ष कर दिया था। पहले गाँधी ने नाटाल इण्डियन काँग्रेस के मंच से सरकार के इस कदम का

विरोध करने और फिर, यदि आवश्यक हो तो, इसके विरुद्ध जनान्दोलन छेड़ने का आह्वान किया था। बाद में यह विषय चूँकि दूसरे रूप में प्रकट हुआ था; इसके विरुद्ध सक्रिय संघर्ष चला था, जिसकी चर्चा मैं बाद में करने वाला हूँ, इसीलिए इस मुद्दे को मैं अभी यहाँ छोड़ देता हूँ।

भारत पहुँचकर गाँधी ने दक्षिणी अफ्रीका में भारतीयों के प्रति रंग-भेद की नीति और उन पर होने वाले अत्याचारों का खुलासा किया। वहाँ रह गए भारतीयों की दशा में कुछ निश्चित सुधार हो, इस सम्बन्ध में उन्होंने सहानुभूति जुटाने व यहाँ से जन समर्थन प्राप्त करने का प्रयास भी किया। कलकत्ता, मुम्बई, मद्रास सहित अनेक नगरों का गाँधी ने भ्रमण किया और जनता को सम्बोधित किया। भारतीय राष्ट्रीय काँग्रेस के प्रमुख नेताओं, बाल गंगाधर तिलक, फिरोजशाह मेहता, सुरेन्द्रनाथ बनर्जी और गोपाल कृष्ण गोखले से गाँधी ने भेंट की। उस समय के कई प्रमुख समाचारपत्रों के सम्पादकों से मिलकर दक्षिणी अफ्रीका में भारतीयों की स्थिति से उन्हें अवगत कराया, और इस सम्बन्ध में, अर्थात स्थिति में सुधारार्थ, उनसे जो भी सम्भव हो सहयोग देने का अनुराध किया। 'द इंग्लिश मैन' के सम्पादक[16] ने उन्हें भरपूर सहायता का वचन दिया। अपने समाचारपत्र का भरपूर उपयोग करने की छूट उन्होंने गाँधी को दी। वास्तव में सम्पादक के इस तरह के व्यवहार ने गाँधी का दिल ही जीत लिया था। गाँधी ने उनके पत्र का भरपूर उपयोग किया भी। इससे एक बार पुनः यूरोपियों एवं ईसाइयों के भी अच्छे मानव होने की पुष्टि हुई।

कुछ समय तक दक्षिणी अफ्रीका में रह रहे भारतीयों की स्थिति का पक्ष गाँधी ने अपने देश भारत में रखा। इससे उन्हें स्वयं भी प्रचार मिला। समाचारपत्रों में उनके लेख, साक्षात्कार एवं सम्पादकीय छपे। वे अभी अपने कार्य को भारत में कर ही रहे थे कि उन्हें शीघ्र दक्षिणी अफ्रीका वापस लौटने के अनुरोध का तार मिला। उस समय गाँधी कलकत्ता में थे। शीघ्र लौटने के पीछे के कारण का उन्होंने अनुमान लगाया और वह सही निकला। वास्तव में दक्षिणी अफ्रीका के भारतीयों की स्थिति और यूरोपियों के वहाँ भारतीयों के प्रति व्यवहार को जग-जाहिर करने का जो कार्य गाँधी भारत आकर कर रहे थे, उसमें प्रेस से उन्हें प्रसिद्धि मिल रही थी; उससे सम्बन्धित अनेक समाचार इंग्लैण्ड में भी प्रकाशित हो रहे थे। दक्षिणी अफ्रीका में बसे यूरोपीय इसे अपने विरुद्ध किया जाने वाला ऐसा काम मान रहे थे, जो उनकी छवि को धूमिल करने वाला था और प्रतिष्ठा को घटाने वाला भी था। परिणामस्वरूप दक्षिणी अफ्रीका में भारतीयों के विरुद्ध हमले किए जाने लगे, उनके प्रति यूरोपीय आक्रोश व्यक्त करने लगे थे।

18 दिसम्बर, 1896 को गाँधी अपने परिवार के सदस्यों के साथ दरबन बन्दरगाह[17] पहुँचे। जिस जहाज से वे वहाँ पहुँचे*, उसमें लगभग 400 और भारतीय भी थे। यही नहीं, उस जहाज के साथ-साथ ही एस० एस० नादेरी नाम का एक और जहाज भी उसी बन्दरगाह पर पहुँचा और उसमें भी 400 ही यात्री थे। दोनों जहाजों की सूचना पहले ही दक्षिणी अफ्रीका में गोरों को मिल चुकी थी। वे क्रोध से भरे हुए थे।

*उस जहाज का नाम एस0 एस0 कोरलैण्ड था।

उनका मानना था कि गाँधी दो जहाजों में इतने सारे भारतीयों को इसलिए भरकर लाए हैं, ताकि वे उन्हें चुनौती दे सकें। स्वयं गाँधी ही के शब्दों में:

"मुझ पर दो आरोप थेः (अ) मैंने हिन्दुस्तान में नाटालवासी गोरों की अनुचित निन्दा की थी, और (आ) मैं नाटाल को हिन्दुस्तानियों से भर देना चाहता था, और विशेष रूप से इसीलिए नाटाल में हिन्दुस्तानियों को बसाने के लिए 'कोरलैण्ड' तथा 'नादेरी' में भरकर लाया था।"[18]

इन्हीं दो विशेष कारणों से गोरे आग बबूला थे। वातावरण गम्भीर था। सरकार के सहयोग अथवा शह से गोरे अमानवीय कृत्यों में संलग्न थे। भारतीय भी इसके प्रतिकार स्वरूप आन्दोलन रूपी सभाएँ आयोजित कर रहे थे और उनके इस प्रकार के प्रयासों में कई न्यायप्रिय और मानवप्रेमी अंग्रेज भी सहायता दे रहे थे।

वैसे गाँधी के विरुद्ध जो आरोप लगाए जा रहे थे, वे भी सही नहीं थे। उन्होंने भारत में केवल दक्षिणी अफ्रीका में बसे हुए भारतीयों की दयनीय स्थिति तथा उनके वहाँ उत्पीड़न का खुलासा ही किया था। वह स्थिति समाप्त हो, इस हेतु उन्होंने भारत में सहानुभूति बटोरने का प्रयास किया था। लेकिन यदि इस सम्बन्ध में पूर्णतः न्याय प्राप्त करने की बात हो, तो गाँधी का दृढ़ विश्वास था "कि प्रतिपक्षी को न्याय देकर ही हम न्याय प्राप्त कर सकते हैं।" ऐसे में 800 व्यक्तियों को दक्षिणी अफ्रीका ले जाकर वे गोरों के विरुद्ध संघर्ष करेंगे, ऐसा सोचना अनुचित

था। वे तो ऐसा कुछ करने वाले थे नहीं; उन पर कोई शस्त्रों से आक्रमण करे, तो तब भी वे उसी तरह प्रतिकार करने वाले नहीं थे। इसीलिए जहाज में यात्रा करते समय जब जहाज के कप्तान, जो कि स्वयं एक यूरोपीय थे, से पूरब की अहिंसा के सम्बन्ध में उनकी चर्चा चल रही थी, और कप्तान ने उस समय जब गाँधी से पूछा, "गोरे, जैसी कि वे धमकी दे रहे हैं, यदि उसी के अनुरूप आपको चोट पहुँचाएँ, तो आप अहिंसा के अपने सिद्धान्त पर किस तरह व्यवहार करेंगे?" तो गाँधी ने उत्तर दिया थाः

"मुझे आशा है कि ईश्वर उन्हें क्षमा कर देने की और उन पर मुकदमा नहीं करने की हिम्मत और बुद्धि मुझे प्रदान करेंगे। आज भी उन पर मुझे कोई रोष नहीं है। उनके अज्ञान व उनकी संकुचित दृष्टि के लिए मुझे खेद है। मैं मानता हूँ कि जो कुछ वे कह रहे हैं, और कर रहे हैं, वह उचित है; ऐसा वे शुद्ध भाव से मानते हैं। अतः मेरे लिए रोष का कोई कारण ही नहीं है।"[19]

प्रश्नकर्ता कप्तान यद्यपि उस समय गाँधी के उक्त उत्तर को सुनकर हँसा था, लेकिन बाद में जो कुछ उन्होंने कहा, वही सत्य निकला। अहिंसा के प्रयोगों के सम्बन्ध में विकसित हो रहे उनके दृष्टिकोण में शीघ्र ही एक सुन्दर कड़ी जुड़ गई।

गाँधी अभी जहाज से उतरे भी नहीं थे कि नाटाल में उनकी सुरक्षा से जुड़ी समस्या के बारे में उन्हें भीतर ही अवगत कराया गया। फिर जैसे-तैसे गोरे अधिकारियों के कहने पर वे जहाज से नीचे उतरे।

उनके परिवार के शेष सभी सदस्य तो उनके मित्र रुस्तमजी के घर भेज दिए गए, और गाँधी कप्तान लाटन के साथ-साथ चले। लेकिन यह क्या? कुछ गोरों ने उन्हें पहचान लिया और साथ चल रहे कप्तान से उन्हें अलग करके उन पर हमला बोल दिया। इससे गाँधी बुरी तरह घायल हो गए; अपने को मूर्छित होने के भान के साथ ही उन्होंने मार्ग के एक घर की बाहरी खिड़की की जाली को पकड़ लिया। आक्रामक तब भी नहीं रुके। ठीक उसी समय श्रीमती अलेक्जेन्डर, जो कि गाँधी को भली-भाँति पहचानती थीं, और जो उस मार्ग से गुजर रही थीं, तीव्रता से ढाल बनकर गाँधी के पास खड़ी हो गईं। धूप से बचाव के लिए उन्होंने अपना छाता भी खोल लिया। स्थिति ऐसी बन गई कि जब तक ढाल रूपी श्रीमती अलेक्जेन्डर वहाँ हों, गाँधी पर आक्रमण नहीं हो सकता था। और वे वहाँ से हटने को तैयार ही नहीं थीं। इतने में पुलिस दल भी वहाँ पहुँच गया। गाँधी को पुलिस स्टेशन में प्रश्रय लेने का प्रस्ताव किया गया, लेकिन उन्होंने ऐसा करने से स्पष्टतः मना कर दिया और कहा, "जब उन्हें अपनी गलती का अहसास हो जाएगा, वे निश्चिततः शान्त हो जाएँगे।"

अन्ततः पुलिस दल के संरक्षण में घायल गाँधी भी रुस्तमजी के घर पहुँचे। संध्या हो चली थी; घर भीतर से शान्त था, लेकिन कुछ समयोपरान्त उसे भी गोरों ने घेर लिया। गोरे चिल्लाकर कह रहे थे कि गाँधी को उनके हवाले किया जाए। पुलिस अधीक्षक वहाँ पहुँचे और वे आक्रमणकारियों को समझाने लगे। आक्रमणकारी मानते नहीं थे।

इसलिए अधीक्षक ने गाँधी को घर छोड़ने का परामर्श दिया। काफी देर बाद गाँधी ऐसा करने को तैयार हुए। इसका कारण यह भी था कि वे अपने कारण अपने मित्र के परिवार को असुरक्षित नहीं बनाना चाहते थे। गाँधी अधीक्षक की छद्म रणनीति के तहत की गई कार्यवाही से घर से निकल गए, और इस प्रकार बच गए।

गाँधी पर आक्रमण कोई साधारण घटना नहीं थी। दक्षिणी अफ्रीका में उस समय एक लाख भारतीय थे, जिनके लिए गाँधी कार्य करते थे। भारतीयों में कई ऐसे थे, जो उनके लिए मर-मिटते। यही नहीं, स्वयं भारत में उनकी पहचान बन चुकी थी, कई जन-नेता और यूरोपीय भी उनके प्रति सहानुभूति रखते थे। ऐसी स्थिति में दक्षिणी अफ्रीका की सरकार के लिए उन पर हुए आक्रमण को सामान्यतः रफा-दफा नहीं किया जा सकता था। उपनिवेश विभाग के उपमंत्री चेम्बरलेन ने तार भेजकर गाँधी पर आक्रमण करने वालों पर मुकदमा दायर करने को कहा। परिणामस्वरूप अधिकारियों ने सबसे पहले तो गाँधी के पास जाकर उनसे क्षमा माँगी, उपरान्त उनसे आक्रमणकारियों को पहचानने का अनुरोध किया। ऐसा इसलिए, ताकि उन्हें बन्दी बनाकर मुकदमे की कार्यवाही को आगे बढ़ाया जा सके। लेकिन गाँधी इसके लिए तैयार नहीं हुए और पुलिस अधीक्षक से बोलेः

"सम्भव है कि आक्रमणकारियों में से एक या दो को मैं पहचान लूँ, परन्तु उन्हें दण्ड दिलाने से मुझे क्या लाभ होगा? मैं तो आक्रमणकर्ताओं को दोषी भी नहीं मानता हूँ। उन्हें तो यह बताया गया है कि मैंने

हिन्दुस्तान में बढ़ा-चढ़ाकर बातें करके नाटाल के गोरों को बदनाम किया है। अब वे यदि इस बात से क्रोधित हो रहे हों, तो इसमें आश्चर्य की क्या बात है? दोष तो है बड़ों का, और यदि मुझे कहने की आज्ञा दी जाए, तो आपका माना जाना चाहिए। आप लोगों को सही मार्ग दिखा सकते थे, परन्तु आपने रायटर के तार को ठीक माना और यह कल्पना कर ली कि मैंने अतिशयोक्ति की। मुझे किसी पर मुकदमा नहीं चलाना है।"[20]

इतना ही नहीं, अधीक्षक के अनुरोध पर गाँधी ने यह लिखकर दे दिया कि वे न तो आक्रमणकारियों की गिरफ्तारी चाहते हैं, और न ही उन पर मुकदमा चलाना चाहते हैं। धीरे-धीरे वातावरण में शान्ति आई। प्रेस में गाँधी के कदम की प्रशंसा व आक्रमणकारियों की निन्दा हुई; इससे भी उनका व्यक्तित्व ऊँचा हुआ। गोरों को शर्मिंदा होना पड़ा। गाँधी का कदम उनके मानव-प्रेम का द्योतक था और हिंसा का प्रतिकार अहिंसा से करने का एक अच्छा उदाहरण भी था। इससे भविष्य में कार्य को सफलता भी मिलनी थी। स्वयं उन्हीं के शब्दों में, "वह (घटना) अन्ततः मेरे लिए और उद्देश्य के लिए वरदान सिद्ध हुई; भारतीयों की दक्षिणी अफ्रीका में इज्जत बढ़ी और मेरा काम आसान भी हुआ।"[21] उपरान्त दक्षिणी अफ्रीका में बसे भारतीयों में एकता व चेतना का संचार और बढ़ा। अब उनके विरुद्ध कुछ भी हो, तथा उन्हें इसकी सूचना न हो, ऐसी स्थिति नहीं रही।

अगले चार वर्ष फिर गाँधी ने वहाँ सामुदायिक सेवा में व्यतीत किए। बोर युद्ध में उन्होंने 'ऐम्ब्युलन्स कॉर' खड़ी की, जिसके बारे में

संक्षेप में मैं पहले ही उल्लेख कर चुका हूँ। इस कॉर ने जिस प्रकार सेवा के कार्य किए, उससे भारतीयों के प्रति श्वेतों के व्यवहार में परिवर्तन हुआ। दोनों के बीच मधुर सम्बन्धों का सूत्रपात हुआ। इन्हीं दिनों गाँधी ने नाटाल भारतीय काँग्रेस के संगठन को सुदृढ़ करने का कार्य भी किया। सफाई, जिसके लिए यूरोपीय भारतीयों को अपने से बहुत पीछे मानते थे, के लिए गाँधी ने लोगों के घर जाकर जागृति उत्पन्न की। 1897 एवं 1899 में भारत में जब अकाल पड़ा, तो गाँधी ने न केवल भारतीय मूल के लोगों, अपितु श्वेतों से भी धन इकट्ठा करके हिन्दुस्तान भेजा। उन्होंने विधिवत अकाल कोष की स्थापना की थी। उन्होंने पूर्व की भाँति शिक्षा, सामूहिकता, एकता व जागरूकता के लिए कठिन परिश्रम किया।

व्यक्ति स्वावलम्बी हो, वह मानवीय ढंग से अपने लिए न्याय प्राप्त करे व इसके लिए दूसरों के लिए भी संघर्ष करे; वह अन्यों ही के समान अपने को भी स्थापित करे तथा अन्ततः 'वसुधैव कुटुम्बकम्' की अवधारणा के अनुरूप अपना स्थान बनाकर जी सके, यह अपेक्षा उससे की जाती है। इसी अपेक्षा के अनुरूप गाँधी ने दक्षिणी अफ्रीका में 1893 में अपने आगमन से 1901 में भारत को प्रस्थान तक के मध्य के समय में अपने प्रयोगों के रूप में कार्य किए। वे कार्य ऐतिहासिक थे। वे नींव के पत्थर के समान थे। बिना नींव के कोई भवन खड़ा ही नहीं किया जा सकता। इसीलिए उन कार्यों का महत्त्व किसी भी रूप में कम करके आँकना गलत होगा। कहने का तात्पर्य यह है कि भविष्य में निर्मित होने वाली एक सुन्दर और टिकाऊ व आरामदेय इमारत की सुदृढ़ नींव रखते

हुए, और देशवासियों को यह वचन देते हुए कि यदि उनके लोगों को आवश्यकता होगी, तो वे दक्षिणी अफ्रीका में फिर एक वर्ष के भीतर आ जाएँगे, गाँधी 1901 में भारत लौट आए।

2

गाँधी दिसम्बर, 1901 में भारत पहुँचे। उसी माह भारतीय राष्ट्रीय कांग्रेस का अधिवेशन कलकत्ता में होना था।[22] वे अधिवेशन में पहुँचे और उन्होंने दक्षिणी अफ्रीका के सम्बन्ध में निम्नलिखित प्रस्ताव प्रस्तुत करते हुए, सारगर्भित व सटीक और साथ ही भावनात्मक विचार[23] प्रकट किए:

"दक्षिणी अफ्रीका में बसने वाले भारतीयों के संघर्ष के प्रति यह काँग्रेस सहानुभूति प्रकट करती है, और आदरपूर्वक वायसराय का ध्यान भारत-विरोधी कानून की ओर खींचती है; और यह विश्वास करती है कि जब ट्रांसवल तथा ऑरिंजरिवर कॉलनि में ब्रिटिश भारतीयों की स्थिति से जुड़े प्रश्न पर माननीय सचिव, उपनिवेश विभाग द्वारा विचार किया जा रहा है, महामहिम उदारतापूर्वक (वहाँ के निवासियों के लिए न्यायसम्मत समाधान कराएँगे।"[24]

गाँधी द्वारा प्रकट विचारों से जहाँ एक ओर दक्षिणी अफ्रीका में भारतीयों की दशा का स्पष्ट चित्र उभरता था, वहीं उनसे इस बात की आवश्यकता को बल भी मिलता था कि भारतवासियों के सम्बन्ध में कुछ ठोस रूप से किया जाना चाहिए। केवल प्रस्ताव पारित कर देना ही काफी नहीं था। पीड़ितों को व्यवहार में भी राहत मिले, इस दिशा में

कार्य होना चाहिए था। लेकिन विधि को तो कुछ और ही मंजूर था; स्वयं गाँधी को पुनः दक्षिणी अफ्रीका जाना था। वहाँ उन्हें अपने को वास्तविक जननायक सिद्ध करना था। अपने कार्यों से उन्हें पूरे संसार को एक रास्ता दिखाना था। कदाचित् इसीलिए कलकत्ता काँग्रेस में उनके भाषण द्वारा जनता की कठिनाइयों का वास्तविक चित्रण प्रस्तुत हुआ था। साथ ही, दक्षिणी अफ्रीका के अतिरिक्त अन्य कई देशों का उल्लेख भी इसी कड़ी में उनके भाषण में हुआ था।

कलकत्ता काँग्रेस अधिवेशन के बाद बसने के उद्देश्य से गाँधी मुम्बई आ गए। क्यों? स्वयं उन्हीं के शब्दों में, "गोखले की प्रबल इच्छा थी कि मैं मुम्बई में बस जाऊँ, (वहाँ) वकालत का कार्य करूँ और जन कार्यों के लिए उनकी सहायता करूँ। उन दिनों जन कार्यों का अर्थ था काँग्रेस का कार्य ...।"

गाँधी कुछ समय तक मुम्बई में रहे भी। वहाँ उनका कार्य चल निकला। उन्होंने मुम्बई में स्थायी रूप से बसने का विचार किया, लेकिन अचानक दक्षिणी अफ्रीका से उन्हें तार मिला, जिसमें उनसे तुरन्त आने का अनुरोध था। दक्षिणी अफ्रीका छोड़ते समय गाँधी ने भारतीयों को वचन दिया था कि यदि पुनः आवश्यकता हुई, तो वे वापस आ जाएँगे। वचन के पालनार्थ, लेकिन अनिश्चितता की स्थिति में, 1902 के अन्त में उन्होंने फिर से दक्षिणी अफ्रीका जाने का निश्चय किया। इस सम्बन्ध में उन्होंने लिखा है:

"मैने अपने आपको अनिश्चय की स्थिति से उबारा। मेरा विचार है कि संसार में निश्चितता की आशा करना गलत है, क्योंकि

ईश्वर ही सत्य है, और कोई चीज नहीं। जो कुछ दीख पड़ता है या हमारे आस-पास घटित होता है, वह सब अनिश्चित है; अस्थायी है। लेकिन एक सर्वोच्च छिपी हुई शक्ति, अर्थात परमात्मा वहाँ है, उसकी झलक यदि हमें मिल जाए, उस पर यदि हमारी श्रद्धा बनी रहे, तभी जीवन सार्थक होता है। उसकी खोज ही परम पुरुषार्थ है।''

वास्तव में अब दक्षिणी अफ्रीका के भारतीयों के सामने कौन-सी ऐसी समस्या आ गई थी कि गाँधी को वापस पहुँचने का तार भेजा गया? स्वयं गाँधी को इस बात का पता नहीं था, क्योंकि तार में कोई स्पष्ट बात नहीं लिखी गई थी। फिर भी गाँधी ने अनुमान लगाया कि कोई तो समस्या होगी ही, और सम्भव है कि उसे हल करने में 4-6 महीने लग जाएँ। उन्हें फिर भी किसी गम्भीर समस्या के उत्पन्न होने की कल्पना नहीं थी। वे सोचते थे कि बोर युद्ध के दौरान किए गए कार्यों के बाद भारतीयों की स्थिति सुधरी होगी, उपनिवेशवादी सरकार के दृष्टिकोण में परिवर्तन आया होगा। गाँधी इस समय अपने कुछ साथियों को साथ लेकर चले, जबकि अपने परिवार को उन्होंने मुम्बई में ही रहने दिया।

बोर युद्ध के बाद ट्रांसवल इंग्लैण्ड के अधीन हो गया था। इसलिए जो कानून अधीनता से पहले भारतीयों पर वहाँ लागू थे, वे स्थिति में परिवर्तन के बाद,लागू नहीं रह सकते थे। परिणामस्वरूप परिवर्तित परिस्थितियों में अनेक भारतीयों ने सार्वजनिक बोलियों के माध्यम से भू-खण्ड क्रय कर लिए। लेकिन जब राजस्व अधिकारी को पंजीकरण के लिए हस्तान्तरण सम्बन्धी अभिलेख उन्होंने दिए, तो

प्रभारी राजस्व अधिकारी ने 1885 के कानून को उद्धृत करते हुए, पंजीकरण करने से मना कर दिया। चूँकि उद्धृत 1885 का कानून युद्ध से पहले का था, और वह बाद में जारी नहीं रह सकता था, इसलिए भारतीयों में भूमि पंजीकरण न करने के अधिकारी के निर्णय से असन्तोष उत्पन्न हुआ। यह वास्तव में उनके प्रति अन्याय भी था, लेकिन इसकी पूरी सूचना गाँधी को दक्षिणी अफ्रीका पहुँचने पर ही मिली थी।

गाँधी 25 दिसम्बर को दरबन पहुँचे।[25] वहाँ से वे 28 दिसम्बर को नाटाल गए, और वहाँ ब्रिटिश उपनिवेश विभाग के सचिव जोजेफ चेम्बरलेन के समक्ष उपस्थित होकर, भारतीयों के नेता के रूप में, एक प्रत्यावेदन उन्हें दिया। प्रत्यावेदन में भारतीयों के सामने आने वाली अनेक प्रकार की कानूनी कठिनाइयों की ओर चेम्बरलेन का ध्यानाकर्षित किया गया था। चेम्बरलेन ने प्रत्यावेदन ले लिया और फिर उन्होंने ट्रांसवल को प्रस्थान किया। साथ-ही-साथ गाँधी भी ट्रांसवल पहुँचे, क्योंकि गाँधी को स्वयं भी एक मामला, जिसके लिए उन्हें विशेषकर भारत से बुलाया गया था, तैयार करके चेम्बरलेन के सामने प्रस्तुत करना था।

वास्तव में बोर युद्ध के समय ट्रांसवल युद्ध-भूमि भी थी, और लड़ाई के बाद, वहाँ की स्थिति उजाड़ बन गई थी। सब कुछ चौपट हो गया था। यहाँ तक कि वहाँ खाने-पीने की चीजों की भारी कमी हो गई थी। गाँधी परमिट लेकर ट्रांसवल पहुँचे, और चेम्बरलेन को दिए जाने वाले प्रार्थना पत्र को उन्होंने तैयार किया। पत्र में, जैसा कि पहले उल्लेख

किया है, भारतीयों के लिए क्रय-भूमि के हस्तान्तरण की जो समस्या थी, उसको भी प्रमुखतः दर्शाया गया। विशेष रूप से ट्रांसवल के पूर्व में गणराज्य होने के समय के ब्रिटिश-भारतीयों के सम्बन्ध में 8 विशेष बातों का, जो कि अन्यायपूर्ण थीं, उल्लेख करते हुए न्याय की माँग की गई थी। वे आठ बातें थीं:

"1. निर्धारित स्थानों के अतिरिक्त ब्रिटिश-भारतीय भू-सम्पत्ति का अधिग्रहण नहीं कर सकते;

"2. वे अपने आगमन के आठ दिनों के भीतर एक अलग रजिस्टर में अपने नाम दर्ज कराने को बाध्य होंगे तथा 3 पाउण्ड का कर भी देंगे;

"3. वे केवल निर्धारित स्थानों पर ही रहेंगे तथा वहीं व्यवसाय करेंगे ;

"4. वे आठ बजे (संध्या) के बाद, बिना विशेष आज्ञा के बाहर नहीं जा सकेंगे;

"5. वे तीसरी श्रेणी के अतिरिक्त रेल में यात्रा नहीं कर सकेंगे;

"6. वे जोहनसबर्ग और प्रीटोरिया में पगडंडियों पर नहीं चल सकेंगे ;

"7. वे जोहनसबर्ग तथा प्रीटोरिया में किराए के वाहन नहीं चला सकेंगे; और

"8. वे देशी स्वर्ण नहीं रख सकते तथा न ही खनन कार्यों का लाइसेंस ले सकते।"[26]

जब उक्त प्रत्यावेदन के साथ भारतीय प्रतिनिधि-मण्डल के चेम्बरलेन से मिलने की बात आई, तो नवगठित एशिया विभाग ने

प्रतिनिधि-मण्डल में से गाँधी का नाम हटा दिया। यद्यपि गाँधी वैध परमिट लेकर ट्रांसवल पहुँचे थे, भारतीयों के लिए न्याय पाने का उनका संकल्प सत्यमय था, लेकिन एशिया विभाग के अधिकारियों ने जिस प्रकार उनका नाम प्रतिनिधि-मण्डल से हटाया, वह उनका अपमान करने के समान था। परिणामस्वरूप प्रतिनिधि-मण्डल के दूसरे सदस्यों ने भी चेम्बरलेन से मिलने से मना कर दिया। गाँधी ने अन्य सदस्यों को समझाया, और उनसे कहा कि वे धैर्य रखते हुए किसी दूसरे के नेतृत्व में अपनी बात उनके सामने रखें। गाँधी के बिना प्रतिनिधि-मण्डल चेम्बरलेन से मिला; उन्हें ज्ञापन दिया गया, लेकिन परिणाम शून्य ही रहा, क्योंकि चेम्बरलेन ने टाल-मटौल करके बात को समाप्त कर दिया था।

वास्तव में कठिन परिश्रम करने वाले भारतवासी आत्मनिर्भर न बनें, वे गोरों के व्यावसायिक प्रतिद्वन्द्वी न हो सकें और उनका जीवन-स्तर निम्न ही रहे, यही ब्रिटेनवासियों की नीति थी। उनकी योजना अधिकाधिक पाउण्ड बटोरने की रहती थी। तब कैसे भारतीयों के शोषण से वे अपने को अलग कर सकते थे? लेकिन शोषण समाप्त होना ही चाहिए। इस बात को दृढ़तापूर्वक मस्तिष्क में बैठाकर गाँधी ने तय किया कि वे फिर से लम्बे समय तक दक्षिणी अफ्रीका में रहेंगे, जनोपयोगी कार्य करते हुए भारतीयों को न्याय दिलाकर ही रहेंगे। इसी कारण उन्होंने ट्रांसवल के सर्वोच्च न्यायालय में वकालत करने के लिए पंजीकरण कराया, और वे जोहनसबर्ग में बस गए। इसी के साथ वे साप्ताहिक 'इण्डियन ओपीनियन' से भी जुड़ गए। कुछ समयोपरान्त तो

इस साप्ताहिक पत्र का सारा उत्तरदायित्व ही उन्होंने अपने ऊपर ले लिया। वर्ष 1914 तक शायद ही कोई ऐसा अंक इस साप्ताहिक का रहा होगा कि जिसमें गाँधी ने न लिखा हो।

10 वर्षों तक हृदय से निकले अपने उद्‌गारों, जो जनात्याचार, जन-समस्याओं, सामाजिक विषयों, अपेक्षाओं व भावनाओं से जुड़े होते थे, को गाँधी 'इण्डियन ओपीनियन' के माध्यम से लोगों तक पहुँचाते रहे थे। आमजन से जुड़े मुद्दों पर वे समालोचनात्मक लेख लिखते थे। एक पत्रकार और सम्पादक के लिए आदर्श, मर्यादा और उसके कर्तव्य को गाँधी के 'इण्डियन ओपीनियन' के साथ किए गए कार्यों के दिनों से जाना जा सकता है। आज भी इस क्षेत्र में जो उत्तरदायित्व की कमी है, उसे गाँधी के माध्यम से जाना, समझा व अपनाया जा सकता है।

सामान्यतः धर्म के रूप में स्वीकार्य तत्त्व की मनुष्य के जीवन में अति महत्त्वपूर्ण भूमिका है। शान्ति की स्थापना में सभी धर्म-सम्प्रदाय अपने-अपने अनुयायिओं का अच्छा मार्गदर्शन कर सकते हैं। लेकिन नितान्त आवश्यकता होती है, धर्म के अभिप्राय से परिचित होने की; धर्म-सम्प्रदायों के सन्देशों से परिचत होने की भी, क्योंकि सच्चाई यह है कि किसी भी धर्म-सम्प्रदाय की मूल शिक्षाओं में कट्‌टरतावाद को कोई स्थान नहीं है। किसी दूसरे को अपने से छोटा मानने की बात भी नहीं है। गाँधी ने इसीलिए 'वर्ल्ड रिलिजन' शीर्षक से 'इण्डियन ओपीनियन' में 26 अगस्त, 1905 को जे०पी० के लेख पर समालोचनात्मक टिप्पणी करते हुए लिखा और स्पष्ट किया कि सहनशीलता, सामान्य हित एवं

व्यवहारों में निकटता धर्म के मार्ग हैं। इन बातों को व्यवहारों में अपनाने से ही सबके हित की बात की जा सकती है।[27]

यह एक उदाहरण मात्र है। लेकिन आज भी अफ्रीका, एशिया और ओशाना के कई देशों के लोग, किसी विशेष राष्ट्र के नाम का यहाँ उल्लेख मैं नहीं करना चाहता हूँ, गाँधी के उक्त साधारण से शब्दों को इस सन्दर्भ में अंगीकार कर सकते हैं.। जैसा कि उल्लेख भी है, इसी प्रकार कई दूसरे मुद्दों को गाँधी ने 'इण्डियन ओपीनियन' के स्तम्भों से जनता के सामने रखा था।

वर्ष 1906 आया। 'ट्रांसवल गजट' में एक अध्यादेश का प्रारूप प्रकाशित हुआ। वह पूर्णतः भारतीयों के विरुद्ध था। उसकी कोई धारा ऐसी नहीं थी जिसे लेशमात्र भी भारतीयों के हित में देखा जा सके। गाँधी ने अध्यादेश को 'काला अध्यादेश' बताया और गम्भीर होकर उसके विरुद्ध संघर्ष का आह्वान किया।[28] अध्यादेश में प्रावधान था कि "ट्रांसवल में रहने वाला प्रत्येक भारतीय-पुरुष, महिला या आठ वर्ष की आयु से अधिक का बालक या बालिका-पुनः अपना पंजीकरण कराएगा; और प्रत्येक के शरीर से (कुछ) पहचान-चिह्नों को नोट किया जाएगा। लेकिन जो भारतीय अपना पंजीकरण नहीं कराएगा, उसे कानूनी रूप से दोषी माना जाएगा तथा दण्ड के रूप में उसे देश निकाला दे दिया जाएगा। माता-पिता, दोनों, का यह उत्तरदायित्व होगा कि वे अपने अल्पवयस्क बच्चों के लिए पंजीकरण हेतु आवेदन करेंगे और अंगुलियों की छाप दर्ज कराने के लिए उन्हें निबन्धक के समक्ष लाएँगे।"

अध्यादेश की धाराओं में यह व्यवस्था भी थी, "जब भी पुलिस पंजीकरण के प्रमाणपत्र की माँग करेगी, उसे प्रस्तुत करना ही होगा। इच्छानुसार पुलिसजन प्रमाणपत्र का निरीक्षण करने के लिए लोगों के निजी घरों में प्रवेश कर सकेंगे। और न्यायालयों (की शरण) में जाने या व्यवसाय से जुड़ने के लिए भी अपना पंजीकरण प्रमाणपत्र प्रस्तुत करना उनके लिए अनिवार्य होगा।"

यह अध्यादेश यदि कानून बनकर लागू हो जाता, तो दक्षिणी अफ्रीका में भारतीयों की स्थिति कैसी हो जाती? गाँधी ने लिखा है, "यदि अध्यादेश व्यवहार में आ जाता है, और यदि हम इसकी परिधि में आ जाते हैं, तो सारे दक्षिणी अफ्रीका में इसकी ही नकल होगी। जैसा कि दिखाई पड़ता है, इसका प्रारूप दक्षिणी अफ्रीका में हमारे अस्तित्व की जड़ों को काटने के लिए तैयार किया गया है। यह कोई अन्तिम कदम नहीं है, लेकिन हमें देश से बाहर करने की दिशा में प्रथम कदम है। इसलिए दस या पन्द्रह हजार उन भारतीयों, जो ट्रांसवल में रहते हैं, की सुरक्षा की ही हमारी जिम्मेदारी नहीं है, अपितु पूरे दक्षिणी अफ्रीका में बसे सारे भारतीयों के बचाव के लिए हमारा उत्तरदायित्व बनता है। यदि हम पुनः प्रस्तावित अध्यादेश के सारे परिणामों पर दृष्टि डालें, तो हमें पता चलेगा कि भारत के सम्मान पर चोट हो रही है। अध्यादेश हमें ही नहीं, अपितु मातृभूमि को भी हतोत्साहित करना चाहता है। इसमें भोले-भाले लोगों की भावना पर चोट करने की बात है। कोई भी स्वीकार नहीं करेगा कि उसने ऐसा कुछ किया है कि जिसके बदले उसे इस तरह की व्यवस्था से गुजरना पड़े। हम भोले-भाले हैं; और किसी एक भी भोले-भाले व्यक्ति के अपमान का अर्थ है पूरे देश का

अपमान। इसलिए (आप) जल्दबाजी न करें, न ही अधीर या क्रोधिक हों, ऐसा करना आत्मघाती कदम होगा। ईश्वर हमारी सहायता के लिए आएँगे, लेकिन शर्त यह है कि हम शान्तिपूर्वक विचार करें, यह मानते हुए कि संघर्ष करते समय कठिनाइयों का सामना करना ही होता है; एकताबद्ध होकर, परेशानियों से न घबराकर, संघर्ष के उपाय करने में जुट जाएँ।"[29]

अध्यादेश का विरोध हो, तो किस प्रकार? इस सम्बन्ध में 11 सितम्बर, 1906 ई० को जोहनसबर्ग में 'ब्रिटिश इण्डियन असोसिएशन' के प्रमुख अब्दुल गनी की अध्यक्षता में ब्रिटिश भारतीयों की एक सभा आयोजित की गई।[30] सभा में गाँधी ने उक्त अध्यादेश के अन्तर्गत किसी भी आत्म-सम्मान की चिन्ता करने वाले भारतीय के लिए दक्षिणी अफ्रीका में रहने की सम्भावना से इंकार किया। अध्यादेश लागू न हो, इस हेतु शीघ्र व उचित कार्यवाही की आवश्यकता पर उन्होंने बल दिया। इसी मध्य उन्होंने तार व पत्र भेजकर भारत के तत्कालीन वायसराय और ब्रिटेन के उपनिवेशी विषयों के सचिव को सूचनाएँ भी दीं।[31] लेकिन निश्चित कदम कौन-सा उठाया जाए? यह प्रश्न सबसे महत्त्वपूर्ण था।

इस सम्बन्ध में सर्वप्रथम गाँधी ने एक प्रार्थनापत्र तैयार कर सरकार को सौंपने का प्रस्ताव किया; और फिर यदि उसे सरकार न मानें, अर्थात उस पर कोई कार्यवाही न करे, तो ऐसी स्थिति में कोई निश्चित दिशा वाली कार्यवाही करने की बात की। इस बारे में यदि कुछ गम्भीर कदम भी उठाने पड़ें, तो उनसे पीछे न हटने की बात कहते हुए गाँधी

ने की जाने वाली कार्यवाही का उत्तरदायित्व अपने ऊपर लेने की घोषणा की। साथ ही, ब्रिटिश-प्रजा के रूप में वफादार रहने और देशवासियों के प्रति पूरा विश्वास बनाए रखने की बात को उन्होंने दोहराया। इसी सभा में सर्वसम्मति से पाँच प्रस्तावों को स्वीकार कराकर गाँधी ने महान अहिंसक अस्त्र, अर्थात सत्याग्रह-सम्बन्धी स्पष्ट विचार भी प्रकट किए।[32]

उक्त में से चौथे प्रस्ताव में उल्लेख था, "यदि प्रस्तावित अध्यादेश के सम्बन्ध में ट्रांसवल के ब्रिटिश-भारतीयों के अनुरोध को विधान परिषद, स्थानीय सरकार और इम्पिअरिअल-अधिकारी अमान्य करते हैं, तो यहाँ एकत्रित समस्त ब्रिटिश-भारतीय सादर, परन्तु दृढ़तापूर्वक, यह तय करते हैं कि अन्याय और अत्याचार के समक्ष झुकने और अध्यादेश में किए गए अनावश्यक प्रावधानों को मानने की अपेक्षा ट्रांसवल में रहने वाला प्रत्येक ब्रिटिश-भारतीय अपने को जेल जाने के लिए तैयार रखेगा, और ऐसा तब तक करता ही रहेगा, जब तक कि सम्राट की ओर से राहत नहीं मिल जाती।"[33]

न्याय की प्राप्ति के लिए गाँधी का यही प्रथम ठोस प्रयोग था। ईश्वर के अतिरिक्त दूसरा कौन जाने परिणाम क्या होगा? लेकिन गाँधी का पक्ष तो सत्यमय था। इसलिए उक्त सभा में सब लोगों ने ईश्वर की शपथ ली थी। तदोपरान्त निर्णयानुसार कार्यवाही प्रारम्भ की गई। पहले प्रार्थनापत्र भेजे गए। साथ ही एक प्रतिनिधि-मण्डल को इंग्लैण्ड भेजा गया। स्वयं गाँधी ने 'इण्डियन ओपीनियन' में इस विषय पर लिखना प्रारम्भ किया; दूसरे समाचार पत्रों के सम्पादकों को उन्होंने अवगत कराना भी प्रारम्भ किया।

एक विशेष बात, जो उल्लेखनीय भी है, यह थी कि जो प्रतिनिधि-मण्डल विधिवत इंग्लैण्ड भेजने का प्रस्ताव हुआ, उसे रवाना करने से पूर्व सत्याग्रहकर्ता भारतीयों के लिए, तथा उनके लिए* निम्नलिखित तीन शर्तें निर्धारित की गई थीं:

"1. बिल के पास होने के बाद जो विरोध करने को तैयार होंगे, उन्हें प्रतिज्ञा को दोहराना होगा;

2. प्रतिनिधि-मण्डल को भेजने के लिए जो धन व्यय होगा, उसे उसके प्रस्थान से पहले ही इकट्ठा किया जाएगा; और

"3. प्रतिनिधि-मण्डल के सदस्यों की अधिकतम संख्या निर्धारित की जाएगी।[34]

यही नहीं, प्रतिनिधि-मण्डल में सम्मिलित होने वाले लोगों से गाँधी ने कहा कि वे अपने प्रस्थान को कर्तव्य के रूप में लें; उसे वे गर्व का विषय न समझें। वह प्रतिनिधि-मण्डल उत्साह के साथ इंग्लैण्ड पहुँचा था और उसने उपनिवेशी विषयों के सचिव इलजिन को ज्ञापन दिया; और प्रस्तावित अध्यादेश के भारत-विरोधी होने के तर्क उनके समक्ष रखे थे। उपनिवेशी विषयों के सचिव उनके तर्कों से प्रभावित रहे और उन्होंने अध्यादेश के प्रारूप को अमान्य कर दिया था, जिससे भारतीयों में हर्ष की लहर दौड़ गई।

लेकिन भारतीयों का हर्ष अधिक समय तक नहीं बना रह सका। वह जनवरी, 1907 में तब निराशा में बदल गया जब ट्रांसवल

---

* प्र० मण्डल के सदस्यों के लिए।

को उत्तरदायी शासन देने का समय आया। वास्तव में इलजिन ने उक्त अध्यादेश के प्रारूप को अस्वीकार करते समय छद्म कूटनीति अपनाई थी। उन्होंने एक ओर भारतीय प्रतिनिधि-मण्डल को प्रसन्न करने का कार्य किया था, तो दूसरी और गुपचुप तरीके से ट्रांसवल सरकार के प्रतिनिधि[35] को आश्वस्त करते हुए कहा था, "यदि उत्तरदायी सरकार देने के बाद गठित ट्रांसवल विधायिका द्वारा कोई समान उपाय किया जाता है, तो उसे शाही सम्मति से मना नहीं किया जाएगा। लेकिन जब तक ट्रांसवल एक शाही कॉलनि है, तब तक ऐसे किसी अध्यादेश (या कानून) के प्रति इम्पिअरिअल सरकार का ही उत्तरदायित्व होगा; और चूँकि रंग-भेद साम्राज्य के सिद्धान्तों से बाहर है, इसलिए वे सम्राट को ऐसे किसी प्रावधान को अमान्य करने के परामर्श देने के अतिरिक्त और कुछ नहीं कर सकते।"[36]

ट्रांसवल को औपनिवेशिक उत्तरदायी शासन प्राप्त हुआ। उसकी विधायिका में पुनः वही 'काला अध्यादेश' (अधिनियम) आया। और विधायिका की एक ही बैठक में, अर्थात 22 मार्च 1907 को उक्त अध्यादेश का प्रारूप पारित हो गया। फिर जुलाई, 1907 से वह कानून बन गया और समस्त ब्रिटिश-भारतीयों से 31 जुलाई, 1907 से पहले ही अपने-अपने पंजीकरण कराने को कहा गया। इस उद्देश्य के लिए पंजीकरण-कार्यालय खोले गए। लेकिन भारतीयजन तो पहले ही दृढ़ता से कुछ तय कर चुके थे। योजनाबद्ध ढंग से उन्हें अपनी विरोधी कार्यवाही करनी थी, जिसके सूत्रधार स्वयं गाँधी थे। गाँधी के ही शब्दों में:

"प्रत्येक कार्यालय को घेरना तय किया गया, अर्थात उनकी ओर जाने वाले सभी मार्गों पर कार्यकर्ताओं को नियुक्त किया गया था, और उन कार्यकर्ताओं को दुर्बल हृदय वाले भारतीय को अपने पर होने वाले अन्याय के प्रति सचेत करना था। कार्यकर्ताओं को बिल्ले दिए थे और उन्हें विशेषकर यह आज्ञा दी गई थी कि किसी ऐसे भारतीय से, जो प्रमाणपत्र लेने हेतु पंजीकरण कार्यालय जाता हो, वे बुरा नहीं बोलेंगे। वे ऐसे व्यक्ति का नाम तो पूछेंगे, लेकिन वह ऐसा करने से मना करे, तो वे उससे न तो अभद्र व्यवहार करेंगे तथा न ही उसके प्रति हिंसा करेंगे। प्रत्येक भारतीय को, जो पंजीकरण कार्यालय जाता हो, वे काले अधिनियम के प्रभावों को दर्शाता हुआ एक प्रकाशित (छपा हुआ) कागज देंगे, और जो कुछ उसमें लिखा है, उससे उसे भली-भाँति अवगत कराएँगे। वे पुलिस के साथ भी अच्छा बरताव करेंगे। यदि पुलिस वाले अभद्र भाषा का उनके प्रति प्रयोग करते हैं, या उन्हें हटाते हैं, तो उन्हें शान्तिपूर्वक सब कुछ सहन करना होगा। यदि पुलिस द्वारा की गई कोई कार्यवाही असहनीय हो, तो उन्हें अपने स्थान से हट जाना चाहिए। यदि पुलिस उन्हें गिरफ्तार करे, तो उन्हें प्रसन्नतापूर्वक आत्मसमर्पण करना चाहिए। यदि इस प्रकार की कुछ घटनाएँ जोहनसबर्ग में घटित होती हैं, तो उनकी सूचना मुझे दी जानी चाहिए। अन्य स्थानों पर स्थानीय सचिवों को सूचित किया जाए। और उनसे आगे के दिशा-निर्देश के बारे में पूछा जाए। प्रत्येक दल के पास एक नेतृत्वकारी होगा, जिसकी आज्ञा का पालन शेष सभी को करना होगा।"[37]

सत्याग्रह का क्रम चल निकला। सरकार को पंजीकरण के लिए पाँच सौ लोग भी नहीं मिल सके। गिरफ्तारियों का मार्ग अपनाया गया। सबसे पहले रामसुन्दर नामक एक भारतीय सत्याग्रही को बन्दी बनाया गया। चूँकि उक्त कानून भारतीयों के अतिरिक्त अन्य एशियाइयों पर भी लागू होता था, इसलिए चीनी समुदाय से जुड़े लोगों ने भी सत्याग्रह में सम्मिलित होने और अपने पंजीकरण न कराने का मार्ग चुना। परिणाम-स्वरूप उनके नेता क्यूइन को ट्रांसवल छोड़कर चले जाने का आदेश दिया गया, जिसे उन्होंने अमान्य कर दिया, और वे गाँधी के कदमों पर चल पड़े।

स्वयं गाँधी आगे बढ़कर सत्याग्रह की राह पर थे। इसीलिए 10 जनवरी, 1908 को उन्हें बन्दी बना लिया गया। बन्दी बनते समय उन्होंने दक्षिणी अफ्रीका में रह रहे भारतीयों के नाम अपने सन्देश में उनसे दृढ़ रहकर अपना लक्ष्य प्राप्त करने को कहा। उनका जनता का वह आह्वान बहुत ही महत्त्वपूर्ण था; और आज तक भी वह महत्त्वपूर्ण है। उनके आह्वान के एक भाग के अनुसार, "संघर्ष की सफलता उन भारतीयों के, जो गिरफ्तार होने के बाद जेल में रहते हैं, व्यवहार पर निर्भर करेगी। कायरता फैलेगी, सन्देह बढ़ेंगे, लेकिन मेरा अनुरोध है कि इन सबसे बचें, और अपने वचन या प्रतिज्ञा से बँधे रहकर साहस को बनाए रखें।"[38]

संघर्ष जारी रहा। सरकार बेबस होने लगी। इस प्रकार की स्थिति में जनरल जॉन सी० स्मुट्स ने सरकार की ओर से गाँधी के

सामने प्रस्ताव रखा, "यदि भारतीय स्वैच्छिक रूप से अपने पंजीकरण कराते हैं, तो काले कानून को हटा लिया जाएगा।"

गाँधी ने प्रस्ताव को स्वीकार कर लिया और अपने देशवासियों से भी ऐसा ही करने का अनुरोध किया। जब कुछ लोगों ने जनरल जॉन के प्रस्ताव के प्रति शंका प्रकट की, तो उन्हें भी गाँधी ने विश्वास बनाए रखने को कहा। साथ ही, उन्होंने निर्भीक रहने और सत्य पर डटे सत्याग्रही की भाँति आचरण करने की शिक्षा दी। चूँकि उस समय का गाँधी का वह सन्देश अहिंसक सत्याग्रह के मार्ग पर चलने वालों के लिए सदा प्रेरक रहेगा ; अहिंसा की परिधि के भीतर आज भी चूँकि न्याय व स्वतंत्रता की प्राप्ति के लिए, विशेषकर प्रजातंत्रात्मक पद्धति में कार्य करने वालों के लिए वह उपयोगी है, इसलिए उसके कुछ अंशों को मैं यहाँ प्रस्तुत करना चाहूँगा। गाँधी ने कहा थाः

"जहाँ तक इस तर्क का, कि जब तक कानून को नहीं हटाया जाता, तब तक हमें अपने अस्त्र को नहीं छोड़ना चाहिए, सम्बन्ध है, तो इसका सहज ही उत्तर दिया जा सकता है। एक सत्याग्रही डर को छोड़ देता है। इसलिए विरोध के अविश्वास से वह कभी नहीं घबराता। यदि विरोधी बीस बार भी उसके साथ गलत खेल खेलता है, तो सत्याग्रही इक्कीसवीं बार भी उस पर विश्वास करने को तैयार रहता है। ऐसा इसलिए भी कि उसके स्वभाव में निहित विश्वास ही उसके धर्म का सार है। पुनः कहना होगा कि सरकार पर विश्वास करने से, हम यदि उनके हाथ का खिलौना भी बन जाएँ, तो वह सत्याग्रह के सिद्धान्त के विरुद्ध

नहीं, केवल हमारा भोलापन और उनका विश्वासघात होगा। मान लीजिएगा कि हम स्वेच्छापूर्वक पंजीकरण कराते हैं, और सरकार वचन भंग करती है तथा कानून को हटा लेने के आपने वायदे को पूरा नहीं करती है, तो तब क्या हम सत्याग्रह को पुनः प्रारम्भ नहीं कर सकते? यदि हम लिए गए पंजीकरण प्रमाणपत्र को समय पर दिखाने से मना कर देते हैं, तो उसका क्या मूल्य होगा? और फिर सरकार क्या हमारे व उन भारतीयों में, जो अवैध ढंग से ट्रांसवल में आ जाएँगे, भेद कर सकेगी? इसीलिए व्यवहार में कोई कानून हो या न हो, बिना हमारे सहयोग के सरकार हम पर नियंत्रण स्थापित नहीं कर सकती। कानून के अस्तित्व का अर्थ है कि यदि इसके माध्यम से लगाए जाने वाले प्रतिबंधों को मानने से हम मना कर दें, तो हम दण्ड के भागी होंगे, और सामान्यतः ऐसा ही होता है; तथा दण्ड का भय ही मनुष्यों को प्रतिबंधों के समक्ष झुकाता है। लेकिन कोई सत्याग्रही एक सामान्य व्यक्ति से इस मामले में भिन्न होता है। यदि वह प्रतिबंध के अधीन होता है, तो केवल स्वेच्छापूर्वक, न कि दण्ड के भय के कारण, और वह ऐसा इसलिए करता है, क्योंकि ऐसा करने से सामान्य हित होता है। पंजीकरण के बारे में भी हमारी ऐसी ही स्थिति है, इसमें किसी वचन का भंग नहीं होता, भले ही सरकार के पक्ष की ओर से कुछ भी ..हो। हमने स्वयं इस स्थिति का निर्माण किया है तथा हम स्वतः ही इसे परिवर्तित कर सकते हैं। हम तब तक निर्भीक तथा स्वतंत्र हैं, जब तक सत्याग्रह का अस्त्र हमारे हाथ में है। यदि कोई यह सोचता है कि आज जैसा सुदृढ़ हमारा समुदाय है, वैसा वह बाद में नहीं रहेगा, तो मुझे कहना चाहिए कि वह (कहने

वाला) न तो सत्याग्रही है, तथा न ही वह सत्याग्रह को समझता है। इसका अर्थ यह भी होगा कि वर्तमान में समुदाय की जो शक्ति है, वह वास्तविक नहीं है, अपितु क्षणिक है। और यदि ऐसा है, तो हम विजय पाने के लायक नहीं हैं, और यदि हमें विजय मिल जाती है, तो बाद में उसके परिणाम हमें विखण्डित कर देंगे। विचार करो! यदि सरकार कानून को रद्द करती है और फिर हम स्वेच्छा से पंजीकरण कराते हैं; और यह भी कि यदि सरकार इसी तरह का कानून बनाती है और भारतीयों को पंजीकरण के लिए बाध्य करती है, तो (पंजीकरण न कराने वालों को) दण्ड देने से सरकार को रोक कौन सकता है? यदि अपनी शक्ति के सम्बन्ध में हमें आज कोई शंका है, तो ऐसी बुरी स्थिति ही हमारे विचार में भी रहेगी। इसलिए हम जिस मूल बिन्दु से भी समझौते की समीक्षा करें, यह कहा जा सकता है कि समुदाय को कोई हानि नहीं होगी, और कोई अन्य भी कुछ नहीं पा सकेगा। मेरा यह भी मत है कि जब विरोधियों को हमारे मानवीय व्यवहार का भान होगा, उन्हें जब हमारे न्याय के मार्ग का पता चलेगा, तो तब वे अपने विरोध का त्याग कर देंगे।"[39]

लेकिन जैसा कि स्वाभाविक भी था, कई लोग गाँधी के कदम या सुझाव से सहमत नहीं हुए। यहाँ तक कि एक असहमत पठान ने तो उन पर पन्द्रह हजार पाउन्ड में सारे (भारतीय) समुदाय को ही बेच देने का आरोप लगाया। गाँधी ने फिर भी धैर्य नहीं खोया। उन्होंने पठान को समझाया और उस पठान की भावनाओं का उचित आदर भी किया। लेकिन पठान इतना क्रोधित था कि उसने स्वेच्छा से पंजीकरण के लिए

जाते समय गाँधी पर घातक प्रहार कर दिया। ईश्वर की कृपा से ही गाँधी बच पाए। पठान को प्रहार करने के अपराध में बन्दी बनाया गया, लेकिन गाँधी ने उसे मुक्त करने व उस पर मुकदमा न चलाने का अनुरोध किया। सरकार नहीं मानी। पठान को जेल भेज दिया गया, परन्तु वहाँ से मुक्त होने के बाद उसे अपने कृत्य पर पश्चाताप हुआ तथा वह गाँधी का मित्र बन गया।

गाँधी और अन्यों के स्वेच्छापूर्वक पंजीकरण कराने के बाद सरकार अपने वचन से मुकर गई। जनरल स्मुट्स ने काले कानून को वापस लेने का जो वचन दिया था, उससे वे स्वयं भी अलग हो गए। उसे 'गजट' में सम्मिलित किया गया। गाँधी सत्य के पक्षधर थे। उन्होंने सत्याग्रह का मार्ग अपना लिया था। आत्म-सम्मान और स्वतंत्रता की रक्षा करने के लिए वे सदा तैयार रहते थे। काले कानून की कई शर्तों को वे कई रूपों में नकारते रहे थे; वे एक के बाद एक कई बार कारागार भी गए। अन्य लोग उनका अनुसरण करते रहे; वे सत्य के मार्ग पर डटे रहे। गाँधी व उनके साथियों को कोई चिन्ता नहीं रही, सरकार चाहे जो हथकण्डे अपनाए।

लेकिन अन्ततः तो सत्य ही टिक सकता है। सत्य को पकड़कर न्याय की चाह रखने वाले को सफलता मिलती है। इसीलिए उक्त विषय में सरकार मनमानी नहीं कर सकी। कुल मिलाकर गाँधी का प्रयोग बहुत अच्छा रहा; अहिंसा की परिधि में भय त्यागकर लोगों की सामूहिक कार्यवाही का यह अच्छा उदाहरण बना। आगे के लिए एक आदर्श मार्ग

स्पष्ट हुआ। ट्रांसवल उत्प्रवासी विधेयक के पारित किए जाने के बाद, उस पर भारतीयों के विरोध को हम इसी कड़ी में देख सकते हैं।

उपरोक्त वर्णित काले कानून से, जिसके लिए सरकार को पीछे हटना पड़ा था, दूसरे शब्दों में, उसे वापस लेना पड़ा था, मिलते-जुलते ट्रांसवल उत्प्रवासी कानून में यह व्यवस्था थी कि एशियाई, विशेषकर भारतीय, ट्रांसवल में प्रवेश करने से पहले एक शैक्षणिक परीक्षा देंगे, और साथ ही उन्हें अपना पंजीकरण प्रमाणपत्र भी प्रस्तुत करना होगा। भारतीयों ने पुनः इस कानून को अपने आत्म-सम्मान पर हमले के रूप में लिया और काले कानून की ही भाँति इसके विरुद्ध भी संघर्ष करने का दृढ़-निश्चय किया। इस परिप्रेक्ष्य में, अर्थात ट्रांसवल उत्प्रवासी कानून की शर्तों को न मानते हुए यह तय किया गया कि एक विशिष्ट भारतीय को ट्रांसवल भेजकर यह देखा जाए कि (इस) नए कानून के पालनार्थ सरकार क्या कार्यवाही करती है? इसीलिए सोराबजी शापूरजी अदजानिया को इस कार्य हेतु चुना गया। सोराबजी ने ट्रांसवल में प्रवेश किया, तो उन्हें सरकार ने बन्दी नहीं बनाया; उनकी वहाँ की गतिविधियों पर भी प्रतिबन्ध नहीं था। लेकिन फिर भी उन्हें न्यायालय में उपस्थित होने का आदेश दिया गया और वहाँ पहुँचने पर सात दिनों के भीतर उनसे ट्रांसवल छोड़ने को कहा गया। सोराबजी ने आदेश नहीं माना तथा एक महीने का सश्रम कारावास का दण्ड बदले में पाया। उनके बाद भारतीयों के एक दल ने ट्रांसवल में प्रवेश किया; उन्हें भी वही आदेश दिया गया, जिसे न मानने पर जेल भेजे जाने की जगह उन्हें सीमा के दूसरी ओर ले जाकर छोड़ दिया गया। लेकिन वे तुरन्त ही पुनः सीमा

में आ गए। अब उन्हें न्यायालय ने 3 माह के कारागार, अथवा 50 पाउण्ड के दण्ड का आदेश दिया, सभी ने कारागार जाना पसन्द किया।

इसी क्रम में ट्रांसवल में रह रहे भारतीयों ने अपने-अपने प्रमाणपत्र जला दिए और वे जेल जाने को तैयार रहे। उन्होंने किसी भी दशा में प्रमाणपत्रों को दिखाने से मना कर दिया। कारागार भर गए। गाँधी जेल में रहे और भारतीयों का साहस डिगा नहीं। सत्याग्रही जेल से छूटते, तो उन्हें सीमा के बाहर ले जाकर छोड़ दिया जाता था। परन्तु वे तुरन्त ही फिर सीमा के भीतर आ जाते थे। बेबस सरकार अब क्या करे? खीजकर सरकार ने मुक्त होते ही सत्याग्रहियों को भारत वापस भेजना प्रारम्भ कर दिया। यद्यपि उन सत्याग्रहियों में से कई तो इसलिए भारत से अनजान थे, क्योंकि उनका जन्म ही दक्षिणी अफ्रीका में हुआ था, लेकिन उन्होंने फिर भी भारत जाना पसन्द किया। उनका मानना था कि ऐसा करने से कम-से-कम गोरे उन्हें 'कुली' तो न कहेंगे। वे गोरों का साधन मात्र तो नहीं रहेंगे। उपनिवेशी सरकार का यह कदम उसकी विजय का प्रतीक नहीं था। यह तो उसकी पराजय का चिह्न था। सत्य के सामने असत्य का ह्रास था।

भारतीय समुदाय द्वारा किए गए उक्त सत्याग्रह को संसार के अनेक क्षेत्रों, विशेषकर पश्चिमी जगत में आशातीत प्रसिद्धि प्राप्त हुई। गाँधी ने इंग्लैण्ड की यात्रा भी इसी क्रम में की और अपने अहिंक सत्याग्रह का पक्ष लोगों के समक्ष रखा। यह अहिंसक सत्याग्रह की ही शक्ति थी कि हजारोंजन एकताबद्ध हो सके; वे शक्तिशाली साम्राज्य को

न्याय एवं स्वतंत्रता का सम्मान करने को बाध्य कर सके, वह भी परदेश में। कदम-कदम पर गाँधी सत्याग्रह की व्याख्या करते रहे; वे सत्याग्रहियों का स्वयं मार्गदर्शन करते रहे। इसी सम्बन्ध में 29 मई, 1909 को 'इण्डियन ओपीनियन' में 'हू कैन आफर ए सत्याग्रह' शीर्षक से लिखे लेख में जो कुछ उन्होंने बताया, वह आज भी प्रासंगिक तथा अनुकरणीय है। इसीलिए इस लेख को मैं परिशिष्ट संख्या सात में दे रहा हूँ।

उपरोक्त वर्णित कार्यवाही के दिनों में ही गाँधी ने जोहनसबर्ग से लगभग 30 किलोमीटर की दूरी पर एक फार्म खरीदा। फलदार वृक्षों से भरपूर इस फार्म में अनेक भारतीय परिवारों के साथ स्वयं गाँधी भी सपरिवार बसने आ गए। भारतीय परिवार सत्याग्रहियों के थे। वास्तव में इस प्रकार साथ-साथ रहने के पीछे गाँधी का सामूहिक जीवन जीने का प्रयोग था। इसमें किसी के प्रति अन्याय या किसी के प्रति धोखे की सम्भावना नहीं थी; सबके भीतर सादगी के साथ समानता की भावना बनी रहे, यही इस सामूहिक बसाहत के पीछे गाँधी की योजना थी। साथ ही, यह छोटे-बड़े, छूत-अछूत या दूसरे भेदभावों से परे, एकता एवं साथ ही स्वतंत्रतामय जीवन की प्रतीक कार्यवाही थी। लेकिन सत्याग्रहियों की संख्या के हिसाब से यह स्थान छोटा था और इसलिए सबको साथ रखने की उनके सामने समस्या उत्पन्न हो गई।

गाँधी को समस्या से मुक्त करने के उद्देश्य से कालनबेक ने जोहनसबर्ग से 21 मील की दूरी पर स्थित अपना ग्यारह सौ एकड़ का फार्म बिना किसी किराये के 30 मई, 1910 को सत्याग्रही परिवारों के

रहने के लिए दे दिया। यही फार्म बाद में 'टालस्टाय फार्म' के नाम से प्रसिद्ध हुआ था। गुजरात, तमिलनाडु, आंध्र और उत्तर भारतीय लोगों के अनेक परिवार, जिनमें हिन्दू, मुसलमान, पारसी व ईसाई थे, "टालस्टाय फार्म" में रहते थे। वैसे तो इस फार्म में सबको यह छूट थी कि वे इच्छानुसार, शाकाहार या मांसाहार ले सकते हैं, लेकिन गाँधी शाकाहार ही लेते थे। उनके प्रेम और सबको एक साथ लेकर चलने की अद्वितीय नीति ने मुसलमानों और ईसाइयों को इतना प्रभावित किया कि उन्होंने गाँधी से एक ही रसोई में पका, वह भी शाकाहार, सामूहिक रूप में ग्रहण करने की प्रार्थना की। अब तो दो रसोइयों की, शाकाहार व मांसाहार तैयार करने के लिए, आवश्यकता ही नहीं रही।

वास्तव में वह व्यवहार प्रेम व विश्वास का बेजोड़ उदाहरण था। वह अहिंसा के प्रयोग का एक श्रेष्ठ नमूना भी था। अहिंसा में शाकाहार का अपना विशेष महत्त्व होता है; इस दृष्टि से भी वह उदाहरण आज तक उल्लेखनीय है। इससे भी बढ़कर, विभिन्न जातियों और सम्प्रदायों के लोगों के साथ-साथ मिलकर रहने, खाने और कार्य करने के दृष्टिकोण से भी वह उदाहरण अद्वितीय रहा; और उससे अभी भी सीख ली जा सकती है।

सादगी के वातावरण में विकसित उस फार्म में अक्टूबर, 1912 में गाँधी के निमत्रंण पर गोपाल कृष्ण गोखले पधारे। गोखले लन्दन से दक्षिणी अफ्रीका पहुँचे थे। अपने लन्दन प्रवास के समय गोखले ने ब्रिटिश अधिकारियों से दक्षिणी अफ्रीका में रहने वाले भारतीयों की

कठिनाइयों के बारे में चर्चा की थी। अंग्रेज लोग गोखले को अपना मित्र मानते थे। दक्षिणी अफ्रीका में भारतीयों द्वारा किए गए सत्याग्रह और उसमें गाँधी की भूमिका गोखले की अंग्रेजों से बातचीत का केन्द्र रही थी। इसीलिए वे कुछ प्रस्ताव लेकर वहाँ पहुँचे थे। धीमें स्वर में बोलने वाले, उदारवादी तथा सुधारों के पक्षधर, गोखले के वहाँ आगमन से भारतीय समुदाय उत्साहित हुआ। भारतीयों ने उनके सम्मान में एक समारोह आयोजित किया, जिसमें अनेक गोरे भी सम्मिलित हुए।

गोखले ने स्थिति को जाँचा-परखा। फिर बोथा व स्मुट्स सहित कई उच्चाधिकारियों से उन्होंने मंत्रणा की और अन्ततः गाँधी से कहा, "आपको भारत लौट जाना चाहिए। सब कुछ तय कर लिया गया है। 'काले कानून' को समाप्त कर दिया जाएगा। उत्प्रवासी कानून से रंग-भेद को हटा दिया जाएगा।"[40] गोखले ने वर्ष 1894 में 25 पाउण्ड के स्थान पर किए गए 3 पाउण्ड के कर को समाप्त करने का आश्वासन भी उन्हें दिया।

जैसा कि विदित है, दक्षिणी अफ्रीका में भारतीय गिरमिटियाओं को गोरे इसलिए लाए थे कि उनसे खेती का कार्य कराया जा सके। हमने पहले ही जाना है कि वहाँ खेती के लिए कठिन परिश्रम की आवश्यकता थी और गोरे स्वयं कठिन परिश्रम नहीं कर सकते थे, इसलिए पाँच वर्षों के अनुबंध पर वहाँ भारतीय लाए गए थे। ऐसा करते समय भारतीयों को यह छूट दी गयी थी कि अनुबंध की अवधि की समाप्ति पर वे स्वेच्छानुसार और स्वतंत्रतापूर्वक नाटाल में बस सकते थे;

लेकिन आगे भी उन्हें अन्यायपूर्ण ढंग से बाँधकर रखा जाए, अपने लिए उनसे अधिकाधिक कार्य लिया जाए, अंग्रेज इस नीति को अपनाने लगे, और स्वतंत्र होने के बाद जब उन्होंने घर खरीदे, अपने काम जमाए, तो गोरों से यह सहन नहीं हुआ था। इसीलिए उन्होंने प्रत्येक गिरमिटिए पर 25 पाउण्ड प्रतिवर्ष का वर्ष 1894 से कर लगा दिया था। हम जानते हैं कि गाँधी ने इस कर का विरोध करते हुए नाटाल इण्डियन काँग्रेस से आन्दोलन करने को कहा था। विरोध के इस तरह के स्वर से पड़े दबाव, और साथ ही भारत की उस समय की साम्राज्यवादी सरकार के सम्भावित परामर्श के कारण दक्षिणी अफ्रीका की सरकार ने निम्नलिखित तीन बातें रखी थीं:

"1 भारतीय गिरमिटिया अनुबंध की समाप्ति पर भारत वापस लौट सकता है; या

"2 वह पुनः करार कर सकता है, जो प्रति वर्ष के लिए होगा; और उसे प्रत्येक नवीनीकरण के समय लाभ दिया जाएगा; अथवा

"3 भारत वापसी से मना करने, और पुनः करार भी न करने वाले प्रत्येक गिरमिटिया को 25 पाउण्ड प्रतिवर्ष का कर देना होगा।"

उक्त प्रस्तावों वाले प्रपत्र के साथ दो सदस्यीय प्रतिनिधि-मण्डल को भारत सरकार की स्वीकृति के लिए भेजा गया था। भारत के तत्कालीन वायसराय एलविन ने 25 पाउण्ड के कर के उक्त प्रस्ताव को अस्वीकार करते हुए 3 पाउण्ड के कर की स्वीकृति दी थी। उपरान्त इसी कर की परिधि में प्रत्येक भारतीय, स्त्री और पुरुष तथा 16 वर्ष की आयु

से अधिक के लड़के व 13 वर्ष से अधिक की लड़की, को लाया गया था। इससे प्रत्येक परिवार पर भार पड़ा था। और इस भार को 1914 के सत्याग्रह, जिसकी संक्षिप्त चर्चा होनी है, द्वारा ही समाप्त कराया जा सका था।

हम गोखले के आश्वासन की चर्चा कर रहे थे। उन्होंने जो कुछ कहा, गाँधी ने उसके प्रति शंका प्रकट की, क्योंकि गोरों के आश्वासनों व उनसे सहज ही मुकर जाने के उनके अनुभव थे। गाँधी ने अनुभवों का स्मरण भी गोखले को कराया, लेकिन गोखले ने उन्हें बात मानने को फिर कहा। गाँधी अपने कार्य से न्यूनाधिक सन्तोष कर ही रहे थे; और विरोधी का भी विश्वास करना उनका स्वभाव था, इसलिए वे गोखले की बात से सहमत हुए। उन्होंने भारत वापस जाने का निर्णय लिया। गोखले नवम्बर, 1912 में भारत लौटे और कुछ दिनों के बाद ही गाँधी को भी ऐसा ही करना था। लेकिन यह क्या? भारत प्रस्थान करने से पहले उन्हें पुनः एक बार अहिंसा व सत्य के अपने प्रयोग को दोहराना पड़ा।

बात यह हुई कि गोरों ने गोखले को वचन दिया और गोखले ने गाँधी को मनाया, जैसा कि हमने अभी-अभी उल्लेख किया है, लेकिन गोरों की ओर से दिए गए वचन पर व्यवहार अभी शेष था। इसी बीच केप के सर्वोच्च न्यायालय के मुख्य न्यायाधीश ने एक विचाराधीन मामले में निर्णय देते हुए घोषित किया, "दक्षिणी अफ्रीका में वे सभी विवाह कानून के दायरे से बाहर माने जाएँगे, जो विवाह-निबन्धक के

यहाँ पंजीकृत नहीं होंगे, और इस व्यवस्था से ईसाई प्रथा (ढंग) से किए गए विवाह मुक्त रहेंगे।"

न्यायाधीश के निर्णय से न केवल हिन्दू, अपितु मुसलमान और पारसी भी आश्चर्य में पड़ गए। हजारों आत्म-सम्मानी महिलाओं के विवाहों की वैधता पर प्रश्न-चिह्न लग गया। उनके सम्मान को पहुँची ठेस का अनुमान लगाना कठिन था। यही नहीं, जब उनके विवाहों की वैधता ही सन्देह के घेरे में आ गई, तो उनकी सन्तानों के भविष्य पर भी प्रश्न- चिह्न लग गया। सन्तानें अपने उत्तराधिकारों से ही वंचित हो गईं। कई और समस्याएँ खड़ी हुईं। कितना बुरा निर्णय था वह? भारतीय समुदाय उस निर्णय को सहन नहीं कर सकता था, इसलिए उनके द्वारा पुनः सत्याग्रह प्रारम्भ किया गया और उसकी विशेष बात यह थी कि उसमें महिलाएँ कार्यवाही के लिए आगे आईं। उन्होंने न केवल बढ़-चढ़कर उसमें भाग लिया, अपितु वे जेल गईं और कारागार की यातनाओं को उन्होंने सहा। गाँधी की पत्नी कस्तूरबा ने अपने को बन्दी बनवाया। इस सबसे सत्याग्रह कार्यक्रम को एक नई दिशा मिली। गाँधी के प्रयोगों को नया आयाम मिला। महिलाओं की वीरता के बारे में गाँधी ने लिखाः

"महिलाओं की वीरता को शब्दों से व्यक्त नहीं किया जा सकता। उन्हें मारिजबर्ग जेल में रखा गया था; और वहाँ उनका बहुत उत्पीड़न हुआ था। उन्हें अति निम्न स्तर का खाना दिया गया और उनसे कपड़ों की धुलाई का कार्य लिया गया। उनकी जेल की अवधि

तक उन्हें बाहर से भोजन मँगाने की आज्ञा नहीं दी गई थी।"[41] इससे अनेक महिलाएँ गम्भीर रूप से बीमार पड़ गई थीं, और वलिअम्मा ने तो दक्षिणी अफ्रीका में सत्याग्रह के प्रयोग में अपना बलिदान ही दे दिया था। यही नहीं, सैकड़ों महिलाओं को पुनः-पुनः जेल की यात्रा करनी पड़ी। हजारों की संख्या में गिरमिटिया सत्याग्रह में भागीदारी करने को आगे आए, जिससे स्थिति गम्भीर हो गई।

श्रमिक वर्ग भी उससे जुड़ा और अहिंसक संघर्ष में लिप्त होकर श्रमिकों ने दृढ़ रहते हुए गोलियाँ तक खाईं। परिणामस्वरूप कई ओर से दक्षिणी अफ्रीका की सरकार पर दबाव पड़ा। एण्ड्रयूज और पीयरसन विकट स्थिति में भारत से दक्षिणी अफ्रीका पहुँचे। उन्होंने सरकार से वार्ता की। परिणामस्वरूप एक जाँच आयोग गठित किया गया। साथ ही, सारे सत्याग्रहियों को कारागार से मुक्त कर दिया गया।

जाँच आयोग की रिपोर्ट भारतीयों के पक्ष में आई। 'काला कानून', 'तीन पाउण्ड का कर' और 'विवाह के बारे में न्यायाधीश का निर्णय', सब निरस्त हो गए। गाँधी के प्रयोगों को सफलता मिली, संसार भर के सामने व्यवहारों पर खरा उतरता हुआ एक नया सिद्धान्त उभरा। इसके बारे में स्वयं गाँधी ने कहा थाः

"जब पहले-पहल मैंने सत्याग्रह प्रारम्भ किया, तो मेरे पास सहानुभूति नहीं थी। हम 13 हजार पुरुष, स्त्रियाँ और बालक एक ओर थे ... और आसानी से हम सब कुचले जा सकते थे। मुझे नहीं पता था कि मेरी सुनेगा कौन? सभी 13 हजार भी संघर्ष को आगे नहीं आए; कई

के पैर वापस हो गए। लेकिन फिर भी राष्ट्र का गौरव सुरक्षित रहा, और दक्षिणी अफ्रीका के सत्याग्रह से नए इतिहास की रचना हुई।"

उपरोक्त वर्णित सिद्धान्त के मूल में अहिंसा थी; वह सिद्धान्त कल्याणकारी था, है तथा रहेगा। कोई भी उस सिद्धान्त के महत्त्व को कम नहीं कर सकता। सिद्धान्त के व्यवहार में सफलतापूर्वक आ जाने के उपरान्त नई आशा तथा विश्वास के साथ गाँधी 1915 के प्रारम्भ में भारत पहुँचकर दूसरे इतिहास की रचना में लग गए। दक्षिणी अफ्रीका के प्रयोगों को मैं अब विराम दूँ, उससे पहले एक मुद्दे पर कुछ कहना चाहूँगा।

वर्षों तक दक्षिणी अफ्रीका में रहकर न्याय और स्वतंत्रता के लिए गाँधी ने सत्याग्रह किए। मानवता के विकास के लिए उन्होंने कई प्रयोग किए। उन्होंने अपने सिद्धान्तों की नींव वहीं रखी, और वहीं उन पर व्यवहार करके दुनिया को आश्चर्यचकित कर दिया। उन्होनें सिद्ध कर दिया कि अन्याय के विरुद्ध सामूहिक कार्यवाही ही वास्तव में कारगर होती है। फिर सरकार कितनी भी शक्तिशाली हो, उसका अस्तित्व तभी तक रह सकता है, जब तक शासित उसके लिए तैयार हो। यह सब कुछ जानने और करने के बाद भी लाखों की संख्या में, कई एक की दृष्टि में धार्मिक रूप से पिछड़े हुए लेकिन ईश्वर से डरने वाले, दक्षिणी अफ्रीका के मूल निवासियों के साथ गाँधी के सम्बन्ध कैसे थे? यह महत्वपूर्ण, प्रासंगिक तथा जिज्ञासा से भरा प्रश्न है, और अपने पूरे विश्लेषण के दौरान मैंने इसे छुआ तक नहीं।

यद्यपि गाँधी के कार्यों और उनके संघर्षों को दक्षिणी अफ्रीका में भारतीय समुदाय तक ही सीमित किया जा सकता है, लेकिन सत्याग्रह की पूरी अवधि में कदाचित् एक भी टकराव वहाँ के मूल निवासियों व प्रवासी भारतीयों के मध्य नहीं हुआ। इसे ऐसे भी कह सकते हैं कि दोनों के बीच सौहार्दपूर्ण सम्बन्ध बने रहे, जो साधारण बात नहीं थी। आज भी कई देशों के लोग इससे सीख ले सकते हैं। जहाँ तक बात भारतीयों के लिए संघर्ष की थी, वह इसलिए उनके लिए मुख्य विषय था, क्योंकि भारतीय समुदाय के लोग ही भिन्न-भिन्न प्रकार की अमानवीयताओं के शिकार थे; उन्हीं पर अत्याचार होते थे। वहाँ के मूल निवासियों के लिए व्यवस्थाएँ या कानून अलग थे। फिर जब कभी अवसर आया, गाँधी और उनके साथियों ने अफ्रीकावासियों की सेवा की और उनके साथ सहयोग करने में कभी भी कमी नहीं की। 'जुलु-विद्रोह'[42] में घायल अफ्रीकियों की उनके द्वारा की गई सेवा का अच्छा उदाहरण हमारे सामने है ही। और जैसा कि मैंने कहा है, जहाँ भी आवश्यकता हो, इससे सीख ली जा सकती है।

सन्दर्भ

1. *सत्याग्रह इन साऊथ अफ्रीका, पृ० 20*
2. *अफ्रीकावासी, अथवा पूर्णतः काली त्वचा वाले।*
3. *साम्राज्यवादी ब्रिटिश सरकार।*
4. *सत्याग्रह इन साऊथ अफ्रीका, पृ० 19-20*
5. *गाँधी : हिज लाइफ एण्ड थॉट, पृ० 10*
6. *कलेक्टिड वर्क्स, खण्ड-2, पृ० 10*
7. *वही उपरोक्त।*

8. उपरोक्त, पृ० 3-4
9. गाँधी : हिज लाइफ ... पृ० 11-12
10. एक संशोधित विधेयक, जिसके माध्यम से ब्रिटिश-भारतीयों को मताधिकार से वंचित करने की बात की गई, और जिसे नाटाल की विधायिका में प्रस्तावित किया गया था।
11. ऑटोबाइऑग्रफि, पृ० 119
12. वही उपरोक्त, पृ० 124
13. वही, पृ० 119
14. 1897 और 1899 के मध्य।
15. ऑटोबाइऑग्रफि, पृ० 180
16. सांडर्स।
17. ऑटोबाइऑग्रफि, पृ० 157
18. वही उपरोक्त, पृ० 158
19. उपरोक्त, पृ० 159
20. सत्याग्रह इन साऊथ अफ्रीका, पृ० 58
21. ऑटोबाइऑग्रफि, पृ० 164
22. दिनशा अदुलजी वाचा की अध्यक्षता में।
23. विचारों के लिए परिशिष्ट संख्या तीन को देखें।
24. कलेक्टिड वर्क्स, खण्ड-2, पृ० 213
25. 1902 ईस्वी।
26. कलेक्टिड वर्क्स, खण्ड-3 पृ० 271
27. टिप्पणी के पूरे सार के लिए परिशिष्ट चार को देखें।
28. कलेक्टिड वर्क्स, खण्ड-5, पृ० 417
29. वही उपरोक्त।
30. इण्डियन ओपीनियन, 22 सितम्बर, 1996
31. कलेक्टिड वर्क्स, खण्ड-5, पृ० 415-6
32. ग्यारह सितम्बर, 1906 को पारित प्रस्ताव के लिए परिशिष्ट संख्या पाँच को देखें।

33. इण्डियन ओपीनियन, 15 सितम्बर, 1906
34. गाँधीः हिज लाइफ एण्ड थॉट, पृ० 29
35. रिचर्ड सोलमन, दक्षिणी अफ्रीका के एक प्रसिद्ध वकील।
36. इण्डियन ओपीनियन, 30 मार्च, 1907
37. सत्याग्रह इन साऊथ अफ्रीका, पृ० 125
38. इण्डियन ओपिनियन, 18 जनवरी, 1908 (पूरे विवरण के लिए परिशिष्ट छः को देखें)।
39 सत्याग्रह इन साऊथ अफ्रीका, पृ० 147-8
40. वही उपरोक्त, पृ० 244
41. वही, पृ० 258
42. वर्ष 1906 ईस्वी में।

****

अध्याय-चार

भारत के राष्ट्रीय मुक्ति आन्दोलन में अहिंसा के प्रयोग

दक्षिणी अफ्रीका से आगमन के समय भारत की परिस्थितियाँ, राजनीतिक वातावरण और गतिविधियाँ; साम्राज्यवाद के विरुद्ध अहिंसक कार्यवाही का प्रारम्भ; असहयोग और खिलाफत आन्दोलन (1920-22); सविनय अवज्ञा (1930-32); तथा अगस्त-क्रान्ति (1942); भारत की स्वतंत्रता।

जैसा कि हमने उल्लेख किया है, अपने सिद्धान्त और व्यवहार को दक्षिणी अफ्रीका की धरती पर, मानव-विश्व के लिए सदा कल्याणकारी सिद्ध करने के बाद गाँधी 1915 के प्रारम्भ में स्वदेश लौटे; और 1916 में उन्होंने भारत में सार्वजनिक जीवन में प्रवेश किया तथा अगले ही वर्ष, अर्थात 1917 में चम्पारन के किसानों को न्याय दिलाकर, आम और खास, सभी को आश्चर्यचकित कर दिया। उसके बाद उनके व्यक्तित्व में निरन्तर निखार आया, और जैसा कि इतिहास साक्षी है, उन्होंने 1947 में देश की स्वाधीनता तक, बिना किसी विकल्प के भारत के राष्ट्रीय मुक्ति आन्दोलन एवं सबसे अग्रणी राजनीतिक संस्था, भारतीय राष्ट्रीय कांग्रेस, का नेतृत्व किया। तीस वर्ष (1947-1947) के मध्य की अवधि को, न्यूनाधिक, स्वाधीनता आन्दोलन का गाँधीवादी

युग माना जा सकता है। क्यों? वह इसलिए कि उक्त समय में गाँधी के नेतृत्व और निर्देशन में करोड़ोजन ने, न्याय और स्वतंत्रता के लिए, अपने समय के विश्व के सर्वाधिक शक्तिशाली ब्रिटिश साम्राज्य के विरुद्ध सक्रिय रूप में संघर्ष किया। अंततः भारत में मुक्ति के बाद लोकतंत्र की स्थापना हुई। जो संघर्ष गाँधी के नेतृत्व में हुआ, उसका आधार अहिंसा था। भारतीय स्वतंत्रता संग्राम में हुई अहिंसक कार्यवाही विश्वभर के समक्ष एक उदाहरण बनी। वह एक ऐसा उदाहरण भी रही, जिसने भारत के बाद विश्व के कई राष्ट्रों के स्वाधीनता आन्दोलनों को प्रभावित किया।

एक या दो नहीं, दर्जनभर से अधिक आन्दोलन गाँधी के नेतृत्व में, अथवा उनके बताए गए मार्ग के माध्यम से, दूसरे साथियों के नेतृत्व व निर्देशन में, उक्त 30 वर्ष की अवधि में विभिन्न रूपों में परतंत्रता की बेड़ियों को काटने और अन्याय को समाप्त करने के लिए प्रारम्भ किए गए। इससे सम्बन्धित समस्त घटनाक्रम का संक्षिप्त एवं समालोचनात्मक विवरण 'चम्पारन से भारत छोड़ो आन्दोलन तक' शीर्षक से हाल के दिनों में ही तैयार की गई अपनी एक अन्य पाण्डुलिपि में मैंने दिया है। यह पाण्डुलिपि मेरे सात व्याख्यानों पर आधारित है। इसलिए उक्त घटनाक्रम के विस्तार में मैं यहाँ फिर से नहीं जाना चाहता हूँ। तो भी, उक्त काल में तीन विशेष अवसरों पर, न्याय एवं स्वाधीनता को केन्द्र में रखकर, गाँधी द्वारा की गई अहिंसक कार्यवाहियों का मैं संक्षेप में उल्लेख करूँगा। ये तीन अवसर थेः

(क) असहयोग आन्दोलन (1920);

(ख) सविनय अवज्ञा (1930); तथा

(ग) भारत छोड़ो आन्दोलन (1942)।

असहयोग आन्दोलन अखिल भारतीय स्तर पर गाँधी के निर्देशन व नेतृत्व में हुई प्रथम अहिंसक कार्यवाही थी। यद्यपि दक्षिणी अफ्रीका से लौटकर और सार्वजनिक जीवन में प्रवेश करने के उपरान्त गाँधी ने चम्पारन (बिहार) व खेड़ा (गुजरात) में अपने अहिंसक सिद्धान्त का प्रयोग किया था, और दोनों ही स्थानों पर उन्हें, न्यूनाधिक, सफलता भी मिली थी। लेकिन ये दोनों प्रयोग दक्षिणी अफ्रीका के प्रयोगों से भिन्न थे। दक्षिणी अफ्रीका में गाँधी की कार्यवाही को निष्क्रिय कहा जा सकता है, हालाँकि वह कार्यवाही वैसी निष्क्रिय नहीं थी, जैसा कि आमतौर पर समझा जाता है; वहाँ गाँधी उपनिवेशी सरकार के अधीन रहते हुए, उसके साथ सहयोग करते हुए, उस अन्याय की समाप्ति के लिए संघर्षरत हुए थे, जो मुख्यतः उनके देशवासियों, हिन्दुस्तानियों, पर विभिन्न कानूनों की आड़ में हो रहा था। इसी के साथ, भारतीयजन भी अन्यों के समान मानव समझे जाएँ, दक्षिणी अफ्रीका में गाँधी के संघर्ष का यह उद्देश्य था।

तो भी इसमें कोई दो राय नहीं हो सकती कि जो कार्य गाँधी द्वारा भारत में किया जाना था, और उस कार्य के लिए जो मार्ग उन्हें अपनाना था, उसका आधार दक्षिणी अफ्रीका में ही तैयार हुआ। फिर भी भारत में उनके कार्य का उद्देश्य कुछ एक अन्यायी कानूनों को

समाप्त कराना ही नहीं था। भारतवासी अपने ही देश में मनुष्य समझे जाएँ, मात्र यही उद्‌देश्य भी उनके संघर्ष का नहीं था। वे तो भारत के लोगों को सबके समान, वे यूरोपवासी हो या अमरीकी, देखना चाहते थे। उनकी कार्यवाही के केन्द्र में भारत की स्वतंत्रता थी; भारतवासी स्वयं ही अपने भाग्य का निर्माण करें, गाँधी का यह स्वप्न था। "स्वाधीनता की स्थिति में ही वास्तविक न्याय मिल सकता है, अथवा न्याय की स्थापना या इसकी कल्पना स्वाधीनता के वातावरण में ही की जा सकती है, और पराधीन व्यक्ति न्याय की पूर्ण आशा नहीं कर सकता", गाँधी के मस्तिष्क में इस तरह के विचार थे। इसीलिए, जो कार्यवाही दक्षिणी अफ्रीका में निष्क्रिय थी, उसने भारत में सक्रिय असहयोग व विरोध का रूप ले लिया, लेकिन दोनों ही स्थानों पर उसका आधार अहिंसा ही रही थी।

वर्ष 1917 एवं 1918 में चम्पारन एवं खेड़ा में अन्याय की समाप्ति के लिए गाँधी ने जो कार्यवाहियाँ कीं, उनके मूल में स्थानीय मुद्‌दे थे; इसलिए उन कार्यवाहियों का स्तर भी छोटा ही था। लेकिन उन अवसरों पर गाँधी के प्रयोग जिस तरह, न्यूनाधिक, सफल रहे थे, उससे वे बहुत महत्त्वपूर्ण घटनाएँ बन गई थीं। उस समय तक भी गाँधी की साम्राज्यवादी सरकार के प्रति वफादारी थी; विभिन्न रूपों में, अवसरानुसार, वे सहयोगी बने रहे थे। यहाँ तक कि जलियाँवाला बाग की घटना[1] की जाँच के लिए नियुक्त हंटर आयोग की आख्या आने से पहले तक वे एक सीमा तक अंग्रेजों से आशाएँ रखते थे। लेकिन हंटर आयोग की आख्या

आ जाने के उपरान्त आशाहीन होकर उन्होंने असहयोग का मार्ग चुना था।

जैसा कि विषय में रुचि रखने वाले जानते हैं, प्रथम विश्व युद्ध में भारतीयों द्वारा की गई सहायता और विभिन्न रूपों में उनके द्वारा दिए सहयोग के लिए, साम्राज्यवादी सरकार ने उन्हें न्याय प्रदान करने का वचन दिया था, लेकिन शीघ्र ही सरकार अपने वचन से मुकर गई और भारतीयों को कुचलने के उद्देश्य से वह रोलेट विधेयक ले आई। देशवासियों ने यह अनुरोध किया था कि रोलेट विधेयकों को कानून का रूप नहीं दिया जाए, लेकिन सरकार ने उन्हें कानून के रूप में परिवर्तित कर दिया और जब देशवासियों ने इसके प्रति रोष जताया, तो वास्तव में ही उन्हें दबाना व कुचलना प्रारम्भ कर दिया गया। इसी का एक परिणाम था अमृतसर के जलियाँवाला बाग में एकत्रित निहत्थे और शान्तिपूर्वक सभा कर रहे लोगों पर बर्बर गोलियों की वर्षा। फिर दिखावे के लिए गोलीकाण्ड की जाँच के लिए हंटर आयोग की नियुक्ति की गई; आयोग ने गोलियाँ चलाने व उनका आदेश देने वाले अधिकारी डायर के कृत्य को उचित ठहराया। इस प्रकार एक के बाद दूसरा अन्याय हुआ, जिसे कैसे सहन किया जा सकता था? अन्याय सहन करने की भी तो कोई सीमा होती है।

चूँकि अब विषय, अर्थात रोलेट कानून और उसके परिणामों का सम्बन्ध पूरे राष्ट्र से था, इसलिए गाँधी ने व्यापक पैमाने पर, असहयोग के आह्वान के साथ, अहिंसक संघर्ष छेड़ने का निर्णय लिया। भारत

विभिन्न धर्म-सम्प्रदायों, मतों, जातियों, उपजातियों, भाषाओं, रीतियों व परम्पराओं में विश्वासकर्त्ताओं का देश है। पूरे देश को एक साथ लेकर कोई कार्यवाही करना, वह भी अहिंसा के बल पर, निश्चित रूप से सरल बात नहीं हो सकती। इसीलिए गाँधी ने असहयोग के आह्वान से पहले तैयारी प्रारम्भ की। अपने द्वारा वर्ष 1919 से प्रारम्भ किए गए साप्ताहिकों[2] में स्वयं उक्त सन्दर्भ में गाँधी ने लिखना प्रारम्भ किया। लेकिन उन दिनों देश में साक्षरता ही कितनी थी? अतः जनता असहयोग कार्यक्रम के सम्बन्ध में अधिक-से-अधिक जान सके, इस हेतु उन्होंने अनेक जनसभाओं को सम्बोधित किया। उन्होंने अपने भाषणों में जनता से क्या कहा, उसे हम संक्षेप में यहाँ बताएँ, ऐसा करना प्रासंगिक व आवश्यक भी है, लेकिन उससे पहले एक दूसरे विषय पर आना चाहेंगे। वह इसलिए, क्योंकि वह विषय असहयोग कार्यक्रम के साथ जुड़ा था और उससे गाँधी के अहिंसक कार्यक्रम को एक आयाम भी मिला था। कम-से-कम मैं तो ऐसा ही मानता हूँ।

जिस समय गाँधी देशवासियों का असहयोग हेतु आह्वान करने की तैयारी में थे, उसी समय मुसलमान अंग्रेजों के विरुद्ध गतिविधियों में संलग्न हो रहे थे। क्या देश की स्वाधीनता के लिए? नहीं। उनका मुद्दा दूसरा था। जैसा कि विदित है, मुसलमानों की अंग्रेजों से खिन्नता का कारण था, टर्की के तत्कालीन शासक के प्रति उनका व्यवहार। टर्की का शासक, जिसकी स्थिति खलीफा के समान थी, विश्वभर के मुसलमानों का धार्मिक नेता भी समझा जाता था। प्रथम विश्व युद्ध के

घटनाक्रम के चलते, विजयी हुए अंग्रेजों ने खलीफा की सत्ता को सीमित कर दिया था, उसके अधिकार छीन लिए थे। इस कार्यवाही को अपना अपमान समझते हुए मुसलमान अंग्रेजों से क्रुद्ध हो बैठे थे। चूँकि गाँधी सर्वधर्म समभाव के पालक थे, इसलिए वे यह नहीं चाहते थे कि किसी के भी धार्मिक विषयों में कोई हस्तक्षेप करे। फिर साम्प्रदायिक एकता को उनके सिद्धान्त तथा व्यवहार में प्रमुख स्थान प्राप्त था। दक्षिणी अफ्रीका के इक्कीस वर्ष के उनके प्रवास के काल से जुड़े घटनाक्रम से बारम्बार इस वास्तविकता की पुष्टि होती है। इसलिए गाँधी ने मुसलमानों की भावनाओं से सहानुभूति रखी; मुसलमानों की खिन्नता को उन्होंने वास्तविक माना और उन्हें वचन दिया कि उनके खलीफा, टर्की के शासक, की स्थिति को पुनर्स्थापित कराने में वे सहयोग देंगे तथा उनके दुख व उनकी आहत हुई भावनाओं को समझते हुए उन्हें न्याय दिलाने का प्रयास करेंगे।

इसी का परिणाम था कि असहयोग कार्यक्रम में, एक भाग के रूप में, खलीफा के अधिकारों व उसकी स्थिति की बहाली का मुद्‌दा भी सम्मिलित किया गया। अब गाँधी की कार्यवाही 'असहयोग तथा खिलाफत आन्दोलन' के नाम से प्रारम्भ होनी थी, और देश के सबसे प्रमुख अल्पसंख्यक सम्प्रदाय के अनेकजन असहयोग तथा खिलाफत आन्दोलन में सम्मिलित होने जा रहे थे। मुहम्मद अली और उनके भाई शौकत अली सहित कुछ और बड़े मुस्लिम नेता भी आन्दोलन के साथ जुड़ें। उन्होंने गाँधी द्वारा प्रस्तुत किया गया कार्यक्रम स्वीकार किया।

यही नहीं, काँग्रेस के मंच से विधिवत कार्यक्रम को स्वीकृत कराने में भी मुस्लिम नेताओं ने ही प्रमुख भूमिका का निर्वाह किया।

अब गाँधी पहले से भी अधिक उत्साह के साथ कार्यक्रम की तैयारी में जुट गए, तथा जैसा कि कहा है, उन्होंने जनता को असहयोग कार्यक्रम के सम्बन्ध में बताना प्रारम्भ किया, इस सम्बन्ध में विस्तार से गाँधी ने अपना पक्ष रखा; इसी कड़ी में असहयोग को सत्याग्रह के मार्ग का मील का पत्थर घोषित करते हुए उन्होंने कहा, "सत्याग्रह की सुन्दरता, असहयोग जिसका एक अध्याय है, यह है कि यह संघर्ष के सभी पक्षों को सुलभ होता है; यह नियंत्रण करता है, उस पक्ष के लिए स्वयं ही सत्य और न्याय को सफल करने का कार्य करता है, वह जो भी हो..., सत्य और न्याय उसमें मुख्य होता है। यह जितना पूँजीपति के हाथ में, शक्तिशाली व विश्वसनीय अस्त्र के रूप में होता है, उतना ही श्रमिक के हाथ में भी। यह जितना शक्तिशाली सरकार के हाथों में होता है, उतना ही जनता के भी; और यदि जनता बहकावे में आ जाती है, तो सरकार का पक्ष विजयी होता है, लेकिन दूसरी ओर सरकार के गलत मार्ग पर होने से इसमें सत्य को विजय मिलती है...।"[3]

असहयोग कार्यक्रम कैसे प्रारम्भ होगा और वह कैसे आगे बढ़ेगा? उसके क्या स्तर होंगे? उसमें किस भय की सम्भावना रहेगी? और अन्ततः क्या परिणाम सामने आ सकेंगे? इन प्रश्नों के उत्तर गाँधी ने यंग इण्डिया के अंक में दिए। स्पष्टतः लिखते हुए उन्होंने देशवासियों का आह्वान किया, "विषमताओं के चलते न्याय हेतु

सत्याग्रह के द्वारा त्रिपक्षीय उद्देश्य प्राप्त करो।"[4] साथ ही, उन्होंने अपने समस्त लेखों में, भाषणों तथा वक्तव्यों में अहिंसा के प्रति दृढ़ रहने की बात की। इस सन्दर्भ में विशेष रूप से अंग्रेजों के प्रति व्यवहार का उल्लेख करते हुए उन्होंने कहाः

"मेरा धर्म अंग्रेजों या उसी रूप में किसी अन्य को कोई चोट पहुँचाए बिना अपने देशवासियों की सुरक्षा करना सिखाता है। जो कुछ मैं अपने रक्त सम्बन्धियों के लिए करने को तैयार नहीं हूँ, वैसा मैं किसी अंग्रेज के प्रति भी नहीं करूँगा। एक राज्य की प्राप्ति के लिए भी मैं उसे घायल नहीं करूँगा। लेकिन यदि आवश्यक होगा, तो उससे मैं सहयोग नहीं करूँगा, जैसा कि मैंने अपने भाई के साथ किया (जो अब नहीं है), जब ऐसा करना आवश्यक हुआ...।"[5]

असहयोग के सम्बन्ध में कई लोगों के विचार नकारात्मक थे। यहाँ तक कि पहले-पहल तो मदन मोहन मालवीय और बाल गंगाधर तिलक जैसे लोग भी इसके बारे में[6] आशंकित थे। कुछ लोग गाँधीजी के असहयोग कार्यक्रम के साथ खिलाफत के प्रश्न को जोड़े जाने के विरोधी थे। लेकिन गाँधी ने समस्त शंकाओं को छोड़कर शुद्ध हृदय से और अहिंसा जैसे पवित्र साधन को अपनाकर असहयोग में सम्मिलित होकर न्याय प्राप्ति का आह्वान किया। इस सन्दर्भ में उन्होंने दृढ़ता से कहा, "मुझे ज्ञात है कि मैंने देश के समक्ष एक अहिंसक कार्यक्रम रखा है, जिसमें, यदि सभी सन्तोषजनक ढंग से कार्य करेंगे, तो निश्चित रूप से सफलता मिलेगी, लेकिन यदि उसे उचित उत्तर नहीं मिलता, तो तब

भी कोई हानि नहीं होगी। इसमें यदि एक व्यक्ति असहयोग करते हुए अपने पद को छोड़ देता है, तो उसकी कोई हानि नहीं। यही इसका प्रभाव अथवा धार्मिक पक्ष है।... इसके राजनीतिक परिणामों के लिए स्वाभाविक रूप में सामूहिक समर्थन चाहिए।"[7]

उक्त कुछ उदाहरण प्रस्तुत करने का उद्देश्य यह था कि गाँधी ने कार्यवाही प्रारम्भ करने से पूर्व कई प्रकार से अपना पक्ष जनता के सामने रखा और जनता को कार्यक्रम में भागीदारी के लिए तैयार किया। उपरान्त मुसलमानों और दूसरे सम्प्रदायों से जुड़े लोगों को साथ लेकर 1 अगस्त, 1920 से असहयोग आन्दोलन प्रारम्भ किया; तथा लोकमान्य तिलक ने आन्दोलन की पूर्व संध्या, अर्थात 31 जुलाई, 1920 को अपना हार्दिक आशीर्वाद कार्यक्रम को दिया। असहयोग के कार्यक्रम में सम्मिलित थाः

"न्यायालयों का बहिष्कार; सरकार द्वारा मान्यता, सहायता प्राप्त अथवा उसके नियंत्रण वाले विद्यालयों, महाविद्यालयों का बहिष्कार, विधान सभा[8] और प्रान्तीय विधायिकाओं का बहिष्कार; सम्मानों, उपाधियों को वापस करना और कार्यालयों का बहिष्कार; तथा विदेशी वस्तुओं का बहिष्कार आदि।"

इसी के साथ देशवासियों का आह्वान किया गया था कि "राष्ट्रीय शिक्षा संस्थानों की स्थापना व न्याय के लिए लोकप्रिय अदालतों की स्थापना की जाए; खादी अथवा घर में ही अन्य वस्त्र तैयार किए जाएँ और नशाखोरी से बचा जाए।"

आन्दोलन प्रारम्भ हुआ और शीघ्र ही उसने राष्ट्रव्यापी स्वरूप धारण कर लिया। जनता में अभूतपूर्व उत्साह व्याप्त था। आन्दोलन के बारे में जो शंकाएँ थीं, अथवा जो नकारात्मक विचार उभरे थे, वे सभी धरे-के-धरे रह गए। असहयोग कार्यक्रम भारतीय राष्ट्रीय काँग्रेस का अधिकृत कार्यक्रम बन गया। लाला लाजपत राय, विपिन चन्द्र पाल आदि सहित सभी चोटी के नेताओं को अपनी शंकाएँ त्यागनी पड़ीं। मोतीलाल नेहरू, राजेन्द्र प्रसाद, वल्लभभाई पटेल, राजगोपालाचारी, जवाहरलाल नेहरू, विट्ठलभाई पटेल, चितरंजन दास आदि ने वकालत छोड़ दी और सभी देश के कार्य में लग गए। सुभाष चन्द्र बोस ने सरकारी सेवा को छोड़ दिया और कलकत्ता के राष्ट्रीय विद्यालय के प्राचार्य पद को सँभाला। हजारों-लाखों छात्र-छात्राएँ सरकारी नियंत्रण या सहायता प्राप्त पाठशालाओं, विद्यालयों तथा महाविद्यालयों से बाहर आ गए। स्थान-स्थान पर विदेशी वस्त्रों की होली जलने लगी। कार्यक्रम के समस्त मुद्दों को सफल बनाने के लिए जनता में होड़ लग गई। यही नहीं, सितम्बर, 1921 में तो मुहम्मद अली ने गाँधी के समर्थन में[9] एक वक्तव्य जारी करते हुए कहा, "किसी भी भारतीय का नागरिक सेवक के रूप में, और विशेषकर एक सैनिक रूप में, इस सरकार के अन्तर्गत काम करना राष्ट्रीय हित के विरुद्ध है।"[10]

आन्दोलन 1 अगस्त, 1920 से 6 फरवरी, 1922 तक, अर्थात कुल मिलाकर 1 वर्ष, 6 माह और 6 दिन तक तीव्र गति से, उत्साहपूर्वक और अधिकतर गाँधीवादी सिद्धान्त की परिधि में ही जारी रहा। लेकिन,

जैसा कि मैं कह चुका हूँ, भारत एक विशाल देश है; इसमें विभिन्न जातियों, सम्प्रदायों और मतों के लोग निवास करते हैं। अतः इतनी बड़ी संख्या में सभी लोग अहिंसा के प्रति वचनबद्ध रह सकें, यह सम्भव नहीं है। फिर जब धार्मिक भावनाओं को भड़काने का कार्य भी होता हो, तो परिस्थितियाँ कठिन बनती ही हैं। ऐसा ही असहयोग आन्दोलन के समय भी हुआ था। केरल में मोपलाओं का अन्याय के विरुद्ध हिंसक होकर विद्रोह पर उतर आना एक उदाहरण के रूप में प्रस्तुत किया जा सकता है।[11] इसके अतिरिक्त देश के कुछ और भागों में भी यदा-कदा हिंसक घटनाएँ हुईं। कई मुस्लिम धार्मिक नेताओं ने मुसलमानों का जेहाद छेड़ने का आह्वान किया। लेकिन गाँधी पूरी अवधि के दौरान जनता से अहिंसक बने रहने का अनुरोध करते रहे। सरकार को कार्यक्रम से बहुत बड़ा झटका लगा, उसने कई नेताओं सहित 30 हजार असहयोगियों को बन्दी बनाया। वह हिल गई थी।

जनसाधारण में अभूतपूर्व जागृति को देखकर गाँधी अहिंसा का एक और ठोस प्रयोग करने के इच्छुक हुए। असहयोग कार्यक्रम को ही विस्तार देते हुए, उसके एक भाग के रूप में वे जनता का करों के भुगतान को रोकने का आह्वान करना चाहते थे। यह प्रयोग पहले एक तहसील के स्तर पर, सावधानी के साथ प्रारम्भ हो, ऐसा उनका विचार था। इस संदर्भ में यंग इण्डिया के एक अंक में उन्होंने लिखाः

"मुझे कुछ स्थानों से करों के भुगतान को रोककर शीघ्रता में बड़े पैमाने पर नागरिक अवज्ञा की जनता की इच्छा का पता चला है।

लेकिन खतरनाक जोखिम पर जाने से पूर्व मैं बड़ी सावधानी बरतने का अनुरोध करूँगा। हिंसा के बारे में हमें असावधानी नहीं रखनी चाहिए और जनता को उस समय आत्म-नियंत्रण की बात पक्के तौर से बतानी चाहिए, जब उनकी आँखों के सामने उनकी फसलों की कुर्की हो रही हो तथा उनके पशुओं और सामान की नीलामी हो रही हो। मुझे ज्ञात है कि करों का भुगतान न करना सरकार को तीव्र गति से हटा देने का ढंग है। मुझे यह भी ज्ञात है कि हमने अनुशासन और बल का वह स्तर प्राप्त नहीं किया है, जो करों के भुगतान से सम्बन्धित संघर्ष को सफलतापूर्वक संचालित करने के लिए आवश्यक है।"[12]

गाँधी का फिर भी मत यह था कि उक्त प्रकार के कर को अदा न करने के कार्यक्रम में जनता की भागीदारी कराकर वे उसकी शक्ति को माप सकेंगे तथा उसी के आधार पर वे भविष्य में सरकार को टक्कर दे सकेंगे। "सदियों के पराधीनता रूपी अन्याय को समाप्त करने व स्वाधीनता को प्राप्त करने के लिए यह कार्यक्रम मील का पत्थर सिद्ध हो सकेगा", यह भी उनका विचार था। किस तहसील से कार्यवाही प्रारम्भ हो? यह समस्या थी और इसके बारे में गाँधी ने लिखाः

"भारत में कदाचित् बारडोली, और कुछ हद तक आणन्द के अतिरिक्त, कोई अन्य तहसील अभी तैयार नहीं है। किसी ऐसी तहसील के लिए आवश्यक है कि उसकी पचास प्रतिशत से भी अधिक जनता अपने आप को अस्पृश्यता से दूर रखती हो, खादी पहनती हो, और वह भी (उसी) तहसील में निर्मित की गई खादी; वह मन-वचन-कर्म से

अहिंसक हो, और सभी के साथ, वे सहयोगी हों या असहयोगी, पूर्णतः मित्रता के भाव के साथ रहती हो।"[13]

कर न देने के सम्बन्ध में एक स्थान पर स्पष्टतः उन्होंने कहा, "बिना आवश्यक अनुशासन के कर-भुगतान न करने का कार्य मात्र क्षमा न करने योग्य व मूर्खतापूर्ण कार्य होगा। यह स्वराज्य की ओर पग बढ़ाने की अपेक्षा, अराजकता की ओर जाने का कार्य होगा। इसलिए मैं पुनः सावधानी की बात को दोहराना चाहूँगा। मैंने अनेक बार कहा है कि बड़े पैमाने पर सविनय अवज्ञा का प्रयास तब तक पहले ही चरण में नहीं किया जाना चाहिए, जब तक वह मेरी व्यक्तिगत देख-रेख में न हो।"[14]

अन्ततः जनवरी, 1922 में उक्त वर्णित कार्यवाही के लिए बारडोली तहसील का चयन हुआ। 'कर नहीं आन्दोलन' की तैयारी प्रारम्भ हुई। पटेल बंधु[15] विशेष रूप से तैयारी में जुटे। सरकार को अब ऐसी टक्कर मिलने जा रही थी, जिसकी कदाचित् उसे कल्पना ही नहीं थी। कर ही तो सरकार के जीवन का आधार था; यदि जनता उसे देने से मना कर देती, तो उसका अस्तित्व कैसे बच पाता? वह सकते में थी। इसीलिए उस समय के एक ब्रिटिश अधिकारी ने कहा भी था, "उन्होंने यदि कर देने से मना किया होता, तो हमारा अस्तित्व ही नहीं बच पाता।" लेकिन अभी कर न देने की विधिवत शुरुआत होनी ही थी कि 5 फरवरी, 1922 को संयुक्त प्रान्त के चौरी-चौरा नामक स्थान पर जब पुलिस दल का असहयोगियों के जुलुस में चल रहे लोगों के साथ संघर्ष

हुआ, और फिर जब पुलिस वाले कमजोर स्थिति में थाने के भीतर चले गए, तो कुछ हिंसा पर उतारू लोगों ने पुलिस थाने में आग लगा दी। उसमें एक निरीक्षक सहित 22 पुलिसजन मारे गए।

इस घटना से गाँधी को भारी वेदना हुई। उन्होंने तुरन्त ही असहयोग कार्यक्रम को स्थगित करने की घोषणा की और कहा, "बड़े रूप से प्रस्तावित सविनय अवज्ञा और बढ़ रही उत्तेजना का स्थगित करना भविष्य की उन्नति के लिए आवश्यक है; निश्चित रूप से आगे प्रतिक्रियावाद से बचने के लिए भी यह अनिवार्य है। इसलिए मैं आशा करता हूँ कि स्थगन से प्रत्येक नारी अथवा नर न केवल निराशा को महसूस नहीं करेगा, अपितु अवास्तविकता के बोझ और राष्ट्रीय पाप से मुक्त होगा।"[16]

असहयोग को वापस लेने के बाद गाँधी और उनके सिद्धान्त पर अंगुलियाँ उठाई जाने लगीं। मुसलमानों के एक वर्ग ने उन पर खिलाफत के साथ विश्वासघात करने का आरोप लगाया। लेकिन गाँधी ने इसकी चिन्ता नहीं की। अहिंसा के प्रति बचनबद्ध गाँधी ने आत्मशुद्धि के लिए व्रत पर जाने की घोषणा की, तथा उन्होंने कहा, "स्थगन और प्रायश्चित्त हमें उसी स्थिति में ले जाएँगे, जहाँ हम दुर्घटना से पहले थे। लेकिन सुदृढ़ अनुशासन और शुद्धि हममें वह नैतिक विश्वास उत्पन्न करेंगे, जो बन्दियों की रिहाई और (सरकारी) अधिसूचना को रद्द कराने में सहायक होगा।"[17] उन्होंने यह भी कहा, "यदि दुर्घटना से हम पूरा सबक सीखते हैं, तो हम गलती को सुधार

सकते हैं। सत्य और अहिंसा से, वह भी दोनों को स्वभाव व कर्म में उतारकर, तथा स्वदेशी, अर्थात खद्दर, कार्यक्रम को पूर्ण करके हम पूर्ण स्वराज्य की स्थापना कर सकते हैं, और एक भी व्यक्ति द्वारा सविनय अवज्ञा किए बिना पंजाब व खिलाफत के विषयों को सुधार सकते हैं।"[18]

असहयोग कार्यक्रम को वापस लेने के उपरान्त गाँधी को गिरफ्तार किया गया। उन पर मुकदमा चलाया गया और उन्हें लम्बे समय के लिए कारागार भेजा गया। अपने मुकदमें की सुनवाई के लिए विशेष रूप से बनाए गए न्यायालय में गाँधी ने ऐतिहासिक वक्तव्य देते हुए मानव के शोषण को घोरतम अन्याय बताया था। इसे उन्होंने अहिंसा के सिद्धान्त के विपरीत घोषित किया था। उन चिन्तकों के समान ही,[19] जो अहिंसा को मानव के उत्थान के परिप्रेक्ष्य में देखते हैं, गाँधी ने भी इसे ही देखा था।

अहिंसा के सिद्धान्त और व्यवहार को केन्द्र में रखकर, यदि संक्षेप में असहयोग आन्दोलन की सार्थकता पर विचार करें, तो मेरी दृष्टि में, विभिन्नताओं में एकता वाले देश भारत में जो जन-जागृति उत्पन्न हुई, वह असाधारण थी। न्याय की माँग के साथ ही, यहीं से स्वतंत्रता के द्वार की दूरी कम होनी प्रारम्भ हुई। फिर कार्यक्रम में सम्मिलित अधिकतर लोग तो अन्त तक अहिंसक ही बने रहे थे। लेकिन हमारी चर्चा के विषय के अनुरूप विशेष उपलब्धि यह थी कि अहिंसा को 'साधन' और 'साध्य' मानकर उसे जीवन में अंगीकार करने वालों का एक श्रेष्ठ समूह सामने आया। बाद में इस समूह ने अपना सारा

जीवन समाज एवं राष्ट्र की सेवा को समर्पित किया। 1922 और 1924 की गाँधीजी की बन्दी की अवधि के दौरान इसी समूह में से अनेक ने गाँधीवाद की सार्थकता को बार-बार सिद्ध करके दिखाया; और 1928 में बारडोली में तो आश्चर्यजनक और अभूतपूर्व कार्य हुआ। वहाँ के अस्सी हजार किसानों ने सरकार को भूराजस्व देने से मना करके, व दूसरे प्रकार के असहयोग से सरकारी तंत्र को असफल कर दिया। इसलिए मैं कहता हूँ कि असहयोग का गाँधी का प्रयोग कम महत्त्वपूर्ण नहीं था।

1920 में प्रारम्भ किए गए असहयोग कार्यक्रम का महत्त्व तब और भी अधिक बढ़ जाता है, जब हम इसे 1930 के सविनय अवज्ञा आन्दोलन के साथ जोड़कर देखते हैं। दोनों के बीच की अवधि में गाँधीजी घटित हो रही घटनाओं का सूक्ष्मता के साथ अवलोकन करते रहे थे। असहयोग कार्यक्रम के समय की असावधानियों को उन्होंने मस्तिष्क में रखा था। जनता के बल व क्षमता का अनुमान भी उन्हें हुआ था। विभिन्न धर्म-सम्प्रदायों के अनुयायिओं में अहिंसा के प्रति वचनबद्धता को वे व्यावहारिक रूप से जान पाए थे। यही नहीं, अपने आगामी कदम के लिए वे तैयारी करते रहे थे और अन्ततः 1930 में नमक कानून भंग करके उन्होंने पुनः सक्रिय संघर्ष का डंका बजा दिया था।

2

भारत के स्वाधीनता आन्दोलन में बड़े पैमाने पर महात्मा गाँधी का दूसरा प्रमुख अहिंसक प्रयोग 1930 में सविनय अवज्ञा के माध्यम से

प्रारम्भ हुआ। जैसा कि अभी-अभी कहा है, गाँधी ने नमक कानून को भंग करके सविनय अवज्ञा को आगे बढ़ाया। पहले की अपेक्षा इस बार और अधिक सक्रिय कार्यवाही हो रही थी। अन्याय की प्रतीक साम्राज्यवादी सरकार के कानून को अनोखे ढंग से न मानने का इसमें निश्चय था। इसी के साथ इस बार पहले से भी अधिक जन-जागृति थी।

गाँधीजी ने आठ वर्ष तक घटनाओं को सूक्ष्मता से देखा और परखा था। इस दौरान कई स्थानों पर उनके आदर्श की चिरस्मरणीय सार्थकता सिद्ध हुई, जैसा कि संकेत किया गया है। सरकारी संरक्षण प्राप्त समाज-विरोधी तत्त्वों से अहिंसक रहते हुए निपटना, स्वाभिमान की रक्षा करना, प्राकृतिक आपदा के समय धैर्य रखते हुए दृढ़तापूर्वक उसका सामना करना, और अपने विषय को सच्चाई के साथ प्रस्तुत करके व अहिंसक रहकर उसे मनवा लेने को शासक को बाध्य करना आदि जैसी 1923 व 1929 के मध्य की अवधि की गाँधीवादी दर्शन की परिधि में हुई कार्यवाहियाँ थीं। उन लोगों को इन कार्यवाहियों से अच्छा सबक मिला था, जो असहयोग कार्यक्रम को वापस लेने के बाद गाँधीवाद को महत्त्वहीन मानने लगे थे और वे धारा सभाओं में प्रवेश करने के तर्क देने लगे थे। इसी अवधि में गाँधीवादी मार्ग से अनेक रचनात्मक कार्य भी हुए थे। वे कार्य नशाबन्दी, सामाजिक कुरीतियों व बुराइयों से छुटकारे के लिए किए गए थे। साथ ही, वे कार्य नारी-शिक्षा और आर्थिक-सांस्कृतिक उत्थान से जुड़े हुए थे; वे जनता को आत्मनिर्भर बनाने एवं उसमें अहिंसक गतिविधियों का विकास करने की प्रेरणा देने वाले थे।

1930 में महात्मा गाँधी द्वारा सविनय अवज्ञा प्रारम्भ करने से पूर्व दो और विशेष घटनाएँ घटी थीं; और दोनों ही घटनाओं को आन्दोलन को प्रारम्भ करने के तात्कालिक कारणों के रूप में लिया जा सकता है। पहली घटना थी साइमन कमीशन[20] का आगमन, भारतीयों द्वारा उसका विरोध और परिणामस्वरूप लाला लाजपत राय की मृत्यु। साइमन कमीशन के लाहौर पहुँचने पर लाला लाजपतराय के नेतृत्व में एक भारी जनसमूह ने इसका विरोध किया था। जनसमूह पर निर्ममतापूर्वक लाठी चार्ज हुआ, जिसमें लाजपत राय गम्भीर रूप से घायल हो गए थे। बाद में 17 नवम्बर, 1928 को उनका निधन हो गया। इससे देश का युवा वर्ग क्रुद्ध था; अनेक युवा बदले की कार्यवाहियों में लिप्त हो गए थे। हिंसा का सहारा लेकर इन युवकों ने कुछ अंग्रेजों की हत्या की। गाँधी इससे चिन्तित थे। इसीलिए नवम्बर, 1928 में उन्होंने नवजीवन में लिखा था, "धन्य है वह, जो अपने चारों ओर जल रही हिंसा की अग्नि के बीच (भी) अहिंसा-धर्म का पालन कर सकता है।"

लाला लाजपत राय की मृत्यु का बदला लेने के लिए सहायक पुलिस अधीक्षक साण्डर्स की हत्या के उपरान्त विशेष रूप से युवकों का आह्वान करते हुए महात्मा गाँधी ने अपने एक लेख में कहा था, "भारत के नौजवानों को समझना होगा कि लालाजी की मृत्यु[21] का बदला स्वतंत्रता को प्राप्त करने से ही चुकाया जा सकेगा। किसी भी देश की स्वाधीनता को मात्र नायकों के एकाकी कार्यों से प्राप्त नहीं किया जा सकता, भले ही वे सच्ची प्रकृति के भी क्यों न हों; तथा न ही उसे कथित नायकों द्वारा (ही) प्राप्त किया जा सकता है।"[22]

दूसरी महत्त्वपूर्ण घटना थी 1929 में लाहौर में हुआ भारतीय राष्ट्रीय काँग्रेस का महाधिवेशन। जवाहरलाल नेहरू की अध्यक्षता में हुए लाहौर काँग्रेस अधिवेशन में एक प्रमुख प्रस्ताव शोषण रूपी अन्याय को मिटाने के सम्बन्ध में था और उसमें सबके लिए समान रूप से स्वाधीनता की माँग की गई थी। स्वाधीनता भी केवल राजनीतिक स्तर पर ही नहीं, अपितु उसमें सामाजिक और आर्थिक क्षेत्रों में स्वाधीनता का समावेश था। स्वतंत्रता की प्राप्ति के लिए महात्मा गाँधी के नेतृत्व को मानने और उनके द्वारा इस संदर्भ में प्रारम्भ किए जाने वाले सविनय अबज्ञा आन्दोलन में भागीदारी करने का करोड़ों भारतीयों का आह्वान किया गया था। प्रस्ताव के एक भाग के अनुसार, "किसी ऐसे शासन के अधीन आगे (कुछ समय के लिए भी) रहना, जो देश के सम्पूर्ण विनाश के लिए उत्तरदायी हो, ईश्वर और मानवता के प्रति अपराध है। हम, तो भी, मानते हैं कि हिंसा देश के लिए स्वाधीनता प्राप्त करने का कारगर उपाय नहीं है। हम, इसीलिए, जहाँ तक भी संभव हो सकेगा, ब्रिटिश सरकार से अपने स्वैच्छिक सम्बन्धों को समाप्त करेंगे, करों की अदायगी न करने सहित, सविनय अवज्ञा की तैयारी करेंगे। हमारा विश्वास है कि यदि हम अपनी स्वैच्छिक सहायता रोकेंगे और हिंसा किए बिना करों का भुगतान नहीं करेंगे, तो भले ही उत्तेजना से, इस अमानवीय शासन का अन्त सुनिश्चित है।"[23]

आन्दोलन के प्रारूप को तैयार करने और उसे प्रारम्भ करने की तिथि के निर्धारण आदि का कार्य महात्मा गाँधी पर छोड़ा गया। जैसा

कि सर्वविदित है, उन्होंने 12 मार्च, 1930 को बहुत सवेरे ही, निर्धारित कार्यक्रमानुसार, अपने अहमदाबाद के साबरमती आश्रम से 241 मील की दूरी तय करते हुए समुद्र तट के किनारे डाण्डी नामक स्थान पर पहुँचने के लिए प्रस्थान किया। उनके साथ 78 और चयनित स्त्री-पुरुष थे। डाण्डी पहुँचकर महात्मा गाँधी को नमक कानून भंग करना था और इस प्रकार सविनय अवज्ञा प्रारम्भ करनी थी। यहाँ हमारे लिए यह जानना आवश्यक है कि डाण्डी के लिए प्रस्थान करने से पहले महात्मा गाँधी ने तत्कालीन वायसराय लार्ड इरविन को अपने प्रस्तावित कार्यक्रम से सम्बन्धित जानकारी दी। उन्होंने 'डाण्डी-कूच' के अपने उद्देश्य को स्पष्ट किया और अहिंसा के प्रति अपनी वचनबद्धता को पुनः दोहराते हुए इरविन को लिखा, "मैं जानता हूँ कि अहिंसा के पीछे चलते हुए मैं वही कर रहा हूँगा, जिसे मूर्खतावश जोखिम कहा जाता है। लेकिन बिना जोखिम उठाए विजय भी कभी नहीं मिली है।"

24 दिनों की अवधि में 241 मील की दूरी तय करके महात्मा गाँधी 5 अप्रैल, 1930 को डाण्डी पहुँचे। वे 10 मील के लगभग प्रतिदिन चलते थे। मार्ग में जगह-जगह जन-सैलाब द्वारा उनका स्वागत किया जाता था। वे जनता को सम्बोधित करते थे; सविनय अवज्ञा का अभिप्राय समझाते थे और उसके माध्यम से स्वाधीनता प्राप्त करने का जनता का आह्वान करते थे। जन-समूह के एकत्रित होने और उसे सम्बोधित करने से महात्मा गाँधी को भरपूर प्रचार मिलता था। न केवल भारत ही, अपितु विदेशों के समाचारपत्र भी उनकी यात्रा से सम्बन्धित समाचारों से भरे होते थे; वे यात्रा के उद्देश्य पर प्रकाश डालते थे। साथ

ही, दूसरे नेतागण भी अपने-अपने क्षेत्रों में योजनाबद्ध रूप में जन-चेतना के कार्य में जुटे थे; जनता की कार्यक्रम के साथ भागीदारी को वे सुनिश्चित कर रहे थे।

6 अप्रैल, 1930 का उषाकालः महात्मा गाँधी ने समुद्र में डुबकी लगाई और तुरन्त ही समुद्र की लहरों द्वारा किनारे पर छोड़े गए नमक में से मुट्ठी भरकर नमक कानून को भंग कर दिया। स्वाभाविक है कि मन में यह प्रश्न उठे कि मुट्ठीभर नमक के उठा लेने से कानून भंग कैसे हो गया? वास्तव में नमक का निर्माण या उसका अधिग्रहण सरकार को कर दिए बिना नहीं हो सकता था। अर्थात, नमक सरकार के नियंत्रण में था और कोई बिना कर दिए उसे ग्रहण करे या उसका निर्माण करे, तो वह कार्य कानून को तोड़ने के समान था। महात्मा गाँधी ने ऐसा ही किया और पूरे संसार को आश्चर्यचकित कर दिया।

वैसे तो मुट्ठीभर नमक उठाना कोई बड़ी बात नहीं थी, लेकिन ऐसा करके दुनिया के सबसे शक्तिशाली साम्राज्य के कानून को तोड़ देना कोई छोटी बात भी नहीं थी। वैसे भी महात्मा गाँधी ने नमक कानून को भंग करने का जो रास्ता चुना, वह अनोखा था, तथा साथ ही कारगर भी था। नमक आम और खास, अमीर या गरीब, सभी के जीवन से जुड़ी अनिवार्य वस्तु है। भारत जैसे देश के आमजन के लिए इसका और भी अधिक महत्त्व है। इससे कोई अछूता नहीं है; और पशुओं तक को इसकी आवश्यकता है। इसलिए यदि कोई कार्यवाही नमक को आधार बनाकर की जाए, तो निश्चित रूप में उसकी ओर सबका ध्यान जाएगा ही। महात्मा गाँधी ने ऐसा ही किया। नमक पर लगने वाले कर

को मुद्दा बनाकर उन्होंने करोड़ों देशवासियों को चेताया। उन्होंने उस पर लगने वाले कर की चिन्ता न करके, उसे सरकारी नियंत्रण से मुक्त कराने का देशवासियों का आह्वान किया। ऐसा करने के पीछे उनका उद्देश्य सरकार को चुनौती देना था और स्वराज्य प्राप्ति के मार्ग पर आगे बढ़ना था।

जैसे ही 6 अप्रैल, 1930 के प्रातःकाल में महात्मा गाँधी ने नमक कानून को तोड़कर सविनय अवज्ञा प्रारम्भ की, वैसे ही सम्पूर्ण देश में तूफान-सा आ गया। जागृत जनता ने जगह-जगह नमक बनाना प्रारम्भ कर दिया। दूसरे रूपों में भी सविनय अवज्ञा की गई। संयुक्त प्रान्त सहित देश के कई भागों में किसानों द्वारा भूराजस्व देने से मना करना इस कड़ी में प्रमुख था। जनता इस समय इतनी उत्साहित थी कि सरकार के भीषण दमनचक्र की उसे कोई चिन्ता न थी। अनेक कर्मचारी और अधिकारी सरकारी सेवाएँ छोड़कर राष्ट्रीय संघर्ष में कूद पड़े थे; सैंकड़ों विधायक त्यागपत्र देकर गाँधीजी के कार्यक्रम के साथ जुड़ गए थे।

सविनय अवज्ञा के प्रथम चरण (1930-31) में लगभग एक वर्ष तक और दूसरे चरण (1931-32) में लगभग दो वर्ष तक जनता संघर्षरत रही। 1931 में 'गाँधी-इरविन समझौते' के परिणामस्वरूप कुछ समय के लिए आन्दोलन को स्थगित किया गया था। लेकिन 1931 में ही दूसरे गोलमेज सम्मेलन की विफलता के उपरान्त महात्मा गाँधी ने इसे पुनः प्रारम्भ करने की घोषणा की थी। काँग्रेस के सूत्रों के अनुसार आन्दोलन की अवधि में नेताओं सहित एक लाख लोगों को बन्दी

बनाया गया, जबकि सरकारी आँकड़ों के अनुसार बन्दियों की कुल संख्या 63,490 थी। दोनों के आँकड़ों में भले ही असमानता हो, लेकिन यह आन्दोलन बहुत तीव्र था। जनता ने इसमें अदम्य साहस का परिचय दिया था। वह स्वाधीनता के द्वार की ओर बहुत (आगे) बढ़ चुकी थी।

जहाँ तक प्रश्न, अहिंसा के प्रयोग की दृष्टि से, इस आन्दोलन को विश्लेषित करने का है, मैं इसे पूर्व के असहयोग कार्यक्रम से कहीं अधिक सफल मानता हूँ। जैसा कि उल्लेख किया गया है, गाँधीजी असहयोग कार्यक्रम से कई सीख ले चुके थे। जनता की शक्ति और अहिंसा के प्रति उसकी वचनबद्धता का उन्हें भान हो चुका था। दोनों, असहयोग तथा सविनय अवज्ञा के मध्य की अवधि, के घटनाक्रम से उन्हें कई वास्तविकताएँ समझ में आई थीं, और उनके ज्ञान के आधार पर ही उन्होंने सविनय अवज्ञा की तैयारी भी की थी। स्वयं अहिंसा और उसकी गतिविधियों से वे बँधे हुए थे। वे यह चाहते थे कि करोड़ों भारतीय जहाँ तक भी अधिकाधिक सम्भव हो सके, अहिंसा के बल पर ही अपने मार्ग पर आगे बढ़ें। लेकिन, जैसा कि कहा है, अनेकता में एकता वाले भारत देश में आशा के अनुकूल सभी लोग अहिंसक व्यवहारों में संलग्न हो जाएँ, ऐसा तो बहुत कठिन है। भले ही महात्मा गाँधी की आशा यह रही हो कि सभी भारतवासी उन्हीं के सिद्धान्त और व्यवहार का अनुसरण करेंगे, लेकिन वैसा तो सम्भव नहीं था। तो भी गाँधीजी की कामना कि "कार्यवाही अहिंसक हो; संघर्षकर्ता अहिंसा के प्रेम वाले पक्ष को सुदृढ़ता से पकड़े रहें और वे हिंसा से अलग रहें,"

महत्त्वपूर्ण थी। इस सन्दर्भ में अपने हृदय के पट खोलते हुए उन्होंने अति सुन्दर शब्दों में सविनय अवज्ञा प्रारम्भ करने से पहले कहा थाः

"कई बार सविनय अवज्ञा में सीधे प्रेम की माँग होती है। यह निश्चिततः खतरनाक है, लेकिन हिंसा के घेरे से अधिक (फिर भी) नहीं। हृदय-विदीर्ण करने वाली आत्मा से अहिंसक रूप में बचाव केवल सविनय अवज्ञा से ही हो सकता है। खतरा एक ही दिशा में होता है और वह है सविनय अवज्ञा के साथ-साथ हिंसा फूट पड़ना। यदि ऐसा होता है, तो फिर आगे के मार्ग का भी मुझे ज्ञान है; बारडोली के समय किए गए अवलोकन की ओर जाने की आवश्यकता नहीं होगी। हिंसा के विरुद्ध देश की स्वाधीनता का अहिंसक संग्राम, भले ही हिंसा का स्रोत कुछ भी हो, तब तक जारी रहना चाहिए, जब तक हमारा एक भी प्रतिनिधि जीवित रहता है। मनुष्य और अधिक कुछ नहीं कर सकता है, लेकिन इससे कम करना विश्वास में कमी को दर्शाएगा।"[24]

सविनय अवज्ञा आन्दोलन महात्मा गाँधी का भारत में दूसरा बड़ा अहिंसक प्रयोग था। जनता की इसमें पहले से अधिक संख्या में भागीदारी हुई थी। इस बार पूर्ण स्वाधीनता को प्राप्त करना मुख्य मुद्दा था। इसमें कुछ हिंसक घटनाएँ भी हुई थीं। लेकिन फिर भी कोई घटना ऐसी नहीं घटी, जिसकी तुलना मोपला से की जा सके। यही नहीं, यदि सरकारी आँकड़ों को उठाकर देखें, तो ज्ञात होता है कि 1930 से 1934 की अवधि के मध्य तीन प्रान्तों-बंगाल, संयुक्त प्रान्त और पंजाब-में केवल 25 लोग ही हिंसक घटनाओं में मारे गए। उत्तर-पश्चिम सीमा-

प्रान्त के पठानों ने खान अब्दुल गफ्फार खान के नेतृत्व में अहिंसा को शिरोधार्य कर आन्दोलन को शक्ति प्रदान की थी।

स्पष्ट है कि अहिंसा का प्रयोग इस बार पहले से अधिक अच्छा रहा था। अहिंसा के माध्यम से जनता में पूर्व की अपेक्षा कहीं अधिक जागृति आई थी। न्याय और स्वाधीनता की प्राप्ति के लिए जनता बड़े पैमाने पर सविनय अवज्ञा के मार्ग पर बढ़ी थी, जो एक अद्वितीय ऐतिहासिक घटना थी; और फिर इस समय उत्पन्न हुई अभूतपूर्व जन-जागृति के बल पर ही, गाँधी के आह्वान पर कुछ ही वर्षों के बाद, ज़नता स्वाधीनता के लिए अन्तिम संघर्ष के लिए घरों से निकल पड़ी थी।

3

वर्ष 1942 में महात्मा गाँधी ने सदियों की पराधीनता मिटाने का भारतीयों का आह्वान किया। उन्होंने पहले तो स्वेच्छा से भारत को छोड़कर चले जाने का अंग्रेजों से अनुरोध किया, लेकिन ऐसा न होने की स्थिति में अभूतपूर्व संघर्ष छेड़ने का दृढ़ निश्चय किया। इसी आन्दोलन को इतिहास में 'अगस्त-क्रान्ति' अथवा भारत छोड़ो आन्दोलन के नाम से जाना जाता है। महात्मा गाँधी के नेतृत्व में जन-कार्यवाही का यह अन्तिम कदम था। पहले दक्षिणी अफ्रीका में उन्होंने अहिंसक प्रयोग किए थे। वहीं उन्होंने अपने सिद्धान्त की सुदृढ़ नींव रखी थी। भारत आकर उनकी कार्यवाही सक्रिय संघर्ष में परिवर्तित हुई और उपनिवेशवादी शासकों के साथ असहयोग उसका प्रथम चरण था। दूसरे चरण में

उन्होंने सविनय अवज्ञा को चुना। जो कानून न्याय न दे सके, लोगों को पराधीनता की बेड़ियों में जकड़े रखे, उसे मानने से ही मना करके गाँधीजी ने सत्ता को सीधी चुनौती दे डाली। उक्त दोनों चरणों में जनता में जागृति उत्पन्न हुई; लोगों को अपनी शक्ति का भान हुआ। अब यदि जागृत होकर जनता अपनी स्थिति का अवलोकन करे, साथ ही यदि उसे अपनी शक्ति का भान हो जाए, तो क्या फिर वह अन्याय सहेगी? क्या वह पराधीन रहना चाहेगी? कदापि नहीं। यही कार्य गाँधी ने किया, लेकिन अहिंसा के माध्यम से।

यह अहिंसा के माध्यम से उत्पन्न हुई जागृति का ही परिणाम था कि पहले 1934 में और फिर बाद में 1937 में हुए केन्द्रीय विधान सभा एवं प्रान्तों की विधान सभाओं के लिए हुए चुनावों में जनता ने अच्छे ढंग से भागीदारी की; अपने प्रतिनिधियों को जनता ने चुना। 1937 के विधानसभाओं के चुनावों में भारतीय राष्ट्रीय काँग्रेस ने जो जन-समर्थन प्राप्त किया, उसका आधार गाँधीजी द्वारा की गई अहिंसक कार्यवाहियों से आई जन-जागृति ही थी। ग्यारह प्रान्तों[25] में से छः में काँग्रेस को पूर्ण बहुमत मिला; तीन प्रान्तों में वह सबसे बड़ी पार्टी के रूप में सामने आई, जबकि शेष दो में भी उसने कई स्थान जीते।

जनता को संवैधानिक प्रक्रिया समझाई गई थी, और लोगों को चुनावों में भाग लेने के लिए तैयार किया गया था। इस सम्बन्ध में जनता में विश्वास भी उत्पन्न किया गया था। संविधान और जन-प्रतिनिधियों का चयन किसी जनतंत्र के लिए महत्त्वपूर्ण शर्तें होती हैं।

न्याय और स्वाधीनता लोकतंत्र के दो मुख्य आधार होते हैं। सच्ची अहिंसा की कल्पना न्याय एवं स्वाधीनता के साथ ही की जा सकती है। इसलिए जनता में संविधान और चुनावों के प्रति विश्वास को जगाने का जो कार्य किया गया, वह एक प्रकार से गाँधीजी की अहिंसा का व्यवहार ही था। करोड़ों भारतीयों ने उक्त प्रक्रिया में भाग लिया और औपनिवेशिक स्थिति में भी जन सरकारें बन सकी थीं। उन सरकारों ने देशवासियों के लिए जो कार्य किए, उनसे जागृति और बढ़ी। इसीलिए गाँधीजी ने कहा भी था, "वह तलवार के शासन के स्थान पर बहुमत का शासन.....है और यदि काँग्रेस स्वतंत्रता के ध्येय की प्राप्ति के लिए नए संविधान के लिए काम करेगी, तो उससे रक्त-रंजित क्रान्ति और विशाल सविनय अवज्ञा से बचा जा सकेगा...।"

सविनय अवज्ञा के स्थगन[26] और भारत छोड़ो आन्दोलन के मध्य की अवधि में भी गाँधी ने कई अन्य प्रयोग किए थे। इन्हीं प्रयोगों में जहाँ राजकोट में हुए सत्याग्रह का उल्लेख किया जा सकता है, वहीं उनके द्वारा छुआछूत की समाप्ति के लिए किए गए आह्वान व कार्यों को भी सम्मिलित किया जा सकता है। छुआछूत की भावना मानव-समानता के सिद्धान्त के विरुद्ध है। इसीलिए इसका अहिंसा के साथ कोई सम्बन्ध नहीं हो सकता। महात्मा गाँधी ने पूरे देश का भ्रमण किया था; उच्च- वर्गीय हिन्दुओं से निडरतापूर्वक इस अमानवीय कुप्रथा को छोड़ने को उन्होंने कहा था। इसी क्रम में, पुणे में, उन पर आक्रमण भी हुआ था, लेकिन अहिंसा के पुजारी गाँधी टस-से-मस नहीं हुए थे। वे अपने मार्ग पर बढ़ते ही रहे थे।

वर्ष 1942 में महात्मा गाँधी द्वारा स्वाधीनता के लिए जनता का अन्तिम संघर्ष हेतु आह्वान करने से पूर्व का घटनाक्रम बहुत रोचक रहा था। इसी में सुभाष चन्द्र बोस सहित दूसरे कई साथियों से अहिंसा के सिद्धान्त एवं व्यवहार के सम्बन्ध में उनके मतभेद, विभिन्न वार्ताओं में उनकी भागीदारी और देश में साम्प्रदायिक स्थिति का जटिल हो जाना सम्मिलित था। जब तक भी सार्थकता दीख पड़े, गाँधीजी क़िसी भी विषय पर किसी से भी वार्ता करने के पक्षधर रहे थे। यही कारण था कि उन्होंने न तो कभी जिन्ना से वार्ता के लिए परहेज किया और न ही स्टैफर्ड क्रिप्स सहित किसी दूसरे अंग्रेज अधिकारी से। वे ऐसा करते भी कैसे? वार्ता अहिंसा की ही तो एक गतिविधि है तथा किसी भी समस्या, वह बड़ी हो या छोटी, के समाधान के लिए उठाया जाने वाला यही तो प्रथम कदम होता है।

जहाँ तक बात अहिंसा के सिद्धान्त एवं व्यवहार की थी, तो उसके सम्बन्ध में महात्मा गाँधी पहले से भी अधिक दृढ़ हो चले थे। वह समय द्वितीय विश्व युद्ध का था और अंग्रेज चाहते थे कि भारतवासी युद्ध में उनकी सहायता करें। इसके बदले में अंग्रेजों ने युद्ध समाप्ति के उपरान्त भारतीयों को उनके भविष्य के लिए आश्वासन दिए थे। लेकिन महात्मा गाँधी व्यक्तिगत रूप में अहिंसा के मूल्य पर स्वाधीनता लेने के पक्ष में भी नहीं थे। उनका मानना था कि भारतवासी उनके नेतृत्व में अहिंसक उपायों द्वारा ही समस्या का समाधान करें। संघर्ष के अन्तिम अथवा तीसरे चरण में वे किसी अन्तर्राष्ट्रीय आक्रमण, यदि वह हो

जाए, का प्रतिकार भी अहिंसक साधनों से ही करने के पक्षधर थे, और इसीलिए उन्होंने अंग्रेजों से कहा था कि वे भारत को छोड़कर चले जाएँ। वे सुभाष चन्द्र बोस के तर्क "कि दुर्बल स्थिति में आ जाने पर शत्रु को पछाड़ना चाहिए", के पक्षधर नहीं थे। वे एक साम्राज्य के विरुद्ध दूसरे साम्राज्य का सहयोग लेने को भी तैयार नहीं थे। अहिंसा में उन्हें पूरा विश्वास था और इसके भरोसे उन्हें सब कुछ मिल जाने की आशा थी। आशा हो भी क्यों नहीं? अहिंसा के महानतम अस्त्र द्वारा ही वे करोड़ों भारतीयों को जागृत कर सके थे; वे उन्हें स्वाधीनता के द्वार तक ले आए थे। इसी कारण जनवरी, 1942 में वर्धा में बुलाई गई अखिल भारतीय काँग्रेस समिति की बैठक में दृढ़तापूर्वक उन्होंने कहा थाः

"अहिंसा हमें स्वराज्य के इतना निकट ले आई है, जितना हम पहले कभी उसके निकट नहीं थे। हमने स्वराज्य के लिए इसका सौदा नहीं किया। इसके बिना प्राप्त स्वराज्य वास्तव में सच्चा स्वराज्य नहीं होगा। प्रश्न यह नहीं है कि हम स्वराज्य के बाद क्या करेंगे? क्या प्रस्तुत शर्तों के अनुरूप हम स्वराज्य प्राप्त करेंगे, प्रश्न यह है। पुनः विचार करें कि क्या अहिंसा को छोड़कर आप सच्चा स्वराज्य पा सकेंगे? मेरे लिए स्वतंत्रता का अर्थ निम्न-से-निम्न और दीन-से-दीन के लिए स्वाधीनता है। इसे युद्ध में सम्मिलित होकर प्राप्त नहीं किया जा सकता। पूर्ण स्वतंत्रता से पूर्व काँग्रेस द्वारा किसी युद्ध में सम्मिलित होने का अर्थ पिछले बीस वर्षों में किए गए कार्य को गड्ढे में फेंक देने के समान है।"

इंग्लैण्ड द्वितीय विश्व युद्ध में एक प्रमुख पक्ष था। उसने 1939 में अपने उपनिवेश के रूप में भारत को भी युद्ध में संलग्न घोषित कर दिया था। उस समय करोड़ों भारतवासियों का प्रतिनिधित्व करने वाली काँग्रेस की प्रान्तों में सरकारें थीं। साम्राज्यवादियों को कम-से-कम इस सम्बन्ध में इन सरकारों से तो परामर्श करना ही चाहिए था। लेकिन ऐसा न करके अंग्रेजों ने एक पक्षीय निर्णय लिया, जिसके परिणामस्वरूप निर्वाचित सरकारों ने अपने कार्यालय छोड़ दिए। दूसरी ओर, महात्मा गाँधी के नेतृत्व में काँग्रेसी आगामी कार्यवाही की रणनीति में जुट गए। व्यक्तिगत सत्याग्रह (1940) इसी रणनीति का परिणाम था। इसके आधार पर युद्ध में भारतीयों को घसीटे जाने की अंग्रेजों की चाल को सत्याग्रहियों ने जनता के सामने रखा, और साथ ही जनता को अन्तिम संघर्ष की तैयारी हेतु जागृत किया।

ब्रिटिश सरकार कई तरह से लीपा-पोती करते हुए, निरर्थक वार्ताओं के क्रम को भी बनाए रही, लेकिन महात्मा गाँधी अंग्रेजों द्वारा देश को छोड़कर चले जाने के लिए दबाव देने हेतु रणनीति बनाने में जुटे रहे। इसी सन्दर्भ में, पूर्व निर्धारित कार्यक्रमानुसार, अन्तिम रणनीति तय करने के उद्देश्य से, 7 और 8 अगस्त, 1942 को अखिल भारतीय काँग्रेस महासमिति का खुला अधिवेशन मुम्बई में हुआ। इसमें समस्त घटनाक्रम का विस्तृत ब्यौरा प्रस्तुत किया गया। अन्ततः ब्रिटिश शासन को अन्याय का प्रतीक घोषित करते हुए यह कहा गया कि ऐसे शासन की भारत में निरन्तरता प्रतिष्ठा को घटा रही है, और भारत को अपनी सुरक्षा हेतु निरन्तर अक्षम बनाने के साथ ही, विश्व की स्वाधीनता में

इसके योगदान को मिटा रही है। इसमें अंग्रेजों से तुरन्त भारत छोड़कर चले जाने को कहा गया तथा वे ऐसा नहीं करें, तो पहले ही पारित प्रस्ताव के अनुसार, "वर्ष 1920 से, जबसे राजनीतिक अधिकारों और स्वतंत्रता के लिए भारतीय राष्ट्रीय काँग्रेस द्वारा अहिंसा को साधन के रूप में स्थापित किया गया, लेकर अब तक किए गए सभी प्रकार के अहिंसक उपायों को (पुनः) आधार बनाने के लिए वह (काँग्रेस) विवश होगी। ऐसा व्यापक संघर्ष महात्मा गाँधी के नेतृत्व में प्रारम्भ होगा... ।"

8 अगस्त, 1942 को समिति की बैठक देर रात तक चली थी। 9 अगस्त का सूर्य उदित भी नहीं हो पाया था कि सरकार ने दमनचक्र चला दिया। महात्मा गाँधी और उनके साथी कोई कार्यवाही न कर सकें, इसलिए उन्हें सवेरे-सवेरे ही बन्दी बनाना प्रारम्भ कर दिया गया। अपनी गिरफ्तारी के समय गाँधीजी ने देश के आम व खास, सभी, लोगों का आन्दोलन में सम्मिलित होकर अंग्रेजों को भारत छोड़ने को बाध्य करने का आह्वान किया। उन्होंने विशेष रूप से यह कहा कि स्वतंत्रता उनके लिए जीवन और मृत्यु का प्रश्न है। इसलिए उन्हें चाहिए कि वे या तो सक्रिय होकर स्वाधीनता प्राप्ति के लिए मैदान में आ जाएँ, अथवा मृत्यु का आलिंगन करें। उनके नारे 'करो या मरो' का यही अभिप्राय था।

महात्मा गाँधी अपने जीवन के अन्तिम संघर्ष को अपने ही निर्देशन में तथा अहिंसा की परिधि के भीतर प्रारम्भ कराएँ, इसका उन्हें अवसर नहीं मिला था। फिर भी पिछले लगभग 25 वर्षों में विभिन्न अवसरों पर कई प्रयोग करके उन्होंने जनता को जागृत किया था। स्वाधीनता पाने के लिए करोड़ों लोग तैयार हो चुके थे। इसलिए उनकी

अनुपस्थिति में भी उनके आदेश के अनुपालन में 9 अगस्त, 1942 की सुबह से ही भारत छोड़ो आन्दोलन प्रारम्भ हुआ था। देशवासियों में इतना उत्साह था कि उनके सामने सरकार लाचार बन गई थी। अदम्य साहस का परिचय देते हुए, सरकारी आँकड़ों के अनुसार, प्रथम चरण में ही लगभग 65 हजार लोग जेल गए थे। चूँकि कोई बड़ा नेता जेल से बाहर नहीं था, इसलिए नेतृत्वविहीन इस संघर्ष में कई स्थानों पर हिंसक घटनाएँ हुईं। उत्तेजित जनता ने सैंकड़ों रेलवे स्टेशन, डाकघर और सरकारी कार्यालय नष्ट कर दिए। कुल मिलाकर 538 बार सेना व पुलिस ने जनता पर गोलियाँ बरसाईं। जनता फिर भी थामे-न-थमती थी। उसने देश को स्वतंत्रता के द्वार के सामने लाकर खड़ा कर दिया। महात्मा गाँधी का सिद्धान्त दक्षिणी अफ्रीका में निष्क्रिय संघर्ष के रूप में सफल होकर विश्व के सामने आया था, लेकिन वही सिद्धान्त भारत में सक्रिय कार्यवाही के रूप में विकसित हुआ; असहयोग तथा सविनय अवज्ञा उसके बढ़ते हुए चरण थे। इन्हीं दोनों का समन्वय करोड़ों जागृत भारतीयों द्वारा 1942 में छेड़े गए आन्दोलन में हुआ था। निश्चित रूप से एक पवित्र साधन के रूप में अहिंसा को अपनाने वाले भारतीयों को अंग्रेज आगे पराधीन रखने में सक्षम नहीं रह गए थे। अन्ततः अंग्रेजों ने भारत से पलायन का निर्णय लिया। भारत की स्वाधीनता के लिए कुल मिलाकर यह एक अहिंसक क्रान्ति थी। इसका मूल्य थोड़े में नहीं आँका जा सकता। विशेषरूप से इसलिए कि भारत एक बड़ा देश है, इसमें विभिन्न विचारों, विश्वासों, मतों और वर्णों वाले लोग रहते हैं; ऐसी स्थिति में भी महात्मा गाँधी के इस देश में प्रयोग अद्वितीय व आश्चर्यजनक रहें और संसार भर में अन्याय की समाप्ति के लिए

अनुकरणीय सिद्ध हुए। विभिन्न अवसरों पर उनके प्रयोग जब पराधीन देश के निवासियों को न्याय दिलाने में सक्षम रहे, तो अब प्रजातंत्रात्मक पद्धति के अन्तर्गत उनकी महत्ता कितनी अधिक बढ़ जाती है, इस वास्तविकता को भली-भाँति समझना ही चाहिए।

सन्दर्भ

1. *वर्ष 1919 में।*
2. *यंग इण्डिया और नवजीवन।*
3. *यंग इण्डिया, जून 23, 1920*
4. *यंग इण्डिया, मई 5, 1920*
5. *वही उपरोक्त।*
6. *अहिंसा।*
7. *यंग इण्डिया, अगस्त 4, 1920*
8. *राष्ट्रीय।*
9. *वर्ष 1921 के जुलाई माह में कराची में हुए अखिल भारतीय खिलाफत सम्मेलन में मुहम्मद अली जौहर ने मुसलमान सैनिकों का भारतीय सेना को छोड़ देने का आह्वान किया और ऐसा करना धार्मिक दृष्टि से भी आवश्यक बताया था।*
10. *महात्मा, खण्ड-2, पृष्ठ 82*
11. *इस विद्रोह में 2,226 लोग मारे गए थे; 1,615 घायल हुए; 5,688 गिरफ्तार किए गए और 38,256 लोगों ने कार्यवाही के बाद अधिकारियों के सामने आत्म-समर्पण किया था।*
12. *यंग इण्डिया, जनवरी 19, 1922*
13. *वही उपरोक्त।*
14. *वही।*
15. *विट्ठलभाई पटेल और वल्लभभाई पटेल।*
16. *यंग इण्डिया, फरवरी 16, 1922*
17. *वही उपरोक्त।*

18. वही।

19. दोनों, पूरब व पश्चिम में।

20. जॉन साइमन के नेतृत्व में एक संसदीय आयोग भारत में द्विस्तरीय शासन पद्धति के कार्य एवं भविष्य में उठाए जाने वाले संवैधानिक कदमों के बारे में आख्या देने के उद्देश्य से 3 फरवरी, 1928 को भारत पहुँचा। चूँकि इस आयोग के सभी सदस्य अंग्रेज थे और इससे भारतीयों को कोई न्याय मिलने की आशा नहीं थी, इसलिए हिन्दुस्तानियों ने इसके बहिष्कार का निर्णय लिया था।

21. लाला लाजपत राय, जिन्हें भारतवासी प्यार से 'लालाजी' एवं 'पंजाब-केसरी' के नाम से भी पुकारते थे।

22. यंग इण्डिया, फरवरी 20, 1928

23. प्रस्ताव के विस्तार के लिए परिशिष्ट संख्या आठ को देखें।

24. यंग इण्डिया, फरवरी 20, 1930

25. संयुक्त प्रान्त, मद्रास, मध्य प्रान्त, बिहार, बम्बई, उड़ीसा, असम, उत्तर-पश्चिम सीमा, प्रान्त, सिन्ध, बंगाल एवं पंजाब।

26. वर्ष 1933 में।

****

अध्याय-पाँच

गाँधी, अहिंसा और लोकतंत्र

शान्ति के आधारों—स्वाधीनता एवं न्याय-के विशेष सन्दर्भ में।

हमने महात्मा गाँधी की अहिंसा को सिद्धान्त एवं व्यवहार में विश्लेषित किया; अहिंसा के आधार पर उनके द्वारा दक्षिणी अफ्रीका व भारत में किए गए प्रयोगों से हमारा परिचय हुआ। उन परिस्थितियों का, जो उनके दोनों स्थानों पर प्रयोगों के समय थीं, हमारे समक्ष खुलासा हुआ। जहाँ दक्षिणी अफ्रीका में अन्यायी कानूनों को बदलवाने व समाप्त कराने में गाँधी सफल रहे, वहीं वे भारत के आमजन को अहिंसा के बल पर जागृतकर इसकी स्वाधीनता सुनिश्चित कर सके। भारतीयों को न्याय मिला। शताब्दियों की पराधीनता से हिन्दुस्तान 1947 में मुक्त हुआ। यहाँ की परिस्थितियाँ परिवर्तित हो गईं। स्वतंत्र हिन्दुस्तान ने लोकतंत्रात्मक व्यवस्था को अपनाया। लोकतंत्र, अब्राहम लिंकन की सर्वश्रेष्ठ परिभाषा के अनुसार, "जनता का, जनता के लिए और जनता के द्वारा शासन है।" इसमें कोई सन्देह नहीं है कि आज तक की सबसे अच्छी शासन पद्धति लोकतंत्र ही है। समानता के लिए, सर्वकल्याण के लिए, न्याय की स्थापना के लिए व शान्ति की सुनिश्चितता के लिए जितनी सम्भावनाएँ लोकतंत्रात्मक शासन में हैं, कदाचित् उतनी किसी

और व्यवस्था में नहीं हैं। इस सन्दर्भ में यदि हम पुष्टि करना चाहें, तो हमें अधिक दूर जाने की आवश्यकता नहीं होगी। बीसवीं शताब्दी में ही उन अनेक राष्ट्रों, जो लोकतंत्र की व्यवस्था के विपरीत गए, के अनुभव हमारे सामने हैं, मैं और आप उन अनुभवों से परिचित हैं।

लोकतंत्र के इतिहास को लगभग दो हजार वर्ष पुराना स्वीकार किया जाता है। ऐसा कहा जाता है कि प्रजातंत्र यूनान के छोटे-छोटे नगर-राज्यों से प्रारम्भ हुआ था। लेकिन वास्तविकता यह है कि इससे भी पहले प्रजातंत्र के भारत में होने के प्रमाण हैं।[1] अतिविशेष रूप से मैं इस सन्दर्भ में बुद्धकालीन भारत का उल्लेख कर सकता हूँ, लेकिन कोई विस्तृत विश्लेषण करने की यहाँ कोई आवश्यकता नहीं है। दो हजार या दो हजार पाँच सौ वर्ष पूर्व इस पद्धति को अपनाए जाने के बाद से इसमें निरन्तर विकास हुआ। आज विश्व के अधिकांश राष्ट्र लोकतंत्रात्मक पद्धति के अन्तर्गत हैं और वह इसलिए, क्योंकि यही अभी तक की श्रेष्ठ व्यवस्था है। इसका आधार जनता है; जनता की सहमति है, भले ही सहमति का अन्तिम पैमाना बहुमत ही क्यों न हो? जहाँ सहमति होती है, वहाँ निश्चिततः न्यूनाधिक अहिंसा की उपस्थिति रहती है। इसलिए अहिंसा एवं लोकतंत्र को एक-दूसरे से पृथक नहीं किया जा सकता। यह बात और है कि व्यवस्था जितनी अधिक अहिंसा पर निर्भर करेगी, वह उतनी ही अधिक सफल मानी जाएगी; वह लाभकारी सिद्ध होगी। लेकिन यहाँ, इस सम्बन्ध में, पूर्ण अहिंसा की बात मैं नहीं कर रहा हूँ।

जहाँ तक सम्बन्ध महात्मा गाँधी का है, वे उन सभी संस्थाओं को, जो मनुष्यकृत हैं, खतरे से खाली नहीं मानते। प्रजातंत्र के बारे में भी ऐसा ही है। स्वयं उन्हीं के शब्दों में, "मनुष्य की बनाई हुई कोई भी संस्था ऐसी नहीं है, जिसमें खतरा न हो। संस्था जितनी बड़ी होगी, उसके दुरुपयोग की सम्भावनाएँ भी उतनी ही अधिक होंगी। लोकतंत्र एक बड़ी संस्था है, इसीलिए उसका दुरुपयोग भी हो सकता है।"[2]

अब जैसा कि हम जानते हैं, विश्व में कहीं भी राज्यविहीन लोकतंत्र नहीं है और महात्मा गाँधी राज्य को ही स्वयं एक बड़ी बुराई मानते हैं। वे कहते हैं, "राज्य केन्द्रीकृत और संगठित हिंसा का प्रतीक है...।"[3] और "(यह) आत्माविहीन मशीन है। इसीलिए यह हिंसा से मुक्त हो, यह सम्भव नहीं है। इसका अस्तित्व ही हिंसा पर निर्भर करता है।"[4]

महात्मा गाँधी, जैसा कि विदित है, पलभर के लिए भी अहिंसा से अलग नहीं रह सकते; इसके बिना वे कदम भर भी आगे नहीं बढ़ सकते। ऐसी स्थिति में अहिंसा पर आधारित समाज की, जो उनके स्वप्न का रामराज्य है, स्थापना राज्य जैसी संस्था के उपस्थित रहते कैसे हो सकती है? ऐसे रामराज्य[5] में मनुष्य को ही नहीं, कुत्ते को भी न्याय मिलेगा। कहना न होगा कि चारों ओर अहिंसा का बोलबाला होगा; नागरिकों में नैतिकता तथा सदाचार के गुण विकसित होंगे। राज्य रूपी संस्था की दीवारें टूट जाएँगी तथा 'वसुधैव कुटुम्बकम्' की अवधारणा साकार हो सकेगी।

लेकिन ऐसी अवस्था आएगी कब? मैं समझता हूँ कि स्वयं गाँधीजी इसके बारे में निश्चित नहीं थे। लेकिन वास्तविकता से मुँह न मोड़ते हुए, उन्होंने वर्तमान समय के लोकतंत्र के महत्त्व को स्वीकार किया, भले ही तब तक कि जब तक उनके सपनों का रामराज्य स्थापित न हो जाए। ऐसा करना उनके लिए आवश्यक भी था। लोकतंत्र और अहिंसा एक-दूसरे से जुड़े हुए हैं। गाँधी स्वयं दृढ़तापूर्वक यह स्वीकार करते थे। इसीलिए उन्होंने जहाँ लोकतंत्र में दुरुपयोग की सम्भावना की बात की, वहीं यह भी कहा, "लेकिन इसका उपचार लोकतंत्र से बचना नहीं है, अपितु दुरुपयोग की सम्भावना को कम-से-कम करना है।"[6]

लोकतंत्र के विषय में महात्मा गाँधी ने कोई ग्रन्थ नहीं लिखा और न ही इसके बारे में विशेष लेख लिखे। तो भी समय-समय पर इस व्यवस्था के सम्बन्ध में उन्होंने अपने विचार प्रकट किए और ऐसा करते समय कई बार वे इसके विस्तार में भी गए। इसमें महत्त्वपूर्ण बात यह रही कि भले ही थोड़ा कहा या लिखा हो, लेकिन उन्होंने लोकतंत्र से जुड़े समस्त प्रमुख बिन्दुओं को छुआ अवश्य है। प्रजातंत्र की त्रुटियाँ कैसे दूर हों? वह अपने वास्तविक स्वरूप को प्राप्त कैसे हो? वह अहिंसा से कैसे अधिकाधिक जुड़ पाए, और प्रत्येक नारी व नर के लिए स्वतंत्रता तथा न्याय को सुनिश्चित करते हुए, लोकतंत्र किस प्रकार शान्ति की स्थापना का माध्यम बने? इन सभी मुद्दों पर उन्होंने सारगर्भित व मूल्यवान सुझाव दिए। उन्हें स्वयं अपने जीवनकाल में[7] जितने भी अनुभव लोकतंत्र रखने वाले देशों की कार्यप्रणाली से हुए, उन सभी को सुझाव

देते समय उन्होंने ध्यान में रखा। भारतीय परिस्थितियों को वे गहराई से जानते थे। इसीलिए भारत के सन्दर्भ में उन्होंने विशेष रूप से कहा और लिखा। आइए! संक्षेप में महात्मा गाँधी एवं लोकतंत्र के बारे में समालोचनात्मक चर्चा करें।

प्रजातंत्र के बारे में एक स्थान पर गाँधीजी ने लिखा है, "सार रूप से प्रजातंत्र वह विज्ञान और कला है, जिसमें जनता के समस्त वर्गों की सारी शारीरिक, आर्थिक और आध्यात्मिक शक्ति सबके सामान्य हित में प्रयुक्त होती है।"[8] एक अन्य स्थान पर उन्होंने कहा है, "प्रजातंत्र की भावना (कोई) ऐसी यंत्रवत चीज नहीं है, जिसे आकारों की समाप्ति द्वारा अनुकूल बनाया जाता हो। इसमें हृदय-परिवर्तन की आवश्यकता होती है मन में भाईचारे की भावना को बैठाना होता है।"[9]

स्पष्ट है कि महात्मा गाँधी का प्रजातंत्र, वास्तव में सर्वकल्याण को संमर्पित होता है। इसमें सभी क्षेत्रों में—सामाजिक, राजनीतिक और आर्थिक सहित-सबकी उन्नति का द्वार खुला होता है; सभी जन-साधनों का इसमें उपयोग होता है एवं समानता के साथ स्वतंत्रता को इसमें उच्च स्थान प्राप्त रहता है। लेकिन इसके लिए अनुशासन तथा साथ ही विनम्रता का होना भी जरूरी है। स्वयं महात्मा गाँधी के शब्दों में, "स्वतंत्रता की उच्च श्रेणी के साथ अनुशासन एवं विनम्रता की उच्चतम मात्रा (भी) रहती है। अनुशासन और विनम्रता से उत्पन्न स्वतंत्रता को नकारा नहीं जा सकता है, अनियंत्रित स्वेच्छाचारिता गुण्डागर्दी की निशानी है, जो स्वयं के साथ ही पड़ोसी के लिए भी हानिकारक है।"[10] दूसरे शब्दों में, "अनुशासित और जागृत प्रजातंत्र दुनिया की श्रेष्ठ चीज

है। जो प्रजातंत्र पक्षपातपूर्ण हो, उदासीन एवं अंधविश्वासी हो, वह अव्यवस्था का शिकार होगा तथा स्वयं ही समाप्त हो जाएगा।"[11]

महात्मा गाँधी के इन कथनों से पुनः स्पष्ट होता है कि वे लोकतंत्र को नैतिक-मूल्यों से सम्पुष्ट करना चाहते हैं। साथ ही वे सदाचार का समावेश इसमें चाहते हैं। अन्ततः नैतिकता और सदाचार, दोनों, अहिंसा के अभिन्न अंग हैं; वास्तविक स्वतंत्रता और न्याय की सम्भावना नैतिकता एवं सदाचार से युक्त शासन में ही हो सकती है। इसलिए व्यक्तिगत ही नहीं, सामाजिक जीवन में ह्रास का कारण नैतिकता एवं सदाचार जैसे मूल्यों में गिरावट का आ जाना है। प्रजातंत्रात्मक शासन पद्धति वाले कई राष्ट्रों की गतिविधियों को इसी परिप्रेक्ष्य में देखा जा सकता है। इसलिए महात्मा गाँधी के शब्दों को हल्के तौर पर नहीं लिया जा सकता। कम-से-कम मेरा अपना तो यही मत है। यह सम्भव है कि आपको ऐसा लगे कि गाँधीजी का नैतिकता और सदाचार पर आवश्यकता से अधिक बल है; अथवा जितनी कल्पना इस सम्बन्ध में गाँधीजी करते हैं, वह व्यवहार में सम्भव नहीं है। या प्रजातंत्र को उस सीमा तक अहिंसा के साथ नहीं बाँधा जा सकता है, जितनी इसे बाँधने की गाँधीजी की इच्छा है। मैं आपके दृष्टिकोण का सम्मान करते हुए एक बार यह मान लेता हूँ कि आज की परिस्थितियों में गाँधी की इच्छा का प्रजातंत्र सम्भव नहीं है। कदाचित् नैतिक-मूल्यों के विकास के बिना निकट भविष्य में भी ऐसा सम्भव न हो। स्वयं महात्मा गाँधी (भी) मानते थे, "..... कोई सरकार पूर्णतः अहिंसक

बनकर सफल नहीं हो सकती, क्योंकि इसमें समस्त जनता का प्रतिनिधित्व होता है। मैं (शीघ्र ही) ऐसे स्वर्ण युग की कल्पना (भी) नहीं करता हूँ। लेकिन मेरा दृढ़ विश्वास अहिंसक समाज की सम्भावना में भी है और इसके लिए मैं कार्य कर रहा हूँ।"[12] लेकिन फिर भी प्रजातंत्र के विभिन्न अंगों की सुदृढ़ता के लिए जो विचार गाँधीजी ने हमारे समक्ष प्रस्तुत किए, वे भारत और शेष विश्व के लिए, महत्त्वपूर्ण व प्रासंगिक है; उन विचारों से मुँह नहीं मोड़ा जा सकता है। अन्ततः महात्मा गाँधी के विचार श्रेष्ठ या उच्च स्वतंत्रता[13] और न्याय[14] को सबके लिए सुलभ बनाने वाले हैं। आइए! इस सम्बन्ध में उनके विचारों पर आगे बढ़ें।

जन-शासन में समस्त जनता की भागीदारी हो, इसके लिए सत्ता का विकेन्द्रीकरण सबसे महत्त्वपूर्ण और अनिवार्य शर्त है। सत्ता का केन्द्रीकरण वास्तव में जनतंत्र के लिए सबसे बड़ी चुनौती है, क्योंकि केन्द्रीकरण की प्रवृत्ति हिंसक शक्ति की प्रतीक होती है और हिंसा का सच्चे लोकतंत्र में कोई स्थान नहीं हो सकता। हिंसा पर निर्भर लोकतंत्र के लिए सहमत कोई व्यक्ति सामान्यजन के स्वर का सम्मान नहीं कर सकता। इसीलिए महात्मा गाँधी सत्ता के विकेन्द्रीकरण का आह्वान करते हैं। उनका कहना है:

"जब तक सत्ता में सबकी भागीदारी नहीं होती है, सच्चे प्रजातंत्र की स्थापना सम्भव नहीं है, लेकिन प्रजातंत्र भीड़तंत्र न बने, इस बात का भी ध्यान रखना चाहिए। अछूत या श्रमिक का भी, जो आपकी

रोजी में सहायक बनता है, स्वशासन में भाग है। लेकिन आपको उनके जीवन को छूना होगा, उनके पास जाना होगा, उनके उन झोंपड़ों को देखना होगा, जिनमें वे बन्द रहते हैं। मानवता के इस पक्ष को देखना भी आप पर निर्भर करता हैं। उनके जीवन को सुधारना या बिगाड़ना आपके लिए सम्भव है।"[15]

महात्मा गाँधी जब सत्ता के विकेन्द्रीकरण की बात करते हैं, तो इससे उनका अभिप्राय राजनीतिक और आर्थिक, दोनों, क्षेत्रों में विकेन्द्रीकरण से होता है। आर्थिक सत्ता में उत्पादन, विनिमय, विभाजन और उपभोग सम्मिलित होते हैं। ये तत्त्व मनुष्य के अस्तित्व के लिए और उसके विकास के लिए आवश्यक होते हैं। यही नहीं, सामाजिक सम्बन्धों की स्थापना में भी ये तत्त्व महत्वपूर्ण हैं। इसीलिए महात्मा गाँधी समस्त सम्पदा को समाज की मानते हैं; किसी एक व्यक्ति या व्यक्ति-समूह के उस पर अधिकार को वे नहीं स्वीकारते हैं। जिनके पास सम्पदा है, वे उसके स्वामी नहीं, अपितु न्यासी हैं। गाँधीजी का न्यासी का सिद्धान्त इसी अवधारणा पर आधारित है। इस सम्बन्ध में और अधिक विस्तार से जानने के लिए उनके दो प्रासंगिक लेखों को मैं परिशिष्ट में रख रहा हूँ।[16]

अब समाज ने जो उत्पादन किया है, उसका उससे जुड़े सभी लोगों में बँटवारा भी होना चाहिए; और यदि ऐसा सम्भव न हो, तो कम-से-कम सामाजिक रूप से हुए उत्पादन का समान रूप में (तो) बँटवारा अवश्य ही होना चाहिए। उन्हीं के शब्दों में, "मेरे मतानुसार भारत का आर्थिक ढाँचा, और संसार का भी, ऐसा होना चाहिए कि

जिसमें किसी को भी रोटी और वस्त्र के लिए कठिनाई नहीं उठानी पड़े। दूसरे शब्दों में, प्रत्येक को इतना काम मिलना चाहिए, जिसके करने से वह दोनों समय अपने पेट को भर सके; और इस सिद्धान्त को विश्वव्यापी स्तर पर तभी स्वीकृति मिल सकती है, जब मूलभूत आवश्यकताओं की पूर्ति करने वाली वस्तुओं के उत्पादन का नियंत्रण जनता के हाथ में हो। वे उसी तरह सबको उपलब्ध होनी चाहिए, जैसे ईश्वर की ओर से उपहार के रूप में हवा और पानी मिला हुआ है, या मिल सकता है। उन पर किसी देश, राष्ट्र या व्यक्ति-समूह का एकाधिकार अन्यायपूर्ण है। इस साधारण सिद्धान्त की अनदेखी विनाश का कारण है जिसे हम न केवल इस खुशहाल धरती पर महसूस करते हैं, अपितु विश्व के अन्य भागों में भी देखते हैं।"[17]

राजनीतिक सत्ता के विकेन्द्रीकरण से महात्मा गाँधी का अभिप्राय शासन-संचालन में प्रत्येक की भागीदारी से है। यही वास्तविक लोकतंत्र के लिए कसौटी भी है। इसमें जनता की स्वतंत्रता की अधिकाधिक रक्षा हो सकती है। महात्मा गाँधी के शब्दों में, "... जब जनता के हाथ में राजनीतिक सत्ता आती है, तो जनता की स्वतंत्रता में हस्तक्षेप कम हो जाता है। दूसरे शब्दों में, जो राष्ट्र अपने मामलों का सुदृढ़ता से और अच्छे ढंग से संचालन करता है और नागरिक स्वतंत्रता में कम-से-कम हस्तक्षेप करता है, वहीं सच्चा लोकतंत्र होता है। लेकिन जहाँ ऐसा नहीं होता है, वहाँ नाममात्र का ही प्रजातंत्र होता है।"[18]

महात्मा गाँधी का विचार था कि शक्तिका केन्द्रीकरण व्यक्तियों को गूँगा व बहरा बना देता है; अपनी ठीक नाक के नीचे की चीजें भी

ऐसे लोगों को दिखाई नहीं देती हैं, और न ही वे कानों से ठीक से सुन पाते हैं। इसी प्रकार की स्थिति सरकारी सत्ता के केन्द्रीकृत रूप की भी है। इसका अच्छा समाधान है सत्ता का अधिकाधिक विकेन्द्रीकरण हो। ग्रामों[19] से लेकर राष्ट्रीय स्तर तक परिपक्व राजनीतिक इकाइयाँ सत्ता में भागीदारी करें, प्रत्येक को सत्ता में अपनी भागीदारी का भान हो तथा अपने महत्त्व का ज्ञान हो।

राजनीतिक सत्ता को गाँधीजी साध्य के रूप में स्वीकार नहीं करते। उनकी दृष्टि में यह राष्ट्र के प्रतिनिधियों के माध्यम से राष्ट्रीय जीवन को नियंत्रित करने का साधन है। उन्हीं के शब्दों में, "मेरे लिए राजनीतिक सत्ता साध्य नहीं है, अपितु जीवन के हर क्षेत्र में जनता को अपनी स्थिति सुधारने में सहायता करने का एक साधन है। राजनीतिक सत्ता का अर्थ राष्ट्रीय प्रतिनिधियों द्वारा राष्ट्रीय जीवन को नियंत्रित करने की क्षमता है। यदि राष्ट्रीय जीवन इतना सक्षम हो जाए कि उसका संचालन स्वयं ही हो सके, तब किसी प्रतिनिधित्व की आवश्यकता ही नहीं है। ऐसे एक राज्य में प्रत्येक स्वयं अपना शासक है; वह अपने मामलों का स्वतः ही इस तरह नियमन करता है कि अपने पड़ोसी के लिए कोई बाधा नहीं बनता है। आदर्श राज्य में, इस प्रकार, राजनीतिक सत्ता नहीं होती, क्योंकि वहाँ कोई राज्य ही नहीं होता। लेकिन आदर्श को जीवन में पूर्णतः अनुभव ही नहीं किया गया है। इसलिए थोरो का प्रथागत वक्तव्य कि ''वही सरकार अच्छी है, जो कम शासनं करती है'', विचारणीय है।"[20]

प्रतिनिधित्व एवं जनमत

प्रतिनिधित्व एवं जनमत, दोनों, की लोकतंत्रात्मक शासन के निर्माण में और उसके संचालन में भी अति महत्त्वपूर्ण भूमिका होती है। इसलिए महात्मा गाँधी ने इस सम्बन्ध में विश्व के समक्ष अपने विचार रखे। प्रतिनिधित्व के सम्बन्ध में उन्होंने कहा, "यह मेरी समझ से बाहर की बात है कि प्रतिनिधियों की बड़ी संख्या किसी भी रूप में कार्य संचालन के लिए सहायक हो सकती है, अथवा इससे प्रजातंत्र के सिद्धान्त की सुरक्षा हो सकती है। मात्र पन्द्रह सौ जनहित की समझ रखने वाले, सचेत और सच्चे प्रतिनिधि प्रजातंत्र की सुरक्षा के लिए छः हजार चुने हुए गैर जिम्मेदार लोगों से अच्छे सिद्ध हो सकते हैं। प्रजातंत्र की रक्षा के लिए जनता को स्वतंत्रता की तीव्रता से समझ होनी चाहिए; आत्म-सम्मान और एकता की प्रबल भावना उसमें रहनी चाहिए। साथ ही उसे चाहिए कि वह उन प्रतिनिधियों का चयन करे, जो अच्छे व सच्चे हों।"[21]

स्पष्ट है कि जनतंत्र में श्रेष्ठ प्रतिनिधित्व की स्थापना के लिए जनता में चेतना का होना आवश्यक है। फिर लोकतंत्र के अभिप्राय से जनता परिचित हो, और ऐसा करके ही वह अपने सच्चे प्रतिनिधियों का चयन करे, क्योंकि यदि सच्चे प्रतिनिधि होंगे, तो वे अपना सही कर्त्तव्य भी निभा सकेंगे, भले ही संख्या में वे कम हों। इसलिए प्रतिनिधित्व के सिद्धान्त में महात्मा गाँधी संख्या को अधिक महत्त्व नहीं देते हैं। वे उन्हीं प्रतिनिधियों को चाहते हैं, कहना न होगा कि वे भले ही संख्या में कम

हों, जो जनहित की अधिकाधिक पूर्ति कर सकें। अन्ततः जनहित ही तो प्रजातंत्र की मूल भावना होती है।

स्वस्थ जनमत ही, वास्तव में, राज्य और सरकार को नियंत्रित कर सकता है। यदि समाज को शुद्ध और स्वस्थ रखना हो, तो ऐसा केवल जनमत द्वारा ही सम्भव हो सकता है, क्योंकि जनमत की अवहेलना कर पाना राज्य या सरकार के लिए सरल नहीं है। महात्मा गाँधी के शब्दों में, "कोई लोकप्रिय राज्य जनमत की इच्छा के विरुद्ध कार्य नहीं कर सकता। यदि वह ऐसा करता है, तो उसका विनाश हो जाएगा।"[22]

वास्तव में सूचित, स्वस्थ और परिपक्व समालोचना ही सार्वजनिक जीवन का आधार है। कोई भी सच्चा प्रजातंत्र बिना स्वस्थ आलोचना के सफल नहीं हो सकता। यदि स्वस्थ आलोचना न हो, तो प्रजातंत्र के अपने वास्तविक स्वरूप को खो देने का भय रहता है। इसीलिए इसे सचेत करने की निरन्तर आवश्यकता रहती है; और शासन जनाकांक्षा के अनुरूप कार्य न करे, तो फिर उसे जीवनदान देने वालों को अपनी शक्ति का भान होना ही चाहिए। बिना जनेच्छा के, जैसा कि कहा है, राज्य या सरकार पलभर के लिए भी नहीं टिक सकती।

लेकिन प्रश्न यह है कि वास्तविक जनमत का निर्माण कैसे किया जाए? इस सम्बन्ध में महात्मा गाँधी का कहना है कि केवल सही शिक्षा ही इस कार्य को कर सकती है। यह आवश्यक भी है, क्योंकि यदि सही शिक्षा न मिले, तो जनमत दूसरी राह पर जा सकता है; और ऐसी

स्थिति में इसे सहन कर पाना अत्यन्त ही कठिन होगा। उन्हीं के शब्दों में, "स्वस्थ जनमत ऐसा प्रभावशाली होता है कि जिसकी पूर्ण महत्ता को हमने (अभी) अनुभव नहीं किया है... जनमत उस समय असहनीय हो सकता है, जब वह आक्रामक व हिंसक हो जाए।"[23]

प्रजातंत्र, बहुमत और विधायन

निश्चित रूप से बहुमत का सिद्धान्त प्रजातंत्रात्मक शासन में महत्त्वपूर्ण भूमिका का निर्वाह करता है; अर्थात लोकतंत्र की स्थापना का पैमाना बहुमत का निर्णय होता है, लेकिन बहुमत जो भी निर्णय कर दे, क्या उसे स्वीकार किया जाए?[24] महात्मा गाँधी कहते हैं कि एक सीमा तक बहुसंख्यक दल का निर्णय स्वीकार करना चाहिए, लेकिन प्रजातंत्र में मनमानी को कोई स्थान नहीं हो सकता, भले ही वह बहुमत प्राप्त दल की ही हो। बहुमत के निर्णय को चर्चा के सन्दर्भ में स्वीकार करने में कोई हानि नहीं है, ऐसा भी उनका मानना है। इसी के साथ, यह ध्यान रखा (ही) जाना चाहिए कि प्रत्येक की व्यक्तिगत स्वतंत्रता की रक्षा सावधानीपूर्वक हो; और ऐसा न हो पाने की स्थिति में, "अल्पसंख्यकों को बहुसंख्यकों के विपरीत जाने का पूरा-पूरा अधिकार है।"

दोनों–बहुसंख्यक एवं अल्पसंख्यक–एक साथ मिलकर चलें और शोषणमुक्त समाज की स्थापना में योगदान करें, इस हेतु गाँधीजी का कहना है, "हमें आदेश के सिद्धान्त को मूर्खतापूर्ण तीव्रता से लागू नहीं करने देना है, तथा बहुसंख्यकों के प्रस्ताव का दास (भी) नहीं बनना है। ऐसा करना (तो) पुराने जंगल-राज की जहरीले रूप में पुनरावृत्ति

(ही) होगी। यदि अल्पसंख्यकों के अधिकारों का आदर करना है, तो बहुसंख्यकों को उनके मत व कार्य को सहना होगा, तथा उनका आदर करना होगा। यह बहुमत का कर्तव्य होगा कि अल्पमत वालों की (ठीक से) सुनवाई हो और उनका निरादर न हो... ।"[25]

इसी कड़ी में उन्होंने यह भी कहा, "मुक्त मत के अधिकार का दावा और मुक्त कार्य, जैसा कि हम अपने लिए करते हैं, हमें दूसरों के लिए भी करना चाहिए। बहुमत का शासन, जब यह बल में परिवर्तित हो जाए, उसी प्रकार असहनीय होता है, जैसे कि अल्पमत वाली नौकरशाही। हमें सहनशीलता के साथ अल्पमत वालों को अपने मत के साथ जोड़ना चाहिए; और उन्हें तर्क व सहमति के आधार पर ही सही ढंग से साथ लाने का प्रयास करना चाहिए।"[26] इस सन्दर्भ में सुनिश्चितता के लिए आवश्यक है कि किसी भी विधायी कार्यवाही से पहले उस पर धैर्य से विचार किया जाए, क्योंकि अन्ततः धैर्य लोकतंत्र की माँग (भी) है।

प्रजातंत्र, अधिकार और कर्तव्य

प्रजातंत्र में सबके लिए, बिना भेदभाव के, अधिकारों की अपेक्षा की जाती है। व्यावहारिक रूप से समान अधिकार न हों, तो स्वतंत्रता का रसास्वादन भी नहीं हो सकता। यह एक स्वयंसिद्ध सत्य है कि यदि स्वतंत्रता का सबमें समान विभाजन करना हो, यहाँ तक कि शारीरिक रूप से दुर्बल अक्षम-सक्षम आदि को भी उसमें भागीदारी करनी हो, तो उसकी सुरक्षा के लिए सभी में सहयोग देने की क्षमता होनी चाहिए। इस

प्रकार यह भी स्पष्ट है कि अधिकार प्राप्त करने के लिए सभी को कर्तव्य का पालन भी करना होता है। महात्मा गाँधी तो यह कहते हैं, "अधिकार का स्रोत कर्तव्य है। यदि हम अपने कर्तव्यों का पालन करते हैं, अधिकार हमसे दूर नहीं रहेंगे। यदि कर्तव्यों को पूर्ण किए बिना ही हम अधिकारों के पीछे दौड़ेंगे, तो वे हमसे दूर होते चले जाएँगे... ।"[26]

हमने जैसा कि विश्लेषण किया है, समानता लोकतंत्र में सर्वोच्च स्थान पर होती है। अधिकार भी इसका अपवाद नहीं हो सकते। स्पष्ट है कि यदि समान अधिकार नहीं होंगे, तो समान उन्नति की सम्भावना भी नहीं रहेगी। ऐसी स्थिति में प्रजातंत्र अधिक समय तक नहीं टिक सकेगा। इसीलिए अधिकार प्राप्त करने की इच्छा से पूर्व प्रत्येक को कर्तव्यों के लिए तैयार रहना चाहिए। यही प्रजातंत्र को स्थिर व सुदृढ़ बनाने का मंत्र है; उसे अहिंसा के मार्ग पर चलाने का तरीका है।

प्रजातंत्र, अहिंसा और दण्ड :

प्रजातंत्रात्मक व्यवस्था में दण्ड का स्वरूप क्या हो? दूसरे शब्दों में, अपराध के लिए किस रूप में दण्ड दिया जाए? ये ऐसे प्रश्न हैं, जिनके बारे में गाँधीवादी विचारकों के दृष्टिकोण का जानना हमारे लिए परमावश्यक है।

महात्मा गाँधी प्रजातंत्र को अपराध-मुक्त नहीं मानते; ऐसा सम्भव भी नहीं है। व्यक्ति प्रायः कोई-न-कोई, छोटा-बड़ा अपराध, जाने-अनजाने (भी) करता ही है। सामान्य रूप से भले ही अपराध शब्द को कानूनी (अपराध के) सन्दर्भ में प्रयुक्त किया जाता हो, लेकिन इसी से, या यहीं

तक, बात समाप्त नहीं होती। कई बार इस शब्द को नैतिक (अपराध) के साथ भी जोड़ा जाता है। कोई नैतिक रूप से गलत करे, तो उसके लिए क्या कहा जाएगा? क्या नैतिक रूप से वह अपराधी नहीं होगा? वह अवश्य ही (नैतिक) अपराधी होगा। महात्मा गाँधी के अनुसार तो नैतिक अपराध दूसरे किसी (भी) अपराध से कम नहीं होता है। यह (तो) अहिंसा के सिद्धान्त के विरुद्ध होता है।

इस प्रकार अपराध की अवधारणा विस्तृत है, लेकिन यहाँ हम केवल कानूनी अपराध की ही बात करेंगे, जिसके लिए थामस हाब्स ने (भी) कहा है, "कर्म या विचार द्वारा किया गया ऐसा अपराध पाप है, जिसे कानून मान्यता नहीं देता है...।"[27] अर्थात, जैसा कि एक अन्य विद्वान ने भी कहा है, ''अपराध एक हानिकारक कृत्य है और इस प्रकार वह अनैतिक कार्य भी है, जिसकी कानून में मनाही है।'' लेकिन ऐसे कानूनी अपराध भी हैं, जो अनैतिक तो नहीं हैं, परन्तु वे आपत्तिजनक हैं। हम कह सकते हैं कि अपराध सामान्यतः अनैतिक कृत्य हैं, अथवा...कुछ मामलों में वे नैतिक (प्रतीत होते) कृत्य भी, जिन्हें करने की कानूनानुसार मनाही है। इस प्रकार, संक्षेप में, अपराध वे कृत्य हैं, जो लागू व निश्चित कानून की अवहेलना करते हैं।

अब यदि अपराध होगा, तो उसको निर्धारित करते हुए दण्ड की व्यवस्था की बात भी होगी। दण्ड कितना हो? उसका स्वरूप क्या हो? इस सम्बन्ध में महात्मा गाँधी के अपने ही विचार है। इन विचारों के मूल में भी उनकी अहिंसा के प्रति वचनबद्धता स्पष्टतः दृष्टिगोचर होती है।

इस सम्बन्ध में उनके 'पाप' के बारे में की गई टिप्पणी (भी) उल्लेखनीय है। वे कहते हैं, "मैं अपने पाप के परिणामों से बचना नहीं चाहता हूँ; मैं पाप से ही छुटकारा चाहता हूँ, और...पापी विचार से भी; और जब तक इस ध्येय को मैं नहीं प्राप्त कर लेता हूँ, तब तक मैं विश्राम नहीं करूँगा।"[28]

मानव प्रायः, जाने-अनजाने में, पाप करता ही रहता है। सांसारिक व्यवहार ऐसे हैं कि उनमें लिप्त रहते हुए पापों से पूर्णतः बच पाना मनुष्य के लिए सामान्यतः दुष्कर है। फिर पाप का फल तो भोगना ही होता है। अपराध स्वतः ही पाप है। इसीलिए अपराध के लिए दण्ड भी आवश्यक है। लेकिन दण्ड ऐसा होना चाहिए कि जिसमें अपराधी को भविष्य में सुधर जाने का अवसर भी मिले। गाँधीजी की यह दृढ़ मान्यता थी कि सभी में सुधर जाने की सम्भावना उपस्थित होती है। इसी कारण उन्होंने 'मृत्यु-दण्ड' के प्रावधान को समाप्त करने की आशा (भी) रखी थी।

इस प्रकार ये कुछ बिन्दु हैं, जो मैंने महात्मा गाँधी, अहिंसा एवं लोकतंत्र के सम्बन्ध में प्रस्तुत किए हैं। इन बिन्दुओं से स्पष्ट हो जाता है कि महात्मा गाँधी लोकतंत्र की गतिविधियों को अधिकाधिक अहिंसा के साथ सम्बद्ध करने के पक्षधर हैं। वे प्रत्येक स्तर पर और प्रत्येक क्षेत्र में परस्पर सहयोग को अधिकाधिक बढ़ाना चाहते हैं। इसीलिए उनका आत्मनिर्भर, शोषणमुक्त, अवसरवाद से रहित और परस्पर प्रेम पर आधारित समाज के निर्माण पर बल है। ये समस्त बातें अहिंसा की

भावना को सुदृढ़ करने वाली हैं। इसलिए, क्योंकि इनके माध्यम से समानता के साथ ही स्वाधीनता और न्याय की सुनिश्चितता को बल मिलता है। इसी के साथ व्यवस्था को नैतिकता और सदाचार से समृद्ध करके महात्मा गाँधी उसे अहिंसा के और निकट ले आते हैं। निश्चित ही नैतिकता एवं सदाचार अहिंसा के दो स्तम्भ हैं। अतः कुल मिलाकर महात्मा गाँधी द्वारा इस सम्बन्ध में व्यक्त सारे-के-सारे विचार लोकतंत्र की सफलता और समृद्धि के लिए महत्त्वपूर्ण हैं।

महात्मा गाँधी ने अधिकार से अधिक कर्तव्य की महत्ता बताई है। कर्तव्य का भली-भाँति ज्ञान रखने वाला कभी भी दूसरे के अधिकार का अतिक्रमण नहीं करेगा। दूसरे शब्दों में, कर्तव्यपरायण सदा ही पराधिकार का सम्मान करेगा। ऐसा करते हुए वह लोकतंत्र की नींव को सुदृढ़ करने में योगदान देगा। गाँधीजी ने इसीलिए बारम्बार स्मरण कराया है कि लोकतंत्र के अस्तित्व के लिए नागरिकों में कर्तव्य की भावना गहराई से बनी रहनी चाहिए, भले ही वे अपने अधिकारों के प्रति सचेत हों या नहीं। अन्ततः, जैसा कि पहले भी लिखा है, कर्तव्य के बाद अधिकार स्वतः ही मिल जाता है। कर्तव्यनिष्ठ व्यक्ति अहिंसा से विमुख नहीं होता, वह न्याय-पथ पर डटा रहता है और जनतंत्र का सच्चा प्रहरी सिद्ध होता है। ऐसा ही व्यक्ति अनुशासित भी हो सकता है, और सही अर्थों में जनशासन की नितान्त आवश्यकता भी।

अनुशासन के बिना सही अर्थों में कोई अहिंसक होने का दावा नहीं कर सकता। जो अनुशासन को नहीं मानता है, उसकी लोकतंत्र में

भी आस्था नहीं हो सकती। इसलिए महात्मा गाँधी ने तो यहाँ तक कह डाला है कि किसी जन्मजात प्रजातंत्रवादी के लिए आवश्यक है कि वह जन्मजात अनुशासित भी हो।[29] इस रूप में भी महात्मा गाँधी के विचार महत्त्वपूर्ण हैं और वे लोकतंत्र को अहिंसा की ओर ले जाने वाले हैं। अतः प्रजातंत्रात्मक शासन के संचालकों को चाहिए कि वे महात्मा गाँधी के विचारों को ध्यान में रखते हुए, जहाँ एक ओर जनहित में कार्य करें, वहीं दूसरी ओर व्यवस्था की सफलता के लिए नागरिकों में कर्तव्यपरायणता और अनुशासन की भावना का विकास भी करें।

अब हमारे समक्ष एक व्यावहारिक प्रश्न यह आता है कि यदि प्रजातंत्र में जनेच्छानुरूप कार्य नहीं होता, शासन जनापेक्षा पर खरा नहीं उतरता, तो ऐसी स्थिति में, अहिंसा की परिधि के भीतर ही, क्या किया जाए? महात्मा गाँधी का सुझाव है कि पहले कदम के रूप में, "यदि कोई गलती सामने आई है, तो जनता उसकी ओर सरकार का ध्यानाकर्षण करे।"[30] इसके बाद भी यदि सरकार की कार्यपद्धति में सुधार नहीं आता है और जनोपेक्षा दोहराई जाती है, "तो जनता सरकार को हटा सकती है।"[31] सरकार को हटाने के लिए जनता के पास मताधिकार की शक्ति होती है और उसका प्रयोग वह कर ही सकती है। इसी के साथ-साथ, आवश्यकतानुसार, विशेष अवसरों पर प्रजातंत्र में भी सत्याग्रह का मार्ग जनता अपना सकती है। जहाँ तक सम्बन्ध अल्पमत का है, यदि उसके साथ न्याय नहीं किया जाता है, तो उसे (भी) चुनी हुई सरकार के साथ असहयोग करने का अधिकार है। ये सभी बातें

अहिंसा की परिधि के भीतर हैं। इनसे लोकतंत्र सुदृढ़ होता है। अन्याय और परतंत्रता को न तो कोई स्थान अहिंसा के सिद्धान्त में हैं और न ही लोकतंत्रात्मक व्यवस्था में ही है। इसीलिए अहिंसा एवं लोकतंत्र को, घनिष्ठ रूप में एक-दूसरे के साथ जोड़ते हुए, महात्मा गाँधी सभी के लिए न्याय और स्वतंत्रता की समान रूप से कामना करते हैं; और इसी की प्रत्याभूति के साथ वे शान्ति की स्थापना करने को उत्सुक हैं।

सन्दर्भ

1. 2500 वर्ष से भी पहले।
यंग इण्डिया, मई 7, 1931
3. मॉर्डन-रिव्यु, 1935, पृष्ठ 412
4. वही उपरोक्त।
5. रामराज्य के बारे में महात्मा गाँधी ने स्पष्ट किया, "रामराज्य से मेरा अभिप्राय हिन्दू राज्य से नहीं है। रामराज्य से मेरा अभिप्राय दैवीय राज्य या ईश्वरीय राज्य से है। मेरे लिए राम और रहीम एक हैं। मेरी दृष्टि में एक सत्यमय और नैतिकता की पराकाष्ठा वाले ईश्वर के अतिरिक्त कोई अन्य ईश्वर नहीं है...भले ही मेरी कल्पना के राम इस पृथ्वी पर (कभी) थे या नहीं, लेकिन रामराज्य के प्राचीन सिद्धान्त में सच्चा प्रजातंत्र मौजूद है, जिसमें छोटे-से-छोटे (माने जाने वाले) नागरिक को भी बिना कष्ट उठाए तीव्र गति से उचित न्याय मिला; एवं कुत्ते को भी रामराज्य में न्याय मिल सका... ।"
6. यंग इण्डिया, मई 7, 1931
7. जनवरी, 1948 तक।
8. हरिजन, मई 27, 1939
9. यंग इण्डिया, दिसम्बर 12, 1920
10. वही उपरोक्त, जून 3, 1926
11. वही, जुलाई 30, 1931
12. हरिजन, मार्च 9, 1940

13. स्वतंत्रता के सम्बन्ध में गाँधी का कहना है, "स्वाधीनता के बारे में मेरा दृष्टिकोण संकुचित नहीं है। यह मनुष्य की चहुमुँखी स्वाधीनता के साथ सम्बद्ध है। प्रत्येक व्यक्ति को अपनी बुद्धिमत्ता को पूरी स्वतंत्रता के साथ, अपने पड़ोसियों की भाँति ही, प्रयुक्त करने की छूट रहनी चाहिए। लेकिन किसी को बुद्धिमत्ता से हुई प्राप्ति को अवैधानिक (और मनमाने) ढंग से प्रयुक्त करने का अधिकार नहीं है। व्यक्ति राष्ट्र का एक भाग है, अर्थात उसके चारों ओर सामाजिक ढाँचा विद्यमान है; इसलिए अपनी बुद्धिमत्ता का प्रयोग वह अपने लिए ही नहीं कर सकता; उसे उसका प्रयोग उस सामाजिक ढाँचे के हितार्थ करना होगा, जिसका वह एक भाग है, और जिसकी छत्रछाया में वह रहता है।" (हरिजन, 7-6, 2-8, 1942)।

14. न्याय को समानता के साथ सम्बद्ध करते हुए गाँधीजी कहते हैं, "मेरा विचार यह है कि जब हम समान रूप से उत्पन्न हैं, तो हमें समान अवसर मिलने भी चाहिए, भले ही सबमें बराबर की क्षमता न हो।

15. यंग इण्डिया, दिसम्बर 1, 1927

16. देखिएगा परिशिष्ट संख्या 9 और 10 को।

17. भारत।

18. हरिजन, जनवरी 1, 1936

19. विकेन्द्रीकरण को महात्मा गाँधी ग्राम स्वराज्य से प्रारम्भ करते हैं, जो उनके अनुसार (स्वतः ही) एक पूर्ण गणतंत्र है। वह अपने पड़ोसियों से प्रमुख आवश्यकताओं के मामले में स्वतंत्र है, लेकिन कुछ उन बातों में, जो इस रूप में आवश्यक है, (उन पर) निर्भर भी है। इस प्रकार प्रत्येक ग्राम का पहला कार्य अपने खाने से जुड़ी फसलों को उगाना होगा और साथ ही वस्त्रों के निर्माण के लिए कपास का उत्पादन भी करना होगा। इसके पास अपने पशुओं के लिए भण्डारण के अतिरिक्त, युवाओं व बच्चों के लिए मनोरंजन एवं क्रीड़ा-खेल-कूद का स्थान होना चाहिए। फिर, यदि भूमि उपलब्ध है, तो यह उन उपयोगी फसलों का, जो धन उपलब्ध कराएँ, उत्पादन करेगा, लेकिन उनमें गाँजा, तम्बाकू, अफीम या इस तरह की दूसरी फसलों को कोई स्थान नहीं होगा। गाँव के पास एक प्रेक्षाग्रह, विद्यालय और सभाभवन होगा। शुद्ध जलापूर्ति के उद्देश्य से इसके पास अपना जल-स्रोत होगा... शिक्षा, (कम-से-कम) प्रारम्भिक स्तर तक सभी के लिए अनिवार्य होगी। जहाँ तक सम्भव हो सके, प्रत्येक कार्य का संचालन सहकारी आधार पर होगा। जाति और अस्पृश्यता को कोई स्थान

नहीं होगा; सत्याग्रह और असहयोग को, उसकी प्राविधि के साथ, ग्राम-समुदाय की स्वीकृति होगी। (ग्राम सुरक्षा के लिए) अनिवार्य रूप से ग्राम रक्षक सेवा की व्यवस्था होगी; ग्राम-रक्षक बारी-बारी से, ग्राम पंचायत द्वारा, जो गाँव के शासन का संचालन करेगी, बनाए गए रजिस्टर से चुना जाएगा।

20. *यंग इण्डिया, जुलाई 2, 1931*
21. *आत्मकथा, पृष्ठ 369*
22. *हरिजन, नवम्बर 13, 1937*
23. *यंग इण्डिया, मई 7, 1931*
24. *इस सम्बन्ध में 2 मार्च, 1931 को महात्मा गाँधी ने यंग इण्डिया में स्पष्ट करते हुए लिखा कि बहुमत का प्रत्येक निर्णय मानना (तो) दासता (ही) है। प्रजातंत्र ऐसी स्थिति नहीं है, जिसमें लोग भेड़ों की भाँति आचरण करें। प्रजातंत्र में मनुष्य के विचारों एवं कार्यों की स्वतंत्रता की सावधानीपूर्वक रक्षा की जाती है।*
25. *यंग इण्डिया, दिसम्बर 8, 1921*
26. *वही उपरोक्त, जनवरी 26, 1922*
27. *लेवियाथन, II, II, 27*
28. *आत्मकथा, पृष्ठ 29*
29. *28 सितम्बर, 1947 को महात्मा गाँधी ने हरिजन में लिखा, "जन्मजात प्रजातंत्रवादी जन्मजात ही अनुशासित (भी) होता है। उसी में स्वाभाविक प्रजातंत्र होता है, जो स्वाभाविक रूप में सभी कानूनी आज्ञाओं के पालन की इच्छा रखता है, भले ही वे मानवीय हों या दैवीय। जो प्रजातंत्र की सेवा करना चाहते हैं, उन्हें पहले इस कसौटी पर खरा उतरना होगा। साथ ही लोकतंत्र में आस्था रखने वाले को पूरी तरह स्वार्थ से परे रहना चाहिए। उसे अपने (निजी) स्वार्थ या अपने दल के स्वार्थ के बारे में न सोचकर और स्वप्न देखते हुए, केवल लोकतंत्र के बारे में सोचना व स्वप्न देखना चाहिए।"*
30. *हरिजन, अक्टूबर 26, 1947*
31. *वही उपरोक्त।*

****

अध्याय-छ :

विश्व के परिप्रेक्ष्य में अहिंसा की उपयोगिता

अन्तर्राष्ट्रीय समझ और सहयोग, और अन्तर्राष्ट्रीय विवादों को सुलझाने के लिए अहिंसा एक साधन के रूप में; गाँधी के विचार और सुझाव; और उनकी महत्ता।

हजारों वर्ष के विकास-क्रम से गुजरने के उपरान्त अब हमारे सामने वैश्वीकरण के दिन हैं। कई माध्यमों से विश्व के लोग एक-दूसरे के निरन्तर निकट आते जा रहे हैं। दिन-प्रतिदिन परस्पर सहयोग बढ़ रहा है। यह सब कुछ जो हो रहा है, वह हिंसा या हिंसा की गतिविधियों के सहारे नहीं हो रहा है। हिंसा और हिंसक गतिविधियाँ दूरियाँ बढ़ाती हैं; वे सम्बन्धों को तोड़ती हैं, जोड़ती नहीं हैं। हिंसा एक के बाद दूसरी समस्या को खड़ा करती है, यही वास्तविकता है और यही अनुभव है, न केवल महात्मा बुद्ध, महावीर, ईसा मसीह, मूसा अथवा गाँधी जैसे युगपुरुष का, अपितु मार्टिन लूथर किंग-द्वितीय जैसे व्यक्ति का भी। इसीलिए ओसलो में नोबेल शान्ति सम्मान ग्रहण करने के उपरान्त अपने भाषण में मार्टिन लूथर किंग-द्वितीय ने कहा था, "संघर्ष में राष्ट्रों ने तीव्रता से अपनी स्वतंत्रता प्राप्त की है, लेकिन अस्थायी विजय के बावजूद, हिंसा कभी भी स्थायी शान्ति की स्थापना नहीं

करती। इससे किसी भी सामाजिक समस्या का समाधान नहीं होता। यह केवल नई और पहले से (भी) अधिक गम्भीर समस्या को उत्पन्न करती है। हिंसा अनैतिक है, क्योंकि यह प्रेम के बजाए घृणा फैलाती है। हिंसा अव्यावहारिक है, क्योंकि यह सबके विनाश के लिए घूमती रहती है। यह अनैतिक है, क्योंकि विरोधी को समझाने के स्थान पर यह उसका दमन करना चाहती है। यह परिवर्तन के बजाए मार देना चाहती है। यह समुदाय का विनाश करती है और भाईचारे को असम्भव बना देती है। यह समाज को वार्ता न करने लायक बना देती है...। हिंसा... कड़वाहट पैदा करती है...।"

भूतकाल हो या वर्तमानकाल, हिंसा से कभी भी स्थायी रूप में, किसी को कुछ मिला नहीं है। भविष्य में भी इससे कुछ मिलने वाला नहीं है। इसके विपरीत अहिंसा से सब कुछ प्राप्त हुआ है; और भविष्य में भी अहिंसा और इसकी गतिविधियों से (ही) कुछ, या सब कुछ मिलने वाला है। इसलिए स्थानीय या राष्ट्रीय ही नहीं, अपितु विश्व के स्तर पर भी अहिंसा की उपयोगिता पर कोई प्रश्न-चिह्न नहीं लगाया जा सकता। यदि अहिंसा की उपयोगिता नहीं रही होती, तो बीसवीं शताब्दी में हुए दो भीषण विश्व युद्धों में करोड़ों लोगों को मौत के मुँह में ढकेल देने वाले स्वतः ही अहिंसक गतिविधियों को अपनाने के लिए आगे नहीं आते। लेकिन युद्धों से विनाश के ताण्डव के अतिरिक्त और कुछ भी देखने को नहीं मिला है। विशेष बात यह कि प्रत्येक युद्ध में, वह बड़ा रहा हो या छोटा, लिप्त पक्ष अन्ततः थक गए। उन्हें अपने अस्तित्व के लिए अहिंसा और अहिंसक गतिविधियों को अपनाना ही पड़ा।

कदाचित् आप जानते ही होंगे कि प्रथम विश्व युद्ध में[1] लगभग एक करोड़ लोग मारे गए और दो करोड़ पच्चीस लाख लोग बुरी तरह घायल हुए। उस समय पूरे विश्व की जनसंख्या एक अरब सत्तर करोड़ पचास लाख थी। युद्ध के फलस्वरूप एक अरब बीस करोड़ पच्चीस लाख लोगों पर प्रभाव पड़ा; उनकी स्थिति, न्यूनाधिक, दयनीय बनी। उस समय संसार में किसी के भी विकास का (तो) कोई प्रश्न ही नहीं उठता था। इसके अतिरिक्त, इस युद्ध के प्रभाव के कारण विश्व के कुछ देशों को एक दशक से भी अधिक समय पुनः प्रगति का मार्ग पकड़ने में लगा। विश्व के देशों के मध्य हुए युद्ध व उसके प्रभाव का यह एक उदाहरण है।

द्वितीय विश्व युद्ध लगभग छः वर्षों तक चला।[2] इसमें पाँच करोड़ लोग मारे गए।[3] लगभग साढ़े तीन करोड़ लोग घायल हुए।[4] पूरे विश्व में विकास कार्य पूर्णतः रुक गए थे। इसके अतिरिक्त अनेक वर्ष राष्ट्रों को पुनः खड़ा होने में लगे। युद्ध में संलग्न रहे सभी देशों को, न्यूनाधिक, हानि उठानी पड़ी थी। युद्ध में (सीधे) सम्मिलित राष्ट्रों ने पूरे संसार को अंधकार व विनाश के घेरे में लाकर खड़ा कर दिया था। हिंसा से सभी को चोट पहुँची और फिर उन्हें अहिंसा की चाह हुई। परिणामस्वरूप उन्होंने पहले तो अहिंसक गतिविधियों की ओर लौटना प्रारम्भ किया; क्योंकि हम जानते हैं कि प्रथम विश्व युद्ध में हिंसा के ताण्डव से पूर्णतः परेशान हो जाने के बाद विश्व के देशों ने 'राष्ट्र-संघ' की स्थापना की और इसी प्रकार द्वितीय विश्व युद्ध के उपरान्त 'संयुक्त

राष्ट्र संघ' अस्तित्व में आया। इन दोनों ही अन्तर्राष्ट्रीय संस्थाओं का अस्तित्व में आना यह सुनिश्चित करता है कि अहिंसा और अहिंसक गतिविधियों की उपयोगिता, प्रासंगिकता तथा सार्थकता कम नहीं हुआ करती। इसलिए मैं स्वयं पुनः दोहराता हूँ कि अहिंसा के महत्त्व को कभी भी कम करके नहीं आँकना चाहिए। इस सम्बन्ध में पिछले अध्यायों में किए गए सारे विश्लेषणों से भी यह सत्यता सामने आती है। समय-समय पर अहिंसा एवं अहिंसक गतिविधियों की सार्थकता सिद्ध होती रही है। इतिहास के इस युग में भी इसके सकारात्मक अनुभव होते रहे हैं। यदि अहिंसा उपयोगी नहीं होती, तो श्रीराम लंका के विरुद्ध युद्ध को जीत लेने के बाद यह नहीं कहतेः

"सुनु सुरपति कपि भालू हमारे। परे भूमि निसिचरन्हि जे मारे।
मम हित लागि तजे इन्ह प्राना। सकल जिआउ सुरेस सुजाना।।

(अर्थात, हे देवराज इन्द्र! सुनो! हमारे वानर, भालू...पृथ्वी पर मृत पड़े हैं। इन्होंने मेरे लिए अपने प्राण दिए हैं। हे चतुर और ज्ञानी देवराज! इन सबको जीवित कर दो)[5]

अहिंसा की उपयोगिता नहीं होती, तो महाभारत में इसे 'परम-धर्म' के रूप में स्वीकार नहीं किया जाता। श्रीकृष्ण यह नहीं कहते, "यदि एक भी अहिंसक मार्ग शेष बचे, तो हिंसा का त्याग करके, वही अहिंसक मार्ग अपनाना चाहिए।"[6] महाभारत के युद्ध में हजारों-लाखों लोग मारे गए थे; हिंसा का ताण्डव हुआ था। विनाश-लीला हुई थी। एक भी क्षेत्र ऐसा नहीं बचा था, जो विनाश की परिधि में न आया हो।

श्रीकृष्ण का पक्ष विजयी हुआ था, लेकिन गम्भीर परिणामों को उन्होंने भी हृदय से स्वीकार नहीं किया और उनके भीतर से आवाज आई थी, "...काश! ऐसा नहीं हुआ होता।"[7] और कितने उदाहरण मैं अहिंसा के महत्त्व के सम्बन्ध में दूँ?

मानव-समाज में मन-मुटावों या संघर्षों की स्थिति का उत्पन्न हो जाना अपरिहार्य है। हजारों वर्षों से ऐसा होता आ रहा है। क्यों? इसका विश्लेषण करना हो, तो हमें कई ग्रंथों का निर्माण करना पड़ेगा। लेकिन यह होता है; ऐसी स्थिति उत्पन्न होती है, यही सत्य है। मन-मुटावों तथा संघर्षों से वास्तव में छुटकारा पाने के लिए अहिंसक मार्ग ही सदा उपयोगी भी रहा है, उनके लिए जिन्होंने देश-काल की परिस्थितियों के अनुरूप अहिंसा की गतिविधियों को अनुकूल बनाकर अपनाया और इसके बाद सहयोग के वातावरण में वे विकास-पथ पर आगे बढ़ चले।

अब, जैसा कि उल्लेख किया है, ये दिन वैश्वीकरण के हैं। एक-दूसरे पर निर्भरता इतनी अधिक बढ़ गई है कि कोई भी एक राष्ट्र अन्य राष्ट्रों से अलग-थलग रहकर प्रगति का स्वप्न नहीं देख सकता। विश्व-स्तर पर होने वाले किसी परिवर्तन, अथवा घटित घटनाक्रम से, न्यूनाधिक, सभी प्रभावित होते हैं। इसीलिए अब (तो) सभी को मिलकर चलना होगा। अपने इतिहास और भूगोल पर मिथ्याभिमान करने के दिन अब जाते रहे हैं। अब यथास्थिति को स्वीकार करके जटिलताओं को दूर करने का समय है। इसीलिए, राष्ट्रीय सोच के साथ ही, एक परिपक्व

अन्तर्राष्ट्रीय समझ एवं परस्पर सहयोग की नितान्त आवश्यकता है। इस आवश्यकता की पूर्ति के लिए हमारे समक्ष एकमात्र मार्ग यह है कि हम झगड़ों का निपटारा करने के लिए अहिंसक गतिविधियों को साधन के रूप में अपनाएँ। लेकिन इनकी सार्थकता के लिए आवश्यक है कि इन्हें विद्यमान परिस्थितियों के अनुकूल बनाया जाए। यही सर्वाधिक कारगर मार्ग भी है। इसके सम्बन्ध में किसी को कोई शंका नहीं रहनी चाहिए; और विशेष रूप से महात्मा गाँधी के व्यवहारों से इस सम्बन्ध में सीख ली जा सकती है। उन्होंने देश-काल की परिस्थितियों में अहिंसा और अहिंसक गतिविधियों को अनुकूल बनाया था। दक्षिणी अफ्रीका में प्रयोग करके न्याय प्राप्त किया था। इसके बाद भारत में उन्होंने प्रयोग किए और यहाँ की स्वाधीनता को सुनिश्चित किया। ऐसा करते समय उन्होंने पूर्णतः यह स्पष्ट कर दिया था कि किसी भी प्रकार की समस्या, वह छोटी हो या बड़ी, हिंसा के बल पर नहीं सुलझायी जा सकती। जब कभी संघर्ष की स्थिति उत्पन्न हो जाए, तो उसमें, गाँधी-वादी दृष्टिकोण से, हमें चाहिए कि हम आत्मनिरीक्षण करें। ऐसा करने से हम (संघर्ष के) मूल बिन्दु को पकड़ सकेंगे और फिर ऐसा करते हुए हम उस प्रवृत्ति से दूर होंगे, जो संघर्ष को उत्पन्न करने वाली है। जब ये दो बातें हो जाएँ, तो हमें समस्या का समाधान करने का प्रयास करना चाहिए। इस दिशा में वार्ता और फिर समझौता ही एकमात्र समाधान हो सकता है।[8] यह, महात्मा गाँधी के अनुसार, "...वह श्रेष्ठ ढंग है, जिसमें उदारता और सहिष्णुता है। यह दोनों पक्षों के लिए कल्याणकारी है;

इसके माध्यम से दोनों पक्ष जीवन के सुखद दिनों का अनुभव कर सकते हैं।"[9]

निश्चित रूप से महात्मा गाँधी के उपरोक्त विचार अतिमहत्त्वपूर्ण हैं। सर्वप्रथम समस्या के मूल में जाना, उस भावना को त्याग देना, जो झगड़े का कारण बनी; उपरान्त वार्ता का निरन्तर सहारा लेना तथा अन्ततः परस्पर सहयोग के वातावरण में समझौता कर लेना, इससे अच्छा और क्या होगा? महात्मा गाँधी ने सम्पूर्ण जीवन इसी मार्ग का सहारा लिया। इसके प्रति वे इतने आशान्वित रहे थे कि उन्होंने यह तक कह डाला था, "मेरा जीवन (ही) समझौतों से बना है, और वे समझौते ही हैं, जो मुझे ईश्वर के निकट ले आए...।" वास्तव में आज के वातावरण में महात्मा गाँधी के इन विचारों का कोई विकल्प (ही) नहीं है। ग्राम के स्तर से लेकर अन्तर्राष्ट्रीय स्तर तक के समस्त विवादों, संघर्षों या झगड़ों का निपटारा इसी श्रेष्ठ ढंग से हो सकता है, और यह पूर्णतः अहिंसा की परिधि के भीतर है। मेरा स्वयं का भी अनुभव यही है, जैसा कि मैं ''भयमुक्त और शान्तिमय विश्व के निर्माणार्थ'' नामक कुछ समय पूर्व लिखे अपने लेख में उल्लेख कर चुका हूँ।[10] इसी मार्ग द्वारा एक परिपक्व अन्तर्राष्ट्रीय समझ का निर्माण (भी) किया जा सकता है, लेकिन नितान्त आवश्यकता इसे निरन्तर विकसित करने की है, अर्थात इसे अपनाने की है।

हम सभी जानते हैं, द्वितीय विश्व युद्ध के बाद अनेक झगड़े या विवाद, तथा संघर्ष भी, जिनमें से कई बहुत गम्भीर थे, निरन्तर वार्ता

के क्रम से सुलझाए गए। इस सन्दर्भ में मैं सर्वप्रथम अपने देश भारत से ही उदाहरण देता हूँ। भारत एवं बंग्लादेश के मध्य कई वर्षों तक गंगा नदी के जल के बँटवारे को लेकर गम्भीर मन-मुटाव बना रहा था। बंग्लादेशवासी गंगा नदी पर भारत द्वारा निर्मित किए गए फरक्का बाँध से भी अप्रसन्न थे। लेकिन वार्ता के क्रम से दोनों देश समस्या की जड़ में गए, समस्या के परिप्रेक्ष्य में दोनों ने एक-दूसरे के दृष्टिकोण को समझा और अन्त में दोनों एक स्वीकार्य समझौते पर पहुँच गए। यही गाँधीवादी मार्ग है। इसमें इस बात की सुनिश्चितता रहती है कि सार्थक वार्ता का क्रम नहीं टूटता है।

झगड़े को सुलझाने में वार्ता की निरन्तरता का इतना महत्त्व है कि जितना किसी अन्य ढंग का नहीं है। इसी सन्दर्भ में इजर वैजमैन, जो द्वितीय विश्व युद्ध के समय एक प्रसिद्ध इस्राइली पायलट थे, के वक्तव्य का उदाहरण देना चाहूँगा। वे इस्राइल के राष्ट्रपति भी रहे हैं तथा उन्होंने 1967 में, इस्राइल-मिस्र के मध्य तनाव के दिनों में, छः दिनों तक घोर युद्ध करके मिस्र पर विजय प्राप्त की थी। उपरान्त उन्होंने कैम्प डेविड वार्ता में महत्त्वपूर्ण भूमिका का निर्वाह किया था। 1996 में अपने एक वक्तव्य में उन्होंने कहा है, "हम अन्तिम रूप से यह तय कर चुके हैं कि पड़ोसियों के साथ शान्ति बनाए रखेंगे। वार्ताओं के क्रम से (ही) हमारी यह धारणा बनी है; (और) ऐसा कुछ भी नहीं है, जिसे वार्ता के माध्यम से तय न किया जा सके।"[11] उन्होंने यह भी कहा है कि वार्ता-प्रक्रिया का कोई विकल्प नहीं है।

वैजमैन का वक्तव्य वास्तव में महत्त्वपूर्ण है। यही सच्चाई भी है। वार्ता सद्भाव का वातावरण बनाने का प्रथम एवं सुदृढ़ कदम होता है। कैम्प डेविड वार्ता खूब प्रसिद्ध है, लेकिन इसी के साथ हम हेब्रान वार्ता का उदाहरण भी दे सकते हैं। यद्यपि इस वार्ता में अधिक समय लगा, लेकिन यह वार्ता भी सफल रही।

अभी भी इस्राइल-फिलीस्तीन के मध्य विवाद की स्थिति है। पिछले दिनों अमेरीकी राष्ट्रपति बिल क्लिंटन की मध्यस्थता से दोनों के बीच के विवाद को सुलझाने के प्रयास भी हुए। दुर्भाग्य से कोई सन्तोषजनक परिणाम सामने नहीं आया। लेकिन मैं दृढ़तापूर्वक यह कह सकता हूँ कि दोनों (ही) पक्षों को फिर से वार्ता का क्रम अपनाना होगा और इसी के सहारे कोई अच्छा परिणाम सामने आएगा, एवं क्षेत्र में शान्ति की स्थापना होगी।

इन दिनों उत्तरी व दक्षिणी कोरिया के मध्य भी वार्ता का क्रम प्रारम्भ हुआ है। यह क्रम भी आगे बढ़ना ही चाहिए। निश्चिततः इसके सुखद परिणाम सामने आएँगे, शर्त यह है कि दोनों ही पक्षों को ईमानदारी बरतनी होगी। इसी प्रकार के सभी विवादित मुद्दों पर सार्थक वार्ताएँ प्रारम्भ होनी चाहिएँ। विशेष रूप से भारत-पाकिस्तान के बारे में मैं यही आशा करूँगा। युद्ध के रास्ते से समस्या का कोई स्थायी या कारगर समाधान नहीं हो सकता। विपरीत इसके शत्रुता बनी रहेगी, जिसके सम्बन्ध में महात्मा गाँधी ने 1947 में कहा था, "यदि भारत और पाकिस्तान शत्रुता बनाए रखते हैं, एक-दूसरे के विरुद्ध युद्ध में उतरते

हैं, तो ऐसा दिन देखने के लिए मैं जीवित नहीं रहना चाहूँगा।"[12] इसलिए, उन्होंने आगे कहा था, "भारत और पाकिस्तान को परस्पर परामर्श से अपने मतभेदों को सुलझाना चाहिए।"[13]

सम्बद्ध पक्ष यदि परस्पर वार्ता के माध्यम से स्वतः ही समस्या का समाधान कर लेते हैं, तो इससे अच्छा कुछ और नहीं हो सकता । एक भाई से दूसरे भाई को पृथक करने वाली बर्लिन की दीवार इसी मार्ग से गिराई जा सकी। फिर जर्मनी का एकीकरण हुआ, और इसी भाँति वियतनाम भी एक बना। कोरिया के एकीकरण की दिशा में, जैसा कि उल्लेख किया है, अच्छी प्रगति हो रही है। दक्षिणी कोरिया के राष्ट्रपति किम और उत्तरी कोरिया के राष्ट्रपति के मध्य पिछले दिनों हुआ समझौता शुभ संकेत है; श्रेष्ठ कदम है। लेकिन यदि समस्या या संघर्ष में लिप्त दो पक्षों में समाधान को स्वतः ही हल कर सकने का साहस न हो, या ऐसा करना उनकी क्षमता से बाहर हो, अथवा परिस्थितियाँ (ही) ऐसी हों कि सम्बद्ध पक्ष एक-दूसरे के सामने न बैठ सकते हों, तब वे किसी तीसरे पक्ष की सहायता लें, और सहायता प्रदानकर्ता ऐसा पक्ष वार्ता के लिए वातावरण बनाने में सहयोग करे। वह अपने यहाँ वार्ता के आयोजित किए जाने हेतु सुविधा दे, और वार्ता सही दिशा में आगे बढ़े, वह यह भी सुनिश्चित करे। ऐसा भी संभव न हो, तो सम्बद्ध पक्षों को चाहिए वे तीसरे पक्ष की मध्यस्थता स्वीकार करें। महात्मा गाँधी के ही शब्दों में, "...(उन्हें) चाहिए कि वे परस्पर वार्तालाप से मामले को तय करें, इसमें सफल न होने की स्थति में मध्यस्थता का सहारा लें...।"[14]

इस तरह के मामलों में दोनों पक्षों को अपने पूरे भरोसे के एक तीसरे पक्ष का चयन करना होगा और उस तीसरे पक्ष को वार्ता का आयोजन करना होगा; उसे वार्ताक्रम तब तक जारी रखना होगा, जब तक ईमानदारी से दोनों पक्षों को कोई समझौता स्वीकार्य नहीं हो जाता। यह ध्यान रखना चाहिए कि समस्या के समाधान में सम्बद्ध पक्षों को कुछ-न-कुछ त्याग या बलिदान (भी) करना पड़ सकता है। इसके लिए उन्हें अपने को तैयार रखना चाहिए। लेकिन ऐसे में तीसरे पक्ष का यह उत्तरदायित्व हो जाता है कि वह सुनिश्चित करे कि सम्बद्ध पक्षों में से किसी के साथ भी, त्याग या बलिदान के नाम पर, अन्याय न हो। निश्चित रूप में तीसरे पक्ष की भूमिका यहाँ महत्त्वपूर्ण है। इस प्रकार यह एक अन्य मार्ग है, जिस पर गाँधीवाद बल देता है; और इसमें सहयोग की भावना सम्मिलित है। इस ढंग से भी विश्व की कुछ समस्याएँ सुलझाई गई हैं। हम जानते हैं, पश्चिमी एशिया में कई बार तनाव को दूर करने के लिए यह उपाय कारगर रहा है। लेकिन पुनः दोहराना चाहूँगा कि तीसरे पक्ष की भूमिका पूर्णतः उत्तरदायित्व से भरी होती है, और वह महत्त्वपूर्ण भी होती है। इस्राइल और फिलीस्तीन विवाद में राष्ट्रपति क्लिंटन एवं दिवंगत शाह हुसैन की भूमिका अति सराहनीय थी। माना कि दोनों देशों के बीच समस्या का स्थायी और शान्ति से भरपूर हल नहीं हो सका, लेकिन फिर भी दोनों राष्ट्रों को एक-न-एक दिन तो समस्या के समाधानार्थ किसी निष्कर्ष पर पहुँचना ही होगा। माना कि दोनों देशों के मध्य विवाद का मुद्दा धार्मिक भावनाओं से

जुड़ा है; वह गम्भीर है, लेकिन इसके बावजूद भी उपाय (तो) करने (ही) होंगे। दोनों देशों के शासकों को अपनी-अपनी जनता के सामने वस्तुस्थिति रखनी ही होगी। कुछ कड़वे घूँट उन्हें पीने ही होंगे। भूतकाल की अनेक बातों को उन्हें भूल जाना होगा। शान्तिमय उज्ज्वल भविष्य का चित्र आँखों के सामने रखना होगा। यही अन्तर्राष्ट्रीय समझ का तकाजा भी है।

एक और ढंग पंच-प्रक्रिया को अपनाने का भी है। यह ढंग उक्त वर्णित ढंग का ही विस्तृत रूप है। प्राचीनकाल से ही भारत में इस ढंग को निम्न, अर्थात व्यक्तिगत या स्थानीय, स्तर से अपनाया जाता रहा है। यह अत्यधिक कारगर सिद्ध भी हुआ है। इससे मुख्यतः तीन परिणाम सामने आया करते थे और उन्हीं के आधार पर समस्या के स्थायी समाधानार्थ निर्णय भी लिए जाते थे।[15] अन्तर्राष्ट्रीय स्तर पर भी इस ढंग की पूरी-पूरी उपयोगिता है। इसके अन्तर्गत सम्बद्ध पक्षों को मान्य पाँच या उससे अधिक पंच नियुक्त होते हैं। ये पंच समस्या के सम्बन्ध में दोनों पक्षों को बारीकी के साथ, दूसरे शब्दों में विस्तार से, सुनें; फिर आपस में ईमानदारी से उस पर चर्चा करें। चर्चा का ब्यौरा सम्बद्ध पक्षों के समक्ष रखें और साथ निर्णय दें, जिसे मानना बाध्यकारी हो। प्रयास यह भी होना चाहिए कि निर्णय को सर्वसम्मति से दिया जाए। इस स्थिति में भी कुछ कड़वे घूँट पीने की तैयारी रखनी चाहिए।

इस प्रकार ये कुछ बातें हैं, जिन्हें समस्याओं, विवादों या संघर्षों को सुलझाने के लिए अपनाया जा सकता है। ये बातें सरल, सामान्य

और सबकी जानकारी वाली हैं। ये अहिंसा की परिधि के भीतर हैं, सदाबहार हैं, और कल्याणकारी हैं। चूँकि सभी इन बातों से परिचित हैं, इसलिए कोई नई या विशेष बात मैं कह रहा हूँ, ऐसा नहीं है। लेकिन समस्या का समाधान जितनी खूबी के साथ किया जाएगा, वह उतना ही श्रेयस्कर तथा योग्यता का परिचायक व श्रेष्ठ होगा। यही इस सम्बन्ध में मैं कहना चाहूँगा। मैं यह भी कहना चाहूँगा कि कोई भी वास्तविक गाँधीवादी उक्त संदर्भ में खरा उतर सकता है; ऐसा मेरा विश्वास भी है।

2

राष्ट्रीय और अन्तर्राष्ट्रीय स्तर पर कई बार बड़ी विचित्र स्थिति उत्पन्न हो जाती है। ऐसे में तीव्र गति से कार्यवाही करने के अतिरिक्त और कोई चारा शेष नहीं रह जाता। उदाहरण के लिए कुछ वर्ष पूर्व मालद्वीप के सामने आए संकट को मैं प्रस्तुत करता हूँ। हिन्द महासागर के इस छोटे से और दुर्बल राष्ट्र पर कुछ आतंकवादियों ने अधिकार कर लेने की चेष्टा की थी। मालद्वीप के राष्ट्रपति ने तुरन्त ही भारत से सहायता का अनुरोध किया और भारतीय नौ-सेना ने त्वरित कार्यवाही करते हुए मालद्वीप को बचा लिया। स्वाभाविक था, भारतीय कार्यवाही के चलते कुछ जानें चली गईं, लेकिन क्या इससे अहिंसा के सिद्धान्त की अनदेखी हुई? नहीं। यह न तो अहिंसा के सिद्धान्त का ही उल्लंघन था और न ही गाँधीवादी दृष्टिकोण से मुँह मोड़ने वाली स्थिति थी।

उक्त विषय में त्वरित सैनिक कार्यवाही के अतिरिक्त कोई अन्य विकल्प नहीं था। कार्यवाही नहीं हुई होती, तो हजारोंजन के साथ

अन्याय होता। वे आक्रमणकारियों के हाथों अपनी स्वतंत्रता को खो बैठते। ऐसे में भारत ने एक श्रेष्ठ पड़ोसी के रूप में अपने कर्तव्य का पालन किया और हजारों लोगों की सुरक्षा की। एक लोकतंत्रात्मक पद्धति वाले देश को आतंकवादियों से बचाया और वह भी कम-से-कम सम्भव जनहानि के साथ। गाँधीवाद में न्याय और स्वाधीनता की रक्षा पर बारम्बार बल दिया गया है। जो न्याय और स्वतंत्रता की कीमत को नहीं जानता, वह अहिंसक (भी) नहीं हो सकता। न्याय और स्वतंत्रता सुरक्षित रहें, और इसके लिए यदि कुछ खोना भी पड़े, तो वह अनुचित नहीं होगा। इसलिए कुछ बलिदान करने से यदि हजारों-लाखों लोगों का जीवन बच सके, तो एक सीमा तक वह गाँधीवाद का परिधि के भीतर ही है। फिर महात्मा गाँधी ने तो स्वयं कहा है कि अन्ततः हिंसा और अहिंसा की कसौटी कृत्य के पीछे रहा उद्देश्य होता है। उक्त कार्यवाही के मूल में उद्देश्य हजारों लोगों को बचाना था, उनके लिए न्याय और स्वतंत्रता को सुनिश्चित करना था। हाँ, मैं पुनः दोहराना चाहूँगा कि मालद्वीप जैसे घटनाक्रम में, जितना भी कम-से-कम सम्भव हो सके, जन-धन की हानि हो, वही अच्छा होगा।

कुछ ऐसी घटनाएँ भी घटित होती हैं, जो अमानवीय होने के साथ-साथ दूसरों पर भी बुरा प्रभाव डालती हैं। ऐसी घटनाएँ भविष्य के लिए गलत उदाहरण भी बनती हैं। ऐसे में आमने-सामने बैठकर वार्ता करने की सम्भावना नहीं रह जाती है; और मध्यस्थ अथवा पंच-प्रक्रिया कारगर सिद्ध होने योग्य नहीं रह जाती है। ऐसे में क्या किया जाए? क्या

अमानवीयता को अनदेखा किया जाए? यदि नहीं, तो क्या कोई तीसरा राष्ट्र हस्तक्षेप करके, सैन्य कार्यवाही द्वारा, अन्याय को समाप्त करे? तथा यदि ऐसा हो तो क्या यह दूसरों के मामलों में हस्तक्षेप नहीं होगा? क्या यह दादागिरी नहीं होगी? क्या इससे अहिंसा के सिद्धान्त का उल्लंघन नहीं होगा?

कुछ वर्ष पूर्व कुवैत की प्रभुसत्ता को नष्ट करने का प्रयास भी किया गया। कुवैत संयुक्त राष्ट्र संघ जैसी माननीय संस्था का वर्षों से सदस्य रहा है। लेकिन इराक ने उसके तेल के कुओं, जो कि प्रकृति की सारी मानवता के लिए देन हैं, आग के हवाले कर दिए और फिर कुवैत पर अधिकार कर लिया। ऐसे में अन्तर्राष्ट्रीय समाज क्या करे? क्या वह मूकदर्शक बनकर देखता रहे? नहीं। विशेष रूप से जब कुवैत जैसा दुर्बल राष्ट्र किसी ऐसे आक्रान्ता का शिकार हो जाए, तो अन्तर्राष्ट्रीय समाज का उत्तरदायित्व और अधिक हो जाता है। ऐसी स्थिति में एकताबद्ध होकर संसार के समस्त देशों को आक्रान्ता का प्रतिकार करना चाहिए। विश्व में, मैं पुनः दोहराता हूँ, आज कोई भी अकेला चल पाने की स्थिति में नहीं है; एक-दूसरे पर निर्भरता ने साथ मिलकर चलने की विवशता बना दी है। ऐसे में यह सम्भव नहीं है कि कोई सबका प्रतिकार सहन कर सके, भले ही वह कितना भयानक आक्रान्ता ही क्यों न हो?

प्रतिबन्धों सहित प्रतिकार के कई और माध्यम हो सकते हैं। देश-काल की परिस्थितियों में जो भी सबसे कारगर जान पड़े, उसी उपाय

को अपनाया जाना चाहिए। लेकिन जहाँ कहीं लाखोंजन के जीवन को बचाने की बात हो, और त्वरित सैनिक कार्यवाही ही एकमात्र विकल्प हो, वहाँ संयुक्त राष्ट्र संघ के मार्गदर्शन में, कम-से-कम जन-धन की हानि को सुनिश्चित करते हुए, कदम उठाए जाने चाहिएँ। उपरान्त शीघ्रता से उक्त कदम वापस लिए जाने चाहिएँ। लेकिन फिर तुलनात्मक रूप से मैं पूर्ण, या जितना आवश्यक हो, प्रतिकार किए जाने की बात कहूँगा, इसका अन्तर्राष्ट्रीय स्तर बहुत महत्त्व है; इसे कोई झेल नहीं सकता। आवश्यकता है तो इस सम्बन्ध में सभी या अधिकाधिक सम्भव राष्ट्रों के ईमानदारी से वचनबद्ध होने की।

अब मैं आपके समक्ष वर्ष 2000 ईस्वी की फिजी की घटना को रखना चाहूँगा। फिजी ओशाना का एक छोटा-सा देश है, जो 1970 में स्वाधीन हुआ। आपने सुना ही होगा कि 19 मई, 2000 को वहाँ की निर्वाचित सरकार और लोकतंत्र को विद्रोह का शिकार होना पड़ा। वहाँ के तत्कालीन प्रधानमन्त्री 55 दिनों तक अपने मंत्रिमण्डल के कई साथियों के साथ विद्रोहियों के चंगुल में रहे। उन लोगों पर मृत्यु के बादल मँडराते रहे। अन्तर्राष्ट्रीय समाज की ओर से जिस त्वरित और ठोस कार्यवाही की अपेक्षा थी, वह नहीं हुई। इस प्रकार की घटनाएँ न तो प्रजातंत्र के लिए अच्छा संकेत हैं, और न ही विश्व-शान्ति के लिए। कैसे? आइए! इस घटना के कुछ विस्तार में जाकर चर्चा करें।

फिजी में लगभग 138 वर्ष पूर्व, 1869 में, पहली बार गिरमिटियाओं के रूप में भारतीयों को ले जाया गया था। दक्षिणी अफ्रीका की ही भाँति

वहाँ भी अंग्रेजों को भारतीयों की गन्ने की फसल उगाने के लिए आवश्यकता हुई थी। अधिकांश गिरमिटिये 1916 में मुक्त होकर फिजी में ही बस गए थे और वे स्वयं गन्ने की खेती करने लगे थे। अपने कठिन परिश्रम के बल पर वे निरन्तर सम्पन्न होते गए और आज उनकी पाँचवीं पीढ़ी भी फिजी में रह रही है। वह (पीढ़ी) स्वयं विकास के उच्च-स्तर पर है; और साथ ही भारतीय मूल के लोगों ने फिजी को भी समृद्ध किया है।

किसी देश में कोई बाहर से आकर बसा हो, और बसने के बाद उसने उस देश को सदा के लिए अपना मान लिया हो, तथा उस देश की प्रगति में दिन-रात एक किया हो, तो उसका स्वाभाविक रूप से उस देश पर दावा बनता है। फिर जिनकी पाँच-पाँच पीढ़ियों ने किसी देश के पुनर्निर्माण में अपने को खपा दिया हो, क्या वे उस देश के लिए बाहरी माने जाएँगे? यह अति गम्भीर प्रश्न है, न केवल फिजी के सम्बन्ध में, अपितु विश्व के उन सभी देशों के लिए भी, जहाँ सौ, दो सौ, पाँच सौ, हजार या दो हजार वर्ष पहले आकर लोग बस गए थे, और फिर अन्यों के साथ रहते हुए और विकास के कार्यों में बराबर का हाथ बँटाते हुए, वे वहीं के हो गए। आज यदि ऐसे लोगों को बाहरी बताकर उनके साथ अन्याय किया जाए, उनसे उनकी स्वतंत्रता को छीना जाए, तो वह तनिक भी ठीक नहीं होगा। यदि ऐसा होने लगेगा, तो इसका कोई अन्त नहीं होगा। मेरी तो इस सन्दर्भ में मान्यता यह है कि जो किसी देश को अपना मान ले, हर रूप से उसकी मिट्टी व उसके

निवासियों से एकाकार कर ले, तो वह देश उसी का है। अन्यों के समान ही उसका भी उस देश पर समान रूप से दावा है।

जैसा कि उल्लेख किया है, फिजी 1970 में स्वाधीन हुआ। (इंग्लैण्ड से) पृथक होने की प्रक्रिया से सम्बन्धित अभिलेख पर फिजी के समस्त प्रथागत मुखियाओं ने हस्ताक्षर किए और इस प्रकार वे ही देश की सत्ता का आधार भी हुए।[16] लेकिन उस समय फिजी के सामाजिक ढाँचे को दो मुख्य क्षेत्रों-पूरब और पश्चिम-के सन्दर्भ में देखें, तो उनमें स्पष्ट रूप में असमानता दिखाई देगी। (वह) इस रूप में कि पूरबी क्षेत्र के मुखियाओं ने उपनिवेशवादियों के साथ करार के आधार पर राजनीतिक सत्ता को प्राप्त किया; दूसरी ओर चीनी उद्योग, सोने की खानों और पर्यटन गृहों पर अधिकार पश्चिमी क्षेत्र वालों का रहा और इससे दोनों में असमानतापूर्ण विकास का चित्र उभरा। परिणामस्वरूप पश्चिमी क्षेत्र देश की अर्थव्यवस्था का आधार बना, जबकि राजनीतिक सत्ता पूर्वी क्षेत्र के पास रही। वर्ष 1972 से 1987 तक फिजी की सत्ता में रहने वाले रतुसर कमीसस मारा और 1987 के विद्रोह के बाद सत्ता हथियाने वाले सीतीवेनी राबुका पूर्वी क्षेत्र के ही थे। विपरीत इसके 1987 में पद से हटाए जाने वाले तिमोसी बवान्द्रा पश्चिमी क्षेत्र से थे। इस तरह की असमानता फिजी की एक गम्भीर समस्या रही है और इसने भारतीय मूल के लोगों को भी प्रभावित किया है। चीनी उद्योग और अर्थव्यवस्था के दूसरे क्षेत्रों में भारतीयों की सम्बद्धता भी परेशानी का कारण बनी है।

1970 में स्वाधीनता के बाद फिजी ने एक संविधान स्वीकार किया था, जिसमें फिजीवासियों के हितों की सर्वोच्चता बनाए रखने की व्यवस्था की गई थी। इसमें फिजी की अस्सी प्रतिशत से भी अधिक भूमि पर फिजियों के अधिकार की प्रत्याभूति थी। ऐसी भूमि पर फिजियों के अधिकार की सुनिश्चितता को बनाए रखने के उद्देश्य से यह व्यवस्था भी की गई थी कि जब इस सम्बन्ध में कोई विधायी प्रयास किया जाए, तो वहाँ की मुखिया-परिषद के तीन लोगों को उस पर वीटो करने का अधिकार होगा। यही बात वहाँ के रीति-रिवाजों और जीवन-पद्धति को बनाए रखने के सम्बन्ध में भी लागू होगी।[17] इन्हीं संवैधानिक व्यवस्थाओं के अनुसार वर्ष 1987 तक फिजी का शासन चला था। इस प्रकार निश्चित रूप से भारतीय मूल के लोगों को फिजी के मूल निवासियों से कम अधिकार दिए गए थे। लेकिन इसके बावजूद भारतीयों के प्रभुत्व वाली ''एफ० एल०पी०'' ने 1977 व 1987 के आम चुनावों में सफलताएँ प्राप्त कीं।

अब जैसा कि विदित ही है, 1987 में बवान्द्रा की लोकतांत्रिक ढंग से चुनी हुई सरकार को बलपूर्वक हटाकर राबुका ने सत्ता पर अधिकार कर लिया। उपरान्त राबुका ने एक नया संविधान तैयार किया, जिसके अनुसार, "फिजी में भारतीय मूल के लोग सरकार में उच्च पदों को ग्रहण करने से वंचित कर दिए गए।" इस प्रावधान का देश पर बुरा प्रभाव पड़ा। वह इसलिए कि रंग-भेद का प्रावधान करने वाले संविधान को स्वीकार करने के फलस्वरूप पूँजी-निवेश बाहर होने लगा और देश

की अर्थव्यवस्था पर बुरा प्रभाव पड़ने लगा। साथ ही, लोकतांत्रिक ढंग से चुनी हुई सरकार को शस्त्र बल से हटा देने की अन्तर्राष्ट्रीय क्षेत्र में आलोचना हुई। फिजी को कई तरह के प्रतिबन्ध झेलने पड़े; और फिर दोहराना चाहूँगा, अब किसी भी राष्ट्र में इतनी क्षमता नहीं है कि वह सबसे अलग होकर अपनी इच्छानुसार कोई रास्ता चुन ले, तथा अब यह भी सम्भव नहीं है कि कोई अन्तर्राष्ट्रीय प्रतिकार को सहन कर सके।

दस वर्ष के राबुका के शासनकाल में फिजी की अर्थव्यवस्था चरमरा गई। फिजी को प्रतिकार का सामना अलग से करना पड़ा। परिणामस्वरूप 1997 में राबुका को संविधान में संशोधन करना पड़ा। इससे वहाँ लोकतंत्र की बहाली का मार्ग प्रशस्त हुआ। उसी वर्ष नई व्यवस्था के अनुसार आम चुनाव हुए और 'एफ० एल० पी०', जिस पर भारतीय मूल के लोगों का वर्चस्व था,[18] विजयी हुई। इस विजय से, और कुछ हद तक पहले के चुनावों से भी, यह स्पष्ट हुआ कि फिजी की जनता में देशी-विदेशी मूल का मुद्दा प्रमुख नहीं है।

उक्त सफलता के बाद[19] महेन्द्र चौधरी के नेतृत्व में अट्ठारह सदस्यों वाले मंत्रिमण्डल ने फिजी में कार्यभार सँभाला। इन अट्ठारह में 12 फिजी के मूल निवासी थे और 6 भारतीय मूल के लोग थे।[20] इस प्रकार दस वर्षों के बाद फिजी में लोकतंत्र की वापसी हुई। महेन्द्र चौधरी के नेतृत्व में लगभग दो वर्षों तक शासन चला और फिर 19 मई, 2000 को जार्ज स्पाट के नेतृत्व में निहित स्वार्थी तत्त्वों ने वहाँ की संसद पर शस्त्रों के बल पर अधिकार कर लिया तथा प्रधानमंत्री

चौधरी सहित अनेक मंत्रियों को, जिनमें फिजी के मूल निवासी भी थे, 55 दिनों तक संसद-परिसर में ही बन्दी बनाए रखा। इसी क्रम में चौधरी की चुनी हुई सरकार जाती रही। यहाँ फिर यह देखना चाहिए कि फिजी में देशी-विदेशी मूल के मुद्दे से कहीं अधिक गम्भीर मुद्दा पूर्वी तथा पश्चिमी क्षेत्रों के लोगों के हितों के बीच टकराव का है। इसी के साथ, भारतीय मूल के लोगों के पास जो भूमि है, उस पर तथा कुछ अन्य मुद्दों पर भी विवाद है। लेकिन मूल के मुद्दे को प्रमुख आधार बनाकर निहित स्वार्थी तत्त्वों ने लोकतंत्र की हत्या कर दी, जो दुखद था। कई पीढ़ियों से फिजी की राष्ट्रीय धारा में अपने को खपा देने वालों के सामने गम्भीर चुनौती खड़ी कर दी गई। ये लोग आज भी लीज (पट्टे) के आधार पर खेती करते हैं, और लीज की 99 वर्षों की अवधि समाप्त होने को है।

फिजी के मूल निवासियों में से निश्चित ही कुछ ऐसे भी होंगे, जो 'फिजी फिजियों के लिए', जैसे नारे में बह सकते हैं। ऐसा जार्ज स्पाट के नेतृत्व में हुई कार्यवाही के समय देखने को मिला। ऐसे लोग भावना में बहकर भारतीय मूल के लोगों के विरुद्ध निहित स्वार्थी तत्त्वों से भी मिल गए। लेकिन इस तरह के लोग बड़ी संख्या में नहीं हैं; निश्चित रूप से वे कुछेक ही हैं।

जब उक्त घटनाक्रम सामने आया, तो स्वाभाविक रूप से संसार के दूसरे देशों का ध्यान इस ओर गया। लोकतंत्र की हत्या करने के कारण विद्रोहियों की आलोचना हुई। लेकिन त्वरित गति से जो

कार्यवाही अन्तर्राष्ट्रीय स्तर से होनी चाहिए थी, वह नहीं हुई। कार्यवाही के नाम पर जो कुछ सुनने को मिला, वह तनिक भी सन्तोषजनक नहीं था। मैं ऐसा नहीं कहता हूँ कि अन्तर्राष्ट्रीय जगत से वहाँ सैनिक टुकड़ियाँ भेजी जातीं और विद्रोह को दबाया जाता। इसकी कोई आवश्यकता नहीं थी। विपरीत इसके, यदि त्वरित गति से और ठोस रूप में प्रतिकार का मार्ग अपनाया जाता, वह भी विशेष रूप में कुछ निकटवर्ती बड़े देशों द्वारा, तो प्रधानमंत्री व मंत्रिमण्डल के सदस्य 55 दिनों तक मौत के साए में नहीं रहे होते। इतना भर करने से ही विद्रोहियों व उनके समर्थकों के होंसले पस्त हो जाते। लेकिन प्रतिबन्ध व प्रतिकार की केवल बातें ही होती रहीं, अमल में कुछ नहीं आया। इस प्रकार की घटनाओं के, जैसा कि मैंने कहा, दूरगामी और गम्भीर प्रभाव होते हैं। इसलिए अन्तर्राष्ट्रीय स्तर से (ही) इस सम्बन्ध में कुछ मानदण्ड तो तय करने ही होंगे। भविष्य में भी ऐसी घटनाओं की पुनरावृत्ति हो सकती हैं। आज जो चुप्पी साधे हुए हैं, या इस सम्बन्ध में कर्तव्य-विमुख हैं, वे सही नहीं हैं। अहिंसक और शान्तिमय विश्व का निर्माण करने के लिए सभी को अपने कर्तव्य का पालन करना होगा; अन्तर्राष्ट्रीय घटनाक्रम से सभी का सरोकार होता है, और आवश्यकता पड़ने पर, सभी का कर्तव्य भी बनता है।

अब फिजी में लोकतंत्र नहीं है। वहाँ जो समस्या है, उसे दोनों– मूल निवासियों व भारतीय मूल के लोगों-को आपस में मिलकर ही हल करना है। दोनों को फिजी में रहते हुए ही देश को उन्नति के मार्ग पर ले जाना है। सीमित आर्थिक स्रोतों के कारण वहाँ परस्पर

सहयोग अति आवश्यक है। ऐसा करने से अहिंसा की परिधि के भीतर ही समस्या का समाधान हो जाएगा। वहाँ लोकतंत्र की पुनर्स्थापना हो सकेगी। इसके अतिरिक्त और चारा भी क्या है? अन्याय के विरुद्ध संघर्ष करना होता है; बिना संघर्ष के कुछ भी प्राप्त नहीं होता है, लेकिन संघर्ष अहिंसक हो, तो सफलता देर-सवेर मिलती ही है। अहिंसा की उपयोगिता बनी ही रहने वाली है। यह एक ऐसा यंत्र है, जिसका समस्या के समाधान की दृष्टि से कोई विकल्प नहीं है। इसलिए ऐसे अन्याय के विरुद्ध दोनों पक्षों को मिलकर आगे आना चाहिए, संघर्ष करके देश को समृद्ध बनाना चाहिए।

ऐसे में यह भी महत्त्वपूर्ण है कि यदि अन्तर्राष्ट्रीय स्तर से समस्या के समाधानार्थ सक्रियता के साथ वातावरण बनाया जाएगा, तो समस्या शीघ्र सुलझ सकेगी। लोकतंत्र के द्वार खुलेंगे और ऐसा ही होना भी चाहिए। विशेष रूप से जो सक्षम हैं, फिजी पर इस सम्बन्ध में दबाव भी डाल सकते हैं। उन्हें आगे आना ही चाहिए। साथ ही अन्तर्राष्ट्रीय संगठनों को सक्रिय, कारगर और उत्तरदायित्व से भरपूर भूमिका का निर्वाह करना चाहिए। अन्तर्राष्ट्रीय सहयोग को इससे बल मिलेगा, अन्तर्राष्ट्रीय समझ को एक आयाम मिलेगा तथा वैश्वीकरण की भावना बलवती होगी। अन्ततः फिजी का भी कल्याण ऐसे ही कदमों के उठाने से हो सकेगा।

सन्दर्भ

1. प्रथम अगस्त, 1914 से ग्यारह नवम्बर, 1918 तक।

2. 1939 तथा 1945 के मध्य।

3. सहयोग से समाधान, पृष्ठ 13

4. वही उपरोक्त।

5. धर्म पर निबन्ध, पृष्ठ 36

6. वही उपरोक्त।

7. उपरोक्त।

8. गाँधीवाद और शान्ति, पृष्ठ 17-18

9. वही उपरोक्त, पृष्ठ 18

10. ''भयरहित शान्तिमय विश्व के निर्माणार्थ'' शीर्षक से 1997 में लिखे गए अपने एक लेख में मैंने उन चार बिन्दुओं का उल्लेख किया है, जो ग्राम-स्तर से लेकर अन्तर्राष्ट्रीय स्तर तक होने वाले विवादों या युद्धों में देखने को मिलते थे। चार बिन्दु थेः

"(क) विवाद, संघर्ष, या झगड़े निम्न से उच्च स्तर तक समाज में स्वाभाविक रूप से होते ही हैं;

"(ख) इन विवादों, संघर्षों या झगड़ों से कभी किसी को कुछ नहीं मिला है;

"(ग) अन्ततः (इनमें संलग्न) पक्ष थक जाते हैं, और वे समस्या के समाधान के लिए शान्तिमय उपायों का सहारा लेते हैं; और

"(घ) संलग्न पक्षों के पास वार्ता और समझौतों-संधियों के अतिरिक्त अन्य कोई विकल्प नहीं रह जाता है।"

11. टाइम्स ऑफ इण्डिया।

12. हरिजन, सितम्बर 28, 1947

13. वही उपरोक्त, मई 10, 1947

14. वही अक्टूबर 5, 1947

15. सभी सम्बद्ध पक्षों को सुनने के उपरान्त, मामले की बारीकी से जाँच होती थी, उस पर चर्चा होती थी और अन्ततः इस प्रकार का निष्कर्ष निकलता थाः

"(क) दोषी पाए जाने वाले व्यक्ति अथवा पक्ष को क्षमायाचना के लिए कहा जाता था; वह ऐसा कर लेता था और विवाद या समस्या का स्थायी रूप से अन्त हो जाता था;

"(ख) दोषी को क्षमा माँगने के अतिरिक्त, आवश्यकतानुसार, दूसरे पक्ष को क्षतिपूर्ति को कहा जाता था। दोषी इसे भी स्वीकार कर लेता था और इस प्रकार भी विवाद समाप्त होता था; एवं

"(ग) यदि संघर्ष गम्भीर प्रकृति का रहा हो, उसमें कोई घायल हो गया हो, या किसी की जान चली गई हो, तो मामला पुलिस तक चला जाता था, लेकिन फिर भी (प्रायः) उक्त प्रक्रिया ही इस प्रकार के मामलों में भी अपनाई जाती थी। ऐसे मामलों में समय लगता था, न्यायालयों के चक्कर भी लगाने पड़ते थे, लेकिन निश्चिततः समस्या का स्थायी समाधान उसी प्रकार होता था।"

16. फिजी-समाज को सुरक्षा प्रदान करने के उद्देश्य से, और वहाँ के समाज के स्तर को ऊँचा उठाने के लिए ही अस्सी प्रतिशत या अधिक भूमि फिजियों के अधिकार में रही।

17. हिन्दुस्तान टाइम्स, अगस्त 18, 2000

18. फिजी लेबर पार्टी।

19. 71 में 52 स्थानों पर विजय प्राप्त करके।

20. हिन्दुस्तान टाइम्स, अगस्त 21, 2000

****

अध्याय-सात

उपसंहार

समालोचनात्मक विश्लेषण; वर्तमान और भविष्य के लिए दिशा-निर्देश।

पिछले छः अध्यायों में गाँधीवादी अहिंसा के सिद्धान्त और व्यवहार का अनेक सन्दर्भों में समालोचनात्मक अध्ययन करने के बाद हम कुछ निश्चित निष्कर्षों पर पहुँचते हैं। इनमें पहला निष्कर्ष तो यह है कि अहिंसा, हिंसा के विपरीत की स्थिति है। इसकी सामान्य परिभाषा के अन्तर्गत, "मन, वचन और कर्म से दूसरे के मन, वचन और कर्म को आहत न करना और साथ ही किसी के जीवन को नष्ट न करना" सम्मिलित है। प्राचीनकाल से ही अहिंसा के सम्बन्ध में अनेक अवधारणाएँ विकसित होती रही हैं। इस प्रकार की समस्त अवधारणाओं पर निश्चित रूप से देश-काल की परिस्थितियों का प्रभाव रहा है। इसीलिए इसे विभिन्न परिप्रेक्ष्यों में देखा गया। प्राचीन भारतीय अवधारणाएँ, पश्चिमी जगत की अवधारणाएँ और कुछ आधुनिक अवधारणाएँ, इस सन्दर्भ में भली-भाँति हमारी चर्चा का विषय रहीं। क्षण-प्रतिक्षण परिवर्तित होते संसार और संसारिकता में यही आवश्यक भी था। स्वयं गाँधीजी जैसे व्यक्ति का यही मानना था। इसीलिए अपने

एक जैन मित्र को उनके पत्र के उत्तर में[1] उन्होंने लिखा था, "मेरा यह विचार है कि जैसे जीवन निरन्तर परिवर्तन व विकास का विषय है, वैसे ही शब्दों के अर्थ भी विकास की प्रक्रिया से गुजरते रहे हैं, किसी भी धर्म के इतिहास से भली-भाँति इसे सिद्ध किया जा रहा है। हिन्दू धर्म के 'यज्ञ' या 'बलिदान' शब्द को इस सन्दर्भ में विश्लेषित किया जा सकता है। सर जे० सी०बोस के अन्वेषण आज (तो) स्वीकृत जीव-वैज्ञानिक सन्दर्भों में क्रान्ति ला रहे हैं।[2] इसी प्रकार यदि हम अहिंसा को पूर्णतः महसूस करें, तो अहिंसा के सिद्धान्त की आधुनिक व्याख्याओं से (अथवा विचारों से) संघर्ष नहीं कर सकते। हम प्रसिद्ध सूक्ति वाक्य, "अहिंसा सर्वोच्च या मुख्य कर्तव्य है," में परिवर्तन नहीं कर सकते, लेकिन यदि हमें अपनी आध्यात्मिक विरासत को बनाए रखना है, तो हम इस सार्वभौमिक और महान सिद्धान्त से सम्बन्धित विचारों की खोज करने को बाध्य हैं। लेकिन नाम के बारे में कोई विशेषाग्रह नहीं है। मुझे वहाँ तक कोई आपत्ति नहीं कि यदि परिस्थितियों के वशीभूत होकर कोई जीवन लिया गया है, जैसा कि मैने 'कॉल्ड अहिंसा' में उल्लेख किया है, और जहाँ तक इसमें सुधार का सम्बन्ध है।"[3]

महात्मा गाँधी ने अपने समय की परिस्थितियों और आवश्यकताओं के अनुरूप ही अहिंसा की अवधारणा को विकसित किया। विभिन्न अवसरों पर अहिंसा के प्रयोग करके उन्होंने दिखाए। उनसे संसार को चकित कर दिया। उनके अनुसार अहिंसा सबसे प्राचीन और शाश्वत

मूल्य है; सत्य, अहिंसा के साथ अभिन्न रूप से जुड़ा हुआ है; अहिंसा मानव के अस्तित्व की शर्त है, विकास के साथ ही लक्ष्य को इसी के द्वारा प्राप्त किया जा सकता है। अहिंसा साधन और साध्य, दोनों, है। इसकी शाश्वतता के सम्बन्ध में उनका तर्क ठोस व विचारणीय प्रतीत होता है। वे कहते हैं, "जहाँ से भी कुछ ऐतिहासिक प्रमाण मिलने प्रारम्भ हुए हैं, उस काल से आज तक के समय पर जब हम दृष्टि डालते हैं, तो हम देखते हैं कि मनुष्य अहिंसा के मार्ग पर चलता आया है।"[4] यह वास्तविकता भी है, क्योंकि जो अभूतपूर्व उन्नति आज हमारे सामने है, उसे देखते हुए महात्मा गाँधी के तर्क को नकारा नहीं जा सकता।

एशिया और भारत में अहिंसा से सम्बन्धित जितनी भी अवधारणाएँ विकसित हुईं, उन पर धार्मिकता, सामुदायिकता और भावनात्मकता का गहरा प्रभाव रहा है। इन्हीं तीनों को इस क्षेत्र में हुई लगभग समस्त अहिंसक कार्यवाहियों में स्पष्टतः देखा जा सकता है। इसी के साथ, जैसा कि प्रथम अध्याय में हमने पाया, अहिंसा के मामले में भारत एशिया के अन्य देशों से पृथक है, और उनसे आगे भी है। भारत में अहिंसा की सूक्ष्मतम् व्याख्या हुई है तथा यहाँ इसे प्राणिमात्र के विषय के रूप में स्वीकारा गया है; साथ ही कहीं-कहीं अहिंसा व्यक्तिगत के अतिरिक्त सामाजिक गुण के रूप में भी स्वीकारी गई है। व्यवहार में यहाँ अहिंसा का क्षेत्र व्यापक है; आमजन की दिनचर्या में इसके स्पष्ट दर्शन होते है। अहिंसा की गाँधीवादी अवधारणा की विशेषता यह है कि वह सकारात्मक रूप से उक्त सभी दृष्टिकोणों में

समन्वय स्थापित करती हुई सबके लिए अनुकरणीय बन जाती है। व्यक्ति के साथ ही समाज का भी विषय हो जाती है।

इतना ही नहीं, समस्त पाश्चात्य अवधारणाओं, उनके मूल में न्याय हो या सदाचार, दूसरे के अधिकार के सम्मान की बात हो या कार्य में अहस्तक्षेप की, के निकट गाँधी की अहिंसा खड़ी हुई दीख पड़ती है। इसीलिए भारत और एशिया के अतिरिक्त वह समस्त संसार के लिए अनुकरणीय है। इसकी अन्तिम कसौटी कृत्य के पीछे रहा उद्देश्य है। सिद्धान्त के साथ-साथ इसमें व्यावहारिक सम्भावनाएँ मौजूद हैं। 1928 में जैन अहिंसा के तीन कड़े और आम व्यक्ति के लिए असम्भव सिद्धान्तों[5] की ओर जब गाँधीजी का ध्यानाकर्षित किया गया था, तो उन्होंने स्पष्ट रूप से कहा था, "मैं अपने को उनके अनुरूप नहीं ढाल सकता हूँ।"

महात्मा गाँधी ने अहिंसा के अपने प्रयोग दक्षिणी अफ्रीका और भारत में किए। जैसा कि तीसरे अध्याय में हमने जाना, दक्षिणी अफ्रीका के उनके प्रयोग प्रारम्भिक थे। असमानता और अन्याय के प्रतीक कई कानूनों को बदलवाने या उन्हें समाप्त करने के उद्देश्य से महात्मा गाँधी ने वहाँ निष्क्रिय विरोध का अभूतपूर्व मार्ग प्रशस्त किया। इस समय वे साम्राज्य के प्रति वफादार रहे; अनेक श्वेतों के प्रति उनका सम्मान रहा। वफादारी और सम्मान को बनाए रखने के साथ ही, अपने पूरे 21 वर्षों के प्रवास के दौरान वे दक्षिणी अफ्रीका में अमानवीय कृत्यों और अन्यायी कानूनों के विरुद्ध अहिंसक संघर्ष करते रहे; और ऐसा

करके उन्होंने स्पष्टतः जता दिया कि "शक्तिशाली तानाशाही सत्ता भी शासितों की सहमति के बिना नहीं टिक सकती, और उस सहमति को बलपूर्वक प्राप्त नहीं किया जा सकता। जैसे ही शासित तानाशाह से भयभीत होना छोड़ देते हैं, उन पर से सत्ता समाप्त हो जाती हैं।"[6]

जैसा कि विदित है, निष्क्रिय विरोध के गाँधी के प्रयोग दक्षिणी अफ्रीका में सफल रहे थे। उपनिवेशवादी सरकार को कई अन्यायी कानून हटाने पड़े थे। परन्तु प्रश्न यह भी है कि अन्ततः गाँधी सफल हुए कैसे? यदि हम इस बारे में निष्पक्षता से विश्लेषण करते हैं, तो हम पाएँगे कि सफलता की चिन्ता किए बिना, दृढ़तापूर्वक वे अपने मार्ग पर बढ़ते रहे। आशा को उन्होंने कभी भी नहीं छोड़ा। उनकी सूझबूझ और कार्यशैली की कुशलता ने सभी वर्गों, समुदायों और यहाँ तक कि दूसरे देशों के नागरिकों को भी न्याय के लिए संघर्ष करने को प्रेरित किया। वे न्यूनाधिक अन्तर्राष्ट्रीय सहानुभूति भी बटोर सके। वे विश्व को एक मार्ग दिखा सके। सही कार्य की सिद्धि में चूँकि आज भी अन्तर्राष्ट्रीय सहानुभूति और सहयोग का बड़ा महत्त्व है, और आगे भी ऐसा ही होने वाला है; इसलिए कारगिल युद्ध के समय भी यह स्पष्ट हुआ था। इस सम्बन्ध में महात्मा गाँधी के ये सत्यतापूर्ण वाक्य पुनः दोहराए जा रहे हैं:

"जब पहले-पहल मैने सत्याग्रह प्रारम्भ किया, तो मेरे पास सहानुभूति नहीं थी। हम तेरह हजार पुरुष, स्त्रियाँ और बालक एक ओर थे.....और आसानी से हम कुचले जा सकते थे। मुझे नहीं पता था कि

मेरी सुनेगा कौन? सभी तेरह हजार संघर्ष को आगे नहीं आए; कई के पैर वापस हो गए। लेकिन फिर भी राष्ट्र का गौरव सुरक्षित रहा, और दक्षिणी अफ्रीका के सत्याग्रह से नए इतिहास की रचना हुई।"

साम्प्रदायिक एकता ने गाँधी के प्रयोगों को अत्यधिक सुदृढ़ता प्रदान की थी। वे भारतीय और हिन्दू थे। लेकिन उनके साथ, अन्याय की समाप्ति के लिए, मुसलमानों व पारसियों के अतिरिक्त कई यूरोपियों, जो ईसाई थे, और चीनियों ने भी पूरा सहयोग किया था। हमने अपने विश्लेषण में 'टालस्टाय फार्म' का उदाहरण प्रस्तुत किया। वहाँ विभिन्न धर्म-सम्प्रदायों, वर्गों, जातियों और विचारों के लोग एक साथ रहते थे; वे सभी एक ही रसोई में पका एक ही प्रकार का शाकाहार ग्रहण करते थे, वह भी सामूहिक रूप से एक साथ बैठकर। यह कोई छोटी बात नहीं थी। हिन्दुओं के अतिरिक्त वहाँ मुसलमान भी थे। गाँधी ने 'टालस्टाय फार्म' में सभी लोगों के सामने शाकाहार की श्रेष्ठता का तर्क रखा था, और उन्होंने सबको छूट दे दी थी कि वे इच्छानुसार शाकाहार या मांसाहार ग्रहण कर सकते हैं। लेकिन सभी ने स्वेच्छापूर्वक शाकाहार लेना तय किया, एक ही रसाई से और एक साथ मिल-बैठकर।

'टालस्टाय फार्म' में कई ऐसे भी थे, जो गाँधी की इच्छा के वशीभूत व विवशता के कारण शाकाहार लेते, क्योंकि अध्ययन के दौरान हमने पाया कि अनेक लोगों के सामने निवास व कार्य की समस्या थी, लेकिन नहीं, गाँधी ने किसी की भी विवशता को कार्य व निवास की समस्या के आड़े नहीं आने दिया। उन्होंने केवल विनम्रता के साथ

अपना पक्ष रखा; पर-इच्छा और पराधिकार का पूरा-पूरा सम्मान किया। इसी का परिणाम था कि सब एकत्रित हो सके। दूसरों का सहयोग प्राप्त करने के लिए पर-इच्छा और पराधिकार का सम्मान अत्यन्त ही आवश्यक होता है। आप किसी का भी सहयोग बलपूर्वक नहीं ले सकते। यही अहिंसा का संदेश है; यही गाँधी की सीख है।

गाँधी अपने प्रयोगों द्वारा आत्मनिर्भरता का अच्छा सबक सिखा सके थे। इस तरह के उनके प्रयोग पुरुषों एवं महिलाओं, दोनों, के लिए थे। निष्क्रिय कार्यवाही को इससे दक्षिणी अफ्रीका में बहुत शक्ति मिली थी। यही नहीं, अपितु उस समय की जागृति ने भारत में सक्रिय कार्यवाही के समय यहाँ की महिलाओं को अभूतपूर्व प्रेरणा दी थी। वे निडर बनी थीं। इसी का परिणाम था कि बारडोली सत्याग्रह[7] के दौरान जब सरकारी कर्मचारियों ने एक किसान को पकड़ लिया, तो उसकी पत्नी दौड़कर सरदार वल्लभभाई पटेल के पास गई और उनसे बोली, "उसे उसके पति की जगह भेजा जाए, क्योंकि वह तो उन्हें (सरकारी कर्मचारियों को) ढीला-ढीला उत्तर देगा, जबकि वह (स्वयं) उन्हें सही उत्तर देगी।"[8]

आत्मनिर्भरता की ही कड़ी में गाँधी ने उन समस्त आन्तरिक सुधारों के लिए कार्य किया, जिनकी अनुपस्थिति उनके देशवासियों को दूसरों से हीन बनाने वाली थी। कई समस्याओं का वह कारण थी। स्वच्छता, शिक्षा और अनुशासन आदि का इस सम्बन्ध में हम उल्लेख कर सकते हैं।

पूर्व में किए गए उल्लेख को फिर आगे बढ़ाते हुए मैं कहूँगा कि दक्षिणी अफ्रीका के अपने इक्कीस वर्षों के प्रवास के दौरान और वहाँ की गई निष्क्रिय कार्यवाहियों के माध्यम से गाँधी ने पहली बार 'मानवता के विश्वव्यापी सिद्धान्त' को व्यावहारिक स्वरूप प्रदान किया। इन्हीं के आधार पर मनुष्य जीवन की एकता, जो कि उनकी दृष्टि में एक सम्पूर्ण (कृत्रिम) इकाई है,[9] के प्रति उनके विचार दृढ़ हुए। दक्षिणी अफ्रीका की उनकी पूरी निवासावधि के दौरान वहाँ के मूल निवासियों और भारतीयों के बीच एक भी विवाद या संघर्ष इसी कारण देखने को नहीं मिलता। आज भी विश्व के अनेक देशों के लोग इससे शिक्षा ले सकते हैं।

भारत में महात्मा गाँधी ने सक्रिय अहिंसक कार्यवाही का रास्ता लिया। ऐसा करना देश-काल की परिस्थितियों में आवश्यक था। दक्षिणी अफ्रीका की अपेक्षा भारत की समस्याएँ भिन्न थीं; परिस्थितियाँ भी भिन्न थीं। यही नहीं, भारत में उद्देश्य भिन्न था, जिसकी स्पष्टता हमें हो चुकी है। भारत में दक्षिणी अफ्रीका के विपरीत कार्यवाही करना था। सदियों से भारतवासी सोए हुए थे। उन्हें पराधीनता का भान था, लेकिन स्वाधीनता के महत्त्व को वे नहीं जानते थे। जो पराधीनता भारतीयों के मन में गहरी जड़ें जमाए बैठी थी, गाँधी उसे उखाड़ फेंकना चाहते थे। उनका दृढ़ विश्वास था, "जिस क्षण से भी दास-गुलाम, यह तय कर लेता है कि वह अब आगे दास नहीं रहेगा, वह अपनी बेड़ियों को काट फेंकता है। वह अपने आपको स्वाधीन बना लेता है और दूसरों को भी

मार्ग दिखाता है। स्वाधीनता और पराधीनता मानसिक स्थितियाँ हैं। इसलिए, सबसे पहले अपने आपसे यह कहना होगा कि "मैं गुलाम की भूमिका को स्वीकार नहीं करूँगा। इस रूप में मैं कोई आज्ञाएँ नहीं मानूँगा, और जब उन (आज्ञाओं) का मेरे अन्तःकरण से संघर्ष होगा, मैं उन्हें नष्ट कर दूँगा।"[10]

भारत की पराधीनता को समाप्त करने के लिए जो कार्यवाही उन्होंने की, उसके मूल में शुद्ध-स्वदेशी विचार भी थे। अपने अध्ययन में भली-भाँति हमने यह देखा और समझा। आयातित विचार, विशेषकर प्राचीन और भिन्न प्रकार की सभ्यता एवं संस्कृति वाले भारत जैसे देश में, कारगर सिद्ध नहीं हो सकते । इस सम्बन्ध में अनेक बार, समय-समय पर, प्रयास किए गए हैं, लेकिन प्रयासकर्ता सदा ही विफल रहे हैं। गाँधीजी इसलिए सफल हुए, क्योंकि उनके विचार स्वदेशी थे और उनके द्वारा अपनाए गए साधन भी स्वदेशी थे।

हमने विश्लेषण में यह भी देखा कि गाँधी के सिद्धान्त के भारत में कई सफल प्रयोग हुए। लेकिन तीन अवसरों, अर्थात 1920, 1930 और 1942 में, राष्ट्रीय स्तर पर अहिंसक जनकार्यवाहियाँ हुईं। 1920 में पहली जनकार्यवाही सरकार से असहयोग के रूप में थी। शासित यदि शासक से असहयोग करे, तो ऐसी स्थिति में गंभीर संकट खड़ा होगा ही। हर स्थिति में शासक को शासित का सहयोग तो चाहिए ही। ऐसा न होने पर शासक का अस्तित्व नहीं रह सकता है। यही सच्चाई है; और यदि शासक विदेशी हो, तो वे देशवासियों के सहयोग के बिना, हिंसा

व शस्त्रों के बल पर भी, अपनी सत्ता को बनाए नहीं रख सकते हैं। हिटलर जैसे तानाशाह का भी यही अनुभव था, जिसके आधार पर जुलाई, 1943 में उसने कहा था, "जनता पर शासन, विजित क्षेत्रों में भी, मुझे कहना ही होगा, एक मनोवैज्ञानिक समस्या है; केवल बलपूर्वक कोई शासन नहीं चलाया जा सकता।"[11]

इसका स्पष्टतः यह अभिप्राय हुआ कि जीते हुए क्षेत्रों में भी जनता पर शासन करने के लिए केवल शक्ति ही पर्याप्त नहीं होती। ऐसा शासन नहीं टिक सकता, यदि जनता अपने राजनीतिक स्वामी के रूप में उसे नकार दे। इसलिए असहयोग या अवज्ञा निश्चित रूप से शासकों के सामने गम्भीर चुनौती खड़ी कर सकती है। उनकी इच्छा को चकनाचूर कर सकती है, और अन्ततः उनके कानून एवं अस्तित्व को ही समाप्त कर सकती है।

उपरान्त 1930 ईस्वी में, जैसा कि हमने पाया, महात्मा गाँधी ने अभूतपूर्व एवं अनोखी तकनीकी को केन्द्र में रखकर सविनय अवज्ञा प्रारम्भ की। यह असहयोग का अगला चरण था। इन कार्यवाहियों के दौरान, साथ ही दूसरे कई अवसरों पर भी, महात्मा गाँधी ने जनता को अपने प्रयोगों के माध्यम से स्वावलम्बन की शिक्षा दी। उन मुद्दों को उन्होंने जनता के सामने रखा, जो उनके पिछड़ेपन और उनकी पराधीनता के लिए उत्तरदायी थे। व्यवहारों के माध्यम से उन्होंने जनता को अपने पैरों पर खड़ें होने का ज्ञान दिया। इन सबसे आमजन इतना जागरूक हो गया कि उसने भली-भाँति स्वराज की कीमत को पहचान

लिया। सदियों से हो रहे अन्याय को वह समझ गया। इसीलिए 1942 में जनता ने महात्मा गाँधी के नेतृत्व में एकताबद्ध होकर साम्राज्यवादियों से देश को छोड़कर चले जाने को कह दिया; उन्हें इस सम्बन्ध में चेतावनी दे डाली। साम्राज्यवादियों को भारत छोड़कर जाने का निर्णय लेना पड़ा। निश्चित रूप से भारतीयों को जागरूक बनाने, उन्हें स्वाधीनता एवं न्याय का मूल्य समझाने का जो कार्य महात्मा गाँधी ने किया, वह महान था।

अन्ततः प्रयोग तो प्रयोग ही होते हैं; और प्रयोगों से अनुमान का सम्बन्ध भी होता है। कई बार अनुमान सही सिद्ध नहीं होते। जाने-अनजाने में गलतियों की सम्भावना उनमें बनी रहती है। लेकिन व्यक्ति को सीखने का अवसर भी वहीं से मिलता है। इन्हें किसी सीमा में बाँधना केवल बचकानापन ही होगा। इसलिए भारत ही नहीं, दक्षिणी अफ्रीका में प्रयोगों के समय भी, अनेक बार गाँधी के अनुमान, न्यूनाधिक, गलत सिद्ध हुए। तो भी अहिंसा को केन्द्र में रखकर, जिस प्रकार विभिन्न जातियों, वर्गों, धर्म-सम्प्रदायों, मान्यताओं और भाषाओं वाले देश भारत में उन्होंने जो प्रयोग किए, वे असाधारण थे। इन्हीं के बलबूते वीरों की भाँति लाखोंजन ने अहिंसा को अपना अस्त्र बनाया था। उन्होंने भय को त्याग दिया था, किसी भी प्रकार के दमन की चिन्ता छोड़ दी थी, एवं वे अपने मार्ग पर बढ़ते गए थे।

कार्यों के औचित्य को परिणामों के साथ भी जोड़ा जाता है। अहिंसा के माध्यम से भारत के सम्बन्ध में जो परिणाम हमारे समक्ष

आए, उनके बारे में क्या कुछ कहा जाएगा? मैं तो यह मानता हूँ कि वे सदैव अनुकरणीय रहेंगे। आप क्या सोचते हैं? आप स्वयं ही इसका निर्णय करें।

स्वाधीन राष्ट्र के नागरिकों के लिए आज लोकतंत्र से श्रेष्ठ कोई दूसरी व्यवस्था नहीं है। इस व्यवस्था में प्रत्येक की स्वाधीनता के बने रहने की सम्भावना हो सकती है; और स्वाधीनता सबके विकास के लिए, तथा प्रत्येक को न्याय सुलभ कराने के लिए नितान्त ही आवश्यक है। सभी के लिए यह सुनिश्चित रहे, यह कामना करते हुए[12] महात्मा गाँधी कहते हैं:

"यदि व्यक्तिगत स्वतंत्रता जाती है, तो निश्चित रूप से सब कुछ चला जाता है, ... व्यक्ति के बिना समाज के पास क्या है? व्यक्तिगत स्वतंत्रता ही अकेले मनुष्य को समाज-सेवा के लिए स्वैच्छिक रूप से और पूर्णतः समक्ष बना सकती है। यदि इसे उससे छीन लिया जाता है, तो वह मशीन बन जाता है और समाज की लुटाई हो जाती है। स्वतंत्रता के बिना किसी भी समाज का निर्माण नहीं हो सकता। यह मानव-स्वभाव के विरुद्ध (भी) है। जैसे मनुष्य अपने सींग और अपनी पूँछ को नहीं बढ़ाता हैं, इसी प्रकार उसका अस्तित्व ही नहीं रहेगा, यदि उसमें दिमाग नहीं होगा। वास्तव में, जो दूसरे की स्वतंत्रता में विश्वास नहीं रखते, वे अपने में (भी) विश्वास नहीं करते हैं ...।"[13]

हमने अपने अध्ययन में स्वाधीनता के साथ ही न्याय की अवधारणा की सच्ची कल्पना के साकार होने की बात की। ये दोनों ही

प्रजातंत्र के प्रमुख स्तम्भ हैं। दोनों ही समान रूप में सबको सुलभ हों, तभी लोकतंत्र की सफलता की बात हो सकती है। इसीलिए लोकतंत्र का अहिंसा के साथ अधिकाधिक सम्भव जुड़ाव नितान्त ही आवश्यक है, और इसका सुदृढ़ उपाय लोकतंत्र में सत्ता का विकेन्द्रीकरण है। सत्ता में सबकी भागीदारी हो, न केवल सिद्धान्त में, अपितु व्यवहार में भी। ऐसे में सभी को अपने कर्तव्यों का बोध होगा; और जिन्हें कर्तव्यों का बोध होता है, अधिकार स्वयं उनके द्वार तक आ जाते हैं।

सत्ता का केन्द्रीकरण होना, वास्तव में, लोकतंत्र की मूल भावना के ही विरुद्ध है। ऐसे में स्वतंत्रता और न्याय के लिए खतरे के अतिरिक्त समानता की स्थिति के बने रहने पर भी प्रश्न-चिह्न लग जाता है। अतः समान रूप में तथा व्यावहारिक रूप से सबको स्वराज्यानुभूति हो, यह सुनिश्चित होना ही चाहिए। साथ ही किसी के भी शोषण की तनिक सम्भावना नहीं रहनी चाहिए। इसके लिए विकेन्द्रीकरण सर्वश्रेष्ठ ढंग है, और प्रजातंत्र के समस्त अंगों के विकास लिए ऐसा आवश्यक ही है।

चूँकि लोकतंत्र जनता का अपना शासन है, इसलिए इसके सुचारु रूप में संचालन में सभी का सक्रिय सहयोग अपेक्षित होता है। अकारण, निजी अथवा वर्गीय-हित के लिए शासन की ओर से होने वाले किसी भी प्रकार के अन्याय की अनदेखी की जाए, तो ऐसा करना (भी) कायरता का परिचायक होगा। यह अहिंसा के सिद्धान्त के विपरीत होगा। यदि कोई अन्याय होता है, तो उसका प्रतिकार किस रूप में हो,

इसे हमने अध्याय पाँच में जाना है। भारत में स्वाधीनता के बाद भी लोकतंत्रात्मक शासन के अन्तर्गत इस तरह के कुछ उदाहरण हैं, जैसे कि 1974 में हिंसा की आशंका को समाप्त करने के उद्देश्य से गुजरात सरकार के विरुद्ध और उसके बाद वहाँ चुनाव कराने की माँग को लेकर नई दिल्ली में किया गया मोरारजी देसाई का अनशन। लेकिन मैं फिर भी कहूँगा कि प्रजातंत्र में इस प्रकार की कोई कार्यवाही अति व्यापक हित को ध्यान में रखकर और बहुत ही सावधानी के साथ की जानी चाहिए। अन्याय के विरुद्ध प्रजातंत्र में भी सत्याग्रह या असहयोग के द्वार बन्द नहीं होते।

अहिंसा का आधार परस्पर सहयोग है। हमारे आज तक के विकास की यात्रा बारम्बार बढ़ते सहयोग का साक्ष्य देती है। इसलिए मैंने कहा है कि सहयोग के कारण ही हम आज वैश्वीकरण के दिन देख रहे हैं। परस्पर निर्भरता और विभिन्न माध्यमों से विश्व के लोगों में होती निरन्तर निकटता हमारे सामने है। इसलिए अब यह प्रश्न उठाना कि अहिंसा की उपयोगिता है या नहीं, पूर्णतः अर्थहीन है। दिन-प्रतिदिन घटित हो रही समस्याओं से भरपूर घटनाओं के समाधान हेतु अपनाए जाने वाले साधन स्वतः ही पुष्टि कर रहे हैं कि अहिंसा ही एकमात्र आधार है समस्याओं के समाधान का।

संसार बहुत बड़ा है; इसमें भिन्न-भिन्न स्वभावों वाले लोग रहते हैं और उनके रहने के भी अपने-अपने ढंग हैं। देश-काल की परिस्थितियाँ भी सबके लिए एक समान नहीं होतीं। विकास के मार्ग पर बढ़ते हुए

प्रतिस्पर्धा और न्यूनाधिक स्वार्थ-सिद्धि की सम्भावना से भी मना नहीं किया जा सकता। ऐसे में आन्तरिक तथा बाह्य, दोनों, रूपों में विवादों तथा संघर्षों की स्थिति का उत्पन्न होना अस्वाभाविक नहीं है। स्थानीय से लेकर अन्तर्राष्ट्रीय स्तर तक संघर्ष और विवाद हो सकते हैं। लेकिन इस रूप में उत्पन्न प्रत्येक बड़ी या छोटी समस्या का, वह किसी भी स्तर का हो, समाधान सम्भव है। किस प्रकार? इसके दो ही ढंग हैं; प्रथम हिंसा द्वारा और द्वितीय अहिंसा से।

हजारों वर्षों का इतिहास हमारे सामने है। इसके पृष्ठ विवादों, संघर्षों और युद्धों से भरे पड़े हैं। जब हम इन पृष्ठों का अवलोकन करते हैं, तो हमारे सामने स्पष्ट रूप से यह बात आती है कि इस सन्दर्भ में हिंसा ने कभी भी कोई सुखद और स्थायी समाधान हमें नहीं दिया है। मैंने स्वयं इस अध्ययन के छठे अध्याय में प्राचीनकाल से लेकर वर्तमान तक के कई उदाहरण आपके सामने प्रस्तुत किए हैं, जो भली-भाँति मेरे तर्क की पुष्टि करते हैं। यही सत्यता है और इस सम्बन्ध में और अधिक कहने की आवश्यकता नहीं है।

हिंसा कोई सुखद और स्थायी समाधान नहीं दे सकती, तो दूसरा साधन अहिंसा के रूप में हमारे सामने है। पृथ्वी पर मानव के उद्भव से लेकर आज तक इसके महत्त्व को हमने जाना है। हमने स्पष्टतः यह पाया है कि अहिंसा अस्तित्व को बनाए रखने के साथ ही हमारे विकास के मार्ग को सुनिश्चित कर सकी है। यह सदा ही स्थायी, सुखद और कल्याणकारी समाधान दे सकी है। अहिंसा का कोई विकल्प नहीं है।

जब ऐसा है, तो इसकी महत्ता को अनिवार्य रूप में स्वीकार करके हर प्रकार के विवादित मुद्दे को, वह स्थानीय हो या अन्तर्राष्ट्रीय, सुलझाने का प्रथम चरण में ही प्रयास किया जाए, तो बहुत ही अच्छा होगा। अहिंसा और अहिंसक गतिविधियाँ विवादों को सुलझाने का श्रेष्ठतम माध्यम हैं। अन्तर्राष्ट्रीय सहयोग को बढ़ाने एवं परस्पर समझ को परिपक्व करने का इससे बढ़कर कोई दूसरा साधन नहीं है। आप स्वतः ही निर्णय कीजिएगा। सारा इतिहास आपके समक्ष है। प्राचीनकाल के अतिरिक्त महात्मा गाँधी के समय और उनके बाद के घटनाक्रम को देखिएगा! गोवा का मुक्ति आन्दोलन,[14] भी आपके सामने है। अफ्रीकी-अमरीकी आन्दोलन, (1955), जो नागरिक अधिकारों के लिए था,[15] और 1961, 1963 तथा 1964 के उनके नागरिक अधिकारों की प्राप्ति के लिए संघर्ष आपके सामने हैं।[16-18] उक्त सभी बारम्बार अहिंसक उपायों की सार्थकता की पुष्टि करते हैं; अन्याय को समाप्त करने के लिए इसे सहारा बनाने का आह्वान करते हैं। गत अध्याय में इसी सन्दर्भ में कुछ उदाहरण भी मैंने प्रस्तुत किए हैं। गाँधीवादी दृष्टिकोण से समाधान के उपाय सुझाए हैं। आप भली-भाँति विचार कर लीजिएगा। उपरान्त महात्मा गाँधी के सिद्धान्त और व्यवहार को, कहना न होगा कि जिसके मूल में अहिंसा है, उक्त सन्दर्भ में जाँच लीजिएगा। ऐसा करने से, मैं समझता हूँ, आपको इसमें पूर्ण सार्थकता और अद्वितीयता मिलेगी।

सन्दर्भ

1. *जैन के पत्र के अनुसार, "आपकी अहिंसा से सम्बन्धित व्याख्या ने भ्रम उत्पन्न कर दिया है। सामान्य अर्थों में शरीर से जान निकालना (ही)*

हिंसा है, और ऐसा करना अहिंसा नहीं है। किसी भी जीवित प्राणी को कष्ट पहुँचाने से बाज आना केवल मूल अर्थ का विस्तार है और उसे किसी भाषाई तोड़-मरोड़ से बदला नहीं जा सकता। आपने कदाचित् (मुझे) नहीं समझा है, कि मैं हर रूप में जीवन के नष्ट किए जाने को प्रत्येक परिस्थिति में गलत (ही) मानता हूँ; मैं नहीं मानता कि संसार में ऐसा कोई नैतिक सिद्धान्त है, जिसे पूर्ण माना जा सकता है...।"

2. पौधों में जीवन से सम्बन्धित।

3. यं. इण्डिया, अक्टूबर 25, 1928

4. हरिजन सेवक, अगस्त 11, 1940

5. जैन अहिंसा के तीन सिद्धान्तों के अनुसार, (क) .....किसी भी परिस्थिति में जीवन का हरण किया जाना न्यायोचित नहीं ठहराया जा सकता है; (ख) ... मोक्ष की इच्छा रखने वाले को अहिंसा का पालन करना (ही) चाहिए..., और (ग) अहिंसा-समर्थक को सीधी हिंसा से (सदैव) बचना चाहिए।

6. यंग इण्डिया, जून 30, 1920

7. वर्ष 1928 में।

8. सरदार वल्लभभाई पटेल और ..., पृष्ठ 66

9. इसका अर्थ यह है कि मनुष्य के जीवन को धार्मिक, नैतिक, राजनीतिक, आर्थिक, सामाजिक, वैयक्तिक और सामूहिक कक्षों में विभाजित नहीं किया जा सकता। ये सभी पृथक-पृथक दिखाई देने वाले तत्त्व, वास्तव में, मनुष्य के जीवन के विभिन्न पहलू हैं। उनकी एक-दूसरे के साथ क्रिया-प्रतिक्रिया होती है। ऐसी कोई भी समस्या नहीं है, जो शुद्धतः नैतिक हो, या वह आर्थिक, राजनीतिक, सामाजिक, वैयक्तिक अथवा सामूहिक हो। वे सभी एक-दूसरे के साथ जुड़ी हुई हैं...। (कृपलानी, पृष्ठ 305)।

10. हरिजन, फरवरी 24, 1941

11. अहिंसक कार्यवाहियों की राजनीति।

12. महात्मा गाँधी के अनुसार, "मैं व्यक्तिगत स्वाधीनता का आदर करता हूँ। लेकिन आपको यह नहीं भूल जाना चाहिए कि मनुष्य निश्चिततः एक

सामाजिक प्राणी है। वह आज तक जिस स्तर तक ऊँचा उठ पाया है, वह उसके अपने व्यक्तिवाद को सामाजिक विकास के साथ सम्बद्ध कर सकने के कारण ही हो सका है। अनियंत्रित व्यक्तिवाद जंगली पशुओं के कानून के जैसा ही है। हमें व्यक्तिवाद और सामाजिक नियंत्रण के मध्य तालमेल बैठाना सीखना होगा। सारे समाज की भलाई के लिए सामाजिक नियंत्रण के समक्ष समर्पण दोनों को, व्यक्ति और समाज को, जिसका स्वयं व्यक्ति एक सदस्य भी है, समृद्ध बनाता है।

13. हरिजन, फरवरी 1, 1942

14. सातवें दशक में।

15. सामाजिक प्रथाओं के विरोध में; परिणामस्वरूप नागरिक अधिकार आन्दोलन प्रारम्भ हुआ और अन्ततः इसने अमरीकी इतिहास में एक सफल मौलिक परिवर्तन का पृष्ठ भी जोड़ा था।

16-18. यहाँ अर्थ 1961 के प्रसिद्ध स्वाधीनता (आन्दोलन) की सैर से है। मार्टिन लूथर किंग-द्वितीय के नेतृत्व में, संयुक्त राज्य अमरीका में वर्ष 1963 के प्रसिद्ध बर्मिंघम संघर्ष, जिसका उद्देश्य सार्वजनिक स्थानों से सभी प्रकार के भेदभावों को समाप्त करने और साथ ही स्थानीय कार्यकलापों से रंग-भेदपूर्ण नीतियों, सामाजिक असमानता आदि को समाप्त करना था; एवं 1964 में मतों के पंजीकरण के सम्बन्ध में नागरिक अधिकार-समूहों का ध्यानाकर्षण से सम्बन्धित संघर्ष था। ये सभी संघर्ष विश्व प्रसिद्ध रहे थे, और इन्होंने अमरीका के इतिहास को नया मोड़ भी दिया था।

****

परिशिष्ट

1

"गौ-सेवा संघ की देख-रेख में आश्रम[1] में एक छोटी डेयरी और पशुगृह के संचालन का प्रयोग किया जा रहा है। प्रत्येक स्तर पर जटिल नैतिक धर्मसंकट के विपरीत जो कदाचित् उत्पन्न नहीं होगा, इसका सम्बन्धित कार्य आगे बढ़ रहा है...।

"उदाहरणार्थ, कुछ दिन पूर्व तक एक अपंग और भारी पीड़ा सहनकर्ता गाय का बच्चा आश्रम में लाया गया। जो भी सम्भव हो सकता है, वह उपचार वहाँ उसका किया गया। जिस चिकित्सक का इस सम्बन्ध में परामर्श लिया गया, उसने अन्ततः लाचारी प्रकट की, आशा छोड़ दी। पशु का दुख इतना बढ़ गया कि बिना भीषण पीड़ा उठाए वह अपनी करवट भी नहीं बदल सकता था।

"इन परिस्थितियों में, मानवीयता की माँग के अनुरूप मैने विचार किया कि उसके जीवन का अन्त करके उसे दुख मुक्त किया जाए। इस सम्बन्ध में मैने प्रबन्ध-समिति के सदस्यों से प्रारम्भिक चर्चा की; और उनमें से अधिकांश ने मेरे विचार का समर्थन किया। इसके बाद विषय को समस्त आश्रमवासियों के समक्ष रखा गया। विचार-विमर्श के दौरान एक

1. साबरमती आश्रम, अहमदाबाद।

सम्भावित पड़ोसी ने भारी पीड़ा सहनकर्ता पशु की देखभाल करने का प्रस्ताव किया। पशु की देखभाल आश्रम की कुछ बहनों के सहयोग से हुई; वे बीमार पशु के शरीर से मक्खियाँ उड़ाती थीं और उसे खिलाती-पिलाती थीं। जिस मित्र ने पशु के जीवनान्त का विरोध किया था, उसका तर्क यह था कि जो जीवन दे नहीं सकता, उसे जीवन लेने का भी कोई अधिकार नहीं है। उसका तर्क मुझे यहाँ आधारहीन प्रतीत हुआ। उसके तर्क में तथ्य होता, यदि (पशु के) जीवन के अन्त में (कोई) निजी हित रहा होता। अन्ततः मानीवयता को दृष्टिगत रखते हुए और स्पष्ट विचार करके स्वयं अपनी उपस्थिति में मैंने एक चिकित्सक से विष के इंजक्शन द्वारा गाय के उस बच्चे को (सदा के लिए) शान्त करा दिया; सारा-काम दो मिनट से भी कम समय में निपट गया था।

"मैं जानता था कि जनमत, विशेष रूप से अहमदाबाद में, मेरे कार्य को स्वीकृति नहीं मिलेगी; लोग इसमें हिंसा के अतिरिक्त कुछ और नहीं देखेंगे।

"लेकिन मै (यह) भी जानता हूँ कि किसी के द्वारा निर्वहन किए गए कर्तव्य के बारे में जनता का मत स्वतंत्र होना चाहिए। मेरी, साथ ही, ऐसी मान्यता भी है कि अपने को उचित प्रतीत होने वाला कार्य ही किसी व्यक्ति को करना चाहिए, भले ही वह दूसरों को अनुचित प्रतीत हो। और अनुभव ने यह सिद्ध किया है कि वार्तालाप ही सही दिशा है। मैं स्वीकार करता हूँ कि सदा ही सही को गलत और गलत को सही समझने की सम्भावना रहती है, लेकिन प्रायः अनभिज्ञता की स्थिति में की गई गलती से ही कोई सीखता है। दूसरी ओर यदि कोई जनमत के भय से अथवा

किसी अन्य कारण से अपने भीतर की आवाज के अनुरूप कार्य नहीं करता, तो वह गलती से भी सीख नहीं ले सकेगा और अन्ततः दोनों में कुछ भेद करने में अक्षम रहेगा। इसीलिए कवि[2] ने कहा हैः

"प्रेम का मार्ग अग्नि का कठोर अनुभव है,
डरपोक इससे दूर भागते हैं।"

"अहिंसा के मार्ग पर जो कि प्रेम का मार्ग है, प्रायः अकेले ही चला जाया करता है।

"लेकिन मेरे समक्ष तर्कसंगतता से प्रश्न प्रस्तुत किया जा सकता है; क्या जो सिद्धान्त मैने पशु के लिए अपनाया है, उसे मनुष्यों के लिए भी अपनाऊँगा? क्या स्वयं अपने लिए भी इसे स्वीकार करूँगा? मेरा उत्तर "हाँ" में है; सभी विषयों में समान नियम होगा। 'यथा पिण्डे तथा ब्रह्माण्डे" के इस नियम में कोई अपवाद नहीं है। (इसलिए) पशु के प्राणों के अन्त व दूसरी स्थिति में भी अपवाद नहीं हो सकता। व्यवहार में, तो भी, अपने प्रियजनों के दुखों का अन्त हम उन्हें मृत्यु देकर नहीं करते, क्योंकि हमारे पास विधिवत उनकी सहायता करने के साधन हैं; और क्योंकि उनके पास स्वयं के सम्बन्ध में विचार करने और निर्णय लेने की क्षमता होती है। लेकिन मान लीजिए कि अपने किसी रुग्ण मित्र की समुचित सहायता करने में मै अक्षम हूँ, और उसका रुग्णता से बाहर निकलना सम्भव नहीं है; तथा रुग्ण व्यक्ति भयभीत करने वाली पीड़ा सहता हुआ अचेतावस्था में है, तो उसकी पीड़ा की समाप्ति के लिए मृत्यु द्वारा उसके जीवन को समाप्त करने में मुझे कोई हिंसा प्रतीत नहीं होती।

---

2. रवीन्द्रनाथ टैगोर।

"जैसे कोई चिकित्सक रोगी के लाभार्थ उसकी काया पर छुरी का प्रयोग कर हिंसा नहीं करता, अपितु शुद्धतम अहिंसा करता है, उसी प्रकार दुख उठाने वाले के हित में, आवश्यक होने पर और विशेष परिस्थितियों में, उसके जीवन को समाप्त किए जाने हेतु आगे बढ़ा जा सकता है। यह आपत्ति उठाई जा सकती है कि जहाँ चिकित्सक रोगी के जीवन की रक्षा के लिए शल्य चिकित्सा करता है, वहीं दूसरी स्थिति में हम इससे विपरीत कार्य करते हैं। लेकिन गहन विश्लेषण करने पर दोनों ही स्थितियों में समानता दिखाई पड़ती है; अन्ततः दोनों में दुख उठाती आत्मा को राहत देने का ही उद्देश्य रहता है। जैसे एक मामले में रोगग्रस्त भाग से आप शरीर को पृथक करते हैं, वहीं दूसरे में आप यातना का साधन बनी काया से आत्मा को अलग करते हैं। प्रत्येक मामले में भीतर मौजूद आत्मा को पीड़ा से राहत देने का ही उद्देश्य रहता है; जीवन के बिना, भीतर मौजूद आत्मा आनन्द अथवा पीड़ा का अनुभव करने में सक्षम नहीं है। दूसरी स्थिति का भी अनुमान लगाया जा सकता है, जिसमें हत्या न करना हिंसा का सूचक होगा, जबकि ऐसा करना अहिंसा का सूचक होगा। क्षणभर के लिए मान लीजिए कि अपनी उस पुत्री, जिसके शील भंग का खतरा है, और उसको चाहकर भी बचा पाने का मेरे पास कोई साधन नहीं है, तो मेरी ओर से यह शुद्धतम अहिंसा का चिह्न होगा कि मैं उसके जीवन का अन्त कर दूँ और (शील भंग करने को उतारु) गुन्डे के ... क्रोध के समक्ष आत्मसमर्पण कर दूँ।

"लेकिन हमारे अहिंसा भक्तों के साथ कठिनाई यह है कि उन्होंने अहिंसा को अंधी पूजा बना दिया है और हमारे बीच इसके सत्यमय

स्वरूप के प्रसार के मार्ग में बड़े-से-बड़े अवरोध खड़े कर दिए हैं। अहिंसा के वर्तमान (और मेरे दृष्टिकोण से गलत) विचार ने हमारे अन्तःकरण को कड़वाहट से भर दिया है, हमें इतना अनुभूतिहीन बना दिया है कि हम दूसरों को कटु शब्दों, कटु निर्णय, कुऐच्छा, क्रोध और क्रूरता तथा इसी तरह की दूसरी हिंसक गतिविधियों का शिकार बनाते हैं। इससे हम यह भूल गए हैं कि मनुष्य और पशुओं को धीमी गति से प्रताड़ित करने में, व यातना देने में अधिक हिंसा होती है; स्वार्थ और लालसा के कारण उन्हें जिस भूख और शोषण का शिकार बनाया जाता है, मनमाने ढंग से अत्याचार किया जाता है और दुर्बल के साथ अमानवीय व्यवहार किया जाता है, उसके आत्म-सम्मान के साथ खिलावाड़ किया जाता है, जैसे कि आज हम चारों ओर देखते भी हैं, उससे तो केवल प्राणहर्ता कहीं अधिक शुभचिन्तक है, हितैषी है। क्या क्षणभर के लिए भी किसी को शंका हो सकती है कि अमृतसर की गलियों में जिस तरह कीड़ों की भाँति पेट के बल चलाकर यातनाएँ दी गईं, उसकी अपेक्षा यदि लोगों को तुरन्त मृत्यु दे दी जाती, तो वह अधिक मानवीय कृत्य होता? यदि कोई प्रत्युत्तर में यह कहने की इच्छा रखता है कि (अमृतसर के) लोग अपने ऊपर किए गए (इस तरह के) अत्याचारों के लिए स्वयं उत्तरदायी हैं, तो उसे यह बताने में मुझे कोई हिचक नहीं होगी कि वह अहिंसा के मूल तत्त्वों को भी नहीं जानता है। मानव के जीवन में ऐसे अवसर आते हैं जब उसका नितान्त कर्तव्य हो जाता है कि वह अपने जीवन को न्यौछावर कर दे; इस मूल सत्यता को समझे कि व्यक्ति की स्थिति अहिंसा के आधार के प्रति अनभिज्ञता को प्रकट कर रही है। उदाहरण के लिए, सत्य का पुजारी असत्यमय जीवन से बचने के लिए ईश्वर से मृत्यु की प्रार्थना

करेगा। इसी प्रकार अहिंसा का पुजारी घुटनों के बल चलने अथवा अपमानित होने की अपेक्षा मृत्यु की माँग करेगा। जैसा कि एक कवि ने कहा है:

"ईश्वर का मार्ग वीरों के लिए है, कायरों के लिए नहीं।"

"अहिंसा की प्रकृति एवं क्षेत्र के सम्बन्ध में लोगों में गलत धारणा है। इससे जुड़े वे मूल्य, जो हमारी इस धारणा को कि केवल हत्या न करना ही अहिंसा है, बल प्रदान करते हैं और अहिंसा के नाम पर अत्यधिक भयभीत करके हमारे देश में हिंसा को बढ़ावा देते हैं, इस हेतु उत्तरदायी हैं। कोई कथित अहिंसा का पुजारी अपने उस भयपूर्ण पाखण्ड की तुलना किसी रुग्ण और असहनीय पीड़ा सहनकर्ता पशु के क्षणभर में जीवानान्त से करे, जो वह असंख्य क्रूर उपेक्षाएँ और उदासीनताएँ रखते हुए उस मूक पशुओं के संसार के प्रति करता है। ऐसा करने से वह अवश्य ही सोचेगा कि वह अहिंसा की भूमि पर रह रहा है, अथवा जाने-अनजाने में किसी पाखण्ड के संसार में।

"यह हमारा आध्यात्मिक अधूरापन है, हमारे नैतिक साहस की कमी है और साहसपूर्वक व दृढ़ता से विचार न कर पाने और वास्तविकता को ईमानदारी से स्वीकार न करने का परिणाम है कि ऐसी खेदजनक स्थिति हमारे सामने है। हमारे पशुगृह और गऊशालाओं की ओर देखो! आज उनमें से अनेक में भीषण अत्याचार होते हैं; वहाँ विवश और दुर्भाग्य के मारे पशुओं को ऐसी दशा में रखा जाता है कि उसे जानने पर अन्तर्तात्मा ही काँप उठे। यदि वे बोल सकते, तो हमारे समक्ष विलाप करते हुए कहते, " इस तरह की मन्द यातना के स्थान पर हमें मृत्यु दे दो।" मैंने

इस तरह का मौन अनुरोध प्रायः उनकी आँखों में देखा है। बात को समेटते हुए मैं कहूँगा कि स्वार्थवश अथवा क्रोधवश किसी को पीड़ा पहुँचाना, किसी का बुरा चाहना और किसी का जीवन लेना हिंसा है। दूसरी ओर, शान्तिपूर्वक विचार करके और ईमानदारी से निर्णय करके निस्वार्थ भावना से मारना, अथवा किसी जीवित प्राणी को उसके आध्यात्मिक या शारीरिक लाभ की दृष्टि से पीड़ा देना शुद्धतम अहिंसा है। इस तरह के प्रत्येक मामले पर पृथक रूप से और उसकी पात्रता के अनुरूप ही निर्णय लिया जाना चाहिए। हिंसा या अहिंसा की अन्तिम कसौटी अन्ततः कृत्य के पीछे रही भावना है।"

2

"जब कोई व्यक्ति अहिंसक होने का दावा करता है, तो उससे आशा कि जाती है कि वह उसे घायल करने वाले पर क्रोधित नहीं होगा। वह उसकी हानि की इच्छा नहीं रखेगा; वह उसके भले का सोचेगा, वह उसे अपशब्द नहीं कहेगा, वह उसे कोई शारीरिक हानि नहीं पहुँचाएगा। वह अनुचितकर्ता द्वारा पहुँचाई गई चोट को सहन करेगा। अहिंसा पूर्णतः निर्दोषता है। प्राणिमात्र के प्रति पूर्ण भलाई की भावना ही सच्ची अहिंसा है। इस प्रकार यह अधीन मानवीय जीवन और जहरीले जीव-जन्तुओं को भी गले लगाती है। वे हमारी विनाशकारी रुचि की पूर्ति के लिए उत्पन्न नहीं किए गए हैं। यदि हमें उत्पत्तिकर्ता के मस्तिष्क का भी ज्ञान होता, तो उसकी उत्पत्ति में उनके समुचित स्थान को हमने पाया होता। इस प्रकार अहिंसा समस्त प्राणियों के प्रति सक्रिय मित्रता है। यह विशुद्ध प्रेम है। इसे मैंने हिन्दू धर्म-शास्त्रों में, बाइबिल में और कुरआन में पढ़ा है।

"अहिंसा दोषरहित उत्कृष्ट स्थिति है। यह ध्येय है, जिसके चारों ओर सम्भावित रूप से, लेकिन अनभिज्ञ होकर सारी मानवता घूमती है। अपनी अनभिज्ञता की स्थिति में मनुष्य ईश्वर-रूप नहीं हो सकता; ऐसे में वह सच्चा मानव हो सकता है। अपने वर्तमान स्वरूप में हम आधे मनुष्य हैं और आधे पशु। और हमारा घमण्ड तथा अज्ञान प्रकट करता है कि जब हम आघात के बदले आघात पहुँचाते हैं और इस हेतु आवश्यक क्रोध विकसित करते हैं, तो हम विशुद्ध हित (स्वार्थ) की पूर्ति करते हैं। हम बदले की कार्यवाही को अपने मानवीय कानून का भाग होने का दावा करते हैं, जबकि प्रत्येक धर्म-ग्रन्थ में हम पाते हैं कि बदले की कार्यवाही को अनुमति तो है, लेकिन वह कहीं भी अनिवार्य नहीं बनाई गई है। वह जो अनिवार्य है, मर्यादित है। बदला अनुग्रह है, जिसमें बड़े नियंत्रण की आवश्यकता है। नियंत्रण हमारी मानवता का नियम है; उच्चतम नियंत्रण के बिना उच्चतम विकास असम्भव है। इस प्रकार कष्ट मानव-जाति का पहचान-चिह्न है।

"इसीलिए अनेक बार मैं अनुभव करता हूँ कि ध्येय से मैं कितना दूर हूँ? मेरे लिए, पूर्ण प्रेम का नियम ही मेरी आत्मा का नियम है। हर बार मैं असफल होता हूँ, लेकिन असफलता में भी मेरा प्रयास सदा ही दृढ़ होगा।

"ध्येय हमसे सदा ही पीछे रह जाता है। जितनी अधिक उन्नति, उतनी (ही) अधिक हमारी अयोग्यता को मान्यता; (लेकिन) प्रयास में (ही) सन्तोष होता है, प्राप्ति में नहीं। सम्पूर्ण प्रयास ही सम्पूर्ण विजय है।

"लेकिन इस अन्तिम नियम का उपदेश मैं काँग्रेस अथवा खिलाफत संगठन के माध्यम से नहीं दे रहा हूँ। मैं अपनी सीमाओं को

भी भली-भाँति जानता हूँ। मुझे ज्ञात है कि ऐसे प्रयास की असफलता अवश्यम्भावी है। स्त्रियों-पुरुषों के सम्पूर्ण समूह से एकदम इस तरह के नियम के अुनसार कार्य की आशा नहीं की जा सकती। फिर भी काँग्रेस संगठन के मंच से कानून की कमी का उपदेश अवश्य देता हूँ। काँग्रेस और खिलाफत संगठन ने जो कुछ स्वीकार किया है, वह नियम के सुगन्धी भरे परिणाम ही हैं। कुछ ही समय में सच्चे कार्यकर्ताओं के माध्यम से इसके परिणामों को जनता के बहुत बड़े भाग द्वारा अनुभव किया जा सकता है। लेकिन छोटे स्तर पर भी इसकी सत्यता ही इसकी कसौटी है। विश्लेषणकर्ता को पानी की एक बूँद में भी उसी तरह के परिणाम की प्राप्ति होनी चाहिए, जैसे एक भरपूर झील में। मेरी अहिंसा की प्रकृति मेरे (अपने) भाई और सम्पूर्ण विश्व के सन्दर्भ में समान होगी; उसमें कोई अन्तर नहीं होगा। दोनों ही स्थितियों में इसकी कसौटी एक समान होगी।

"कोई विशेष व्यवहार एक नीति है, जबकि इसका परिणाम देखभाल में सीमित है। इसलिए सर्वोच्च नीति पूर्ण व्यवहार में है। लेकिन एक नीति मानने वाला कोई व्यवसायी सैद्धान्तिक रूप से भी कपड़े को सही मापकर और गुणवत्ता के आधार पर ही बेचेगा। दोनों के मध्य अन्तर वह राजनीतिक व्यापारी करता है, जो उस समय ईमानदारी छोड़ देता है, जब इससे उसे कुछ मिलता नहीं है। लेकिन इसमें (पूर्ण) विश्वासकर्ता तो हानि उठाकर भी इसे नहीं छोड़ता।

"असहयोगी की राजनीतिक अहिंसा अधिकांश मामलों में कसौटी पर खरी नहीं उतरती। परिणामस्वरूप संघर्ष प्रारम्भ होता है। किसी को

नरम पड़ते अंग्रेजी स्वभाव पर दोषारोपण नहीं करना चाहिए। इस स्थिति से मैं पीछे नहीं हट सकता, क्योंकि मैं इसे (भली-भाँति) इसके सम्बन्ध में जानता हूँ। जब अंग्रेज या (कोई) अन्य शक्ति(समुचित) उत्तर नहीं देती, तो समझ लीजिए कि धागा होने के बावजूद भी वह पर्याप्त रूप से मजबूत नहीं है।

"हमारी अहिंसा को सुदृढ़ होने की अपेक्षा वास्तविक होना होगा। जब हम अहिंसक होने का दावा करते हैं, तो हमें किसी अंग्रेज अथवा सहयोगी देशवासी को हानि पहुँचाने का विचार नहीं करना चाहिए। लेकिन हममें से बहुमत हानि पहुँचाने के इच्छुकों का है, और यदि हमने ऐसा नहीं किया है, तो वह अपनी कमजोरी के कारण अथवा इस अनभिज्ञतामय विश्वास के कारण कि केवल शारीरिक चोट पहुँचाने से बचने पर ही हमारी प्रतिज्ञा में दोगुनी वृद्धि हो जाती है, अहिंसा सम्बन्धी हमारी प्रतिज्ञा भविष्य में (भी) प्रतिकार करने की सम्भावना को समाप्त कर देती है। दुर्भाग्य से हममें से कुछ केवल बदला लेने की तिथि को ही स्थगित कर देते हैं।

"मुझे गलतफहमी में नहीं रहना। मैं नहीं कहता कि अहिंसा की नीति तब भी प्रतिकार की सम्भावना को समाप्त कर देती है, जब नीति का ही परित्याग कर दिया गया हो। लेकिन संघर्ष के सफलतापूर्वक समाप्त हो जाने की स्थिति में आगे प्रतिकार की सम्भावना निश्चिततः व पूर्णतः समाप्त हो जाती है। इसलिए, जब हम अहिंसा की नीति को आगे बढ़ा रहे हों, तो उस समय अंग्रेजी प्रशासन और उनके सहयोगियों के प्रति मित्रवत व्यवहार करने को हम बाध्य हैं। उस समय मैं लज्जानुभव करता

हूँ, जब मुझे बताया जाता है कि भारत के कुछ भागों में अंग्रेज या जाने माने सहयोगी सुरक्षित नहीं हैं; वे वहाँ निर्भीक होकर विचरण नहीं कर सकते। मद्रास की सभा में जो अशोभनीय घटनाक्रम घटा, वह पूर्णतः अहिंसा को नकारना था। वे, जो अध्यक्ष द्वारा मेरे अपमान की संभावना के कारण, हू-हू कर रहे थे, चिल्ला रहे थे, स्वयं अपनी और अपनी नीति का अपमान कर रहे थे। उन्होंने अपने मित्र और सहायक श्री एण्ड्रयूज के हृदय को विदीर्ण किया। उन्होंने स्वयं अपने उद्देश्य को हानि पहुँचाई। यदि अध्यक्ष की दृष्टि में मैं दुष्ट था, तो उन्हें ऐसा कहने का पूर्ण अधिकार था। अनभिज्ञता उत्तेजना नहीं है। लेकिन एक असहयोगी बड़ी-से-बड़ी उत्तेजना सहने को भी प्रतिज्ञाबद्ध होता है। जहाँ मैं दुष्टतापूर्ण कार्य करूँगा, वहाँ उत्तेजना होगी। मैं प्रार्थना करूँगा कि प्रत्येक असहयोगी को अहिंसा की वचनबद्धता से मुक्त करना पर्याप्त होगा और यदि किसी असहयोगी को मैं गुमराह करता हूँ, तो वह मेरा जीवन ले सकेगा, तथा उसका ऐसा करना पूर्णतः न्यायसंगत होगा।

"यह भी हो सकता है कि सीमित मात्रा में अधिकतर मामलों में अहिंसा का विकास असम्भव हो। यह हो सकता है कि हमें जनता से शत्रु को, जब वे कुछ भी न कर रहे हों, निजी-स्वार्थ के बिना भी हानि पहुँचाने की इच्छा की आशा नहीं करनी चाहिए। ईमानदारी से उस समय हमें चाहिए कि संघर्ष के सन्दर्भ में हम अहिंसा शब्द को छोड़ दें। विकल्प के रूप में तुरन्त हिंसा का सहारा लेने की आवश्यकता नहीं है। लेकिन ऐसी स्थिति में जनता किसी भी तरह अहिंसा की अनुयायी नहीं कहलाएगी। तब मेरे जैसा कोई व्यक्ति चौरी-चौरा (की घटना) का उत्तरदायित्व अपने

कन्धे पर लेने का विचार नहीं करेगा। सीमित अहिंसा का विचार तब भी अपने धुंधले रूप में फले-फूलेगा, लेकिन आज यह अत्यधिक उत्तरदायित्व लेने की भावना के बिना ही चल रहा है।

"लेकिन, यदि अहिंसा को देश की नीति रहना है, मानवता हेतु अपने वास्तविक नाम के अनुकूल इसे बने रहना है, तो इसकी भावना के अनुरूप ही इसे चलाने को हम बाध्य हैं।

"और यदि नीति के रूप में हम इसका अनुसरण करते हैं, हम इसमें विश्वास रखते हैं, तो हमें शीघ्रतापूर्वक अंग्रेजों और सहयोगियों से समझौता करना चाहिए; हमें उनसे प्रमाणपत्र प्राप्त करना चाहिए कि वे अपने को हमारे मध्य पूर्णतः सुरक्षित मानते हैं, और हमारे पूर्णतः पृथक विचारों तथा राजनीतिक सिद्धान्त के बावजूद, वे हमें अपना मित्र समझ सकते हैं। सम्मानित अतिथि के रूप में अपने राजनीतिक मंच पर हमें उनका स्वागत करना चाहिए। हमें साथी के रूप में तटस्थ मंच पर उनसे मिलना चाहिए; इस तरह के मिलन की सम्भावनाएँ हमें खोजनी चाहिएँ। हमारी अहिंसा में हिंसा, घृणा और बुरी इच्छा नहीं आनी चाहिए। अन्ध ों ही की भाँति हमारे कार्यों से ही हमारी परीक्षा होती है। स्वराज्य प्राप्ति के लिए अहिंसक कार्यक्रम का आवश्यक रूप से अभिप्राय गतिविधियों का अहिंसक आधार पर ही संचालन होता है। इसका अर्थ आज्ञा-भावना को मन में बैठाना होता है। श्री चर्चिल, जो शक्ति को ही सत्य मानते हैं, सही हैं, जब वे यह कहते हैं कि आयरलैण्ड की समस्या प्रकृति में भारत से भिन्न है। उनका अभिप्राय यह है कि हिंसा द्वारा अपने स्वराज्य के लिए संघर्षकर्ता आयरिशजन आवश्यकता पड़ने पर इसे हिंसा द्वारा ही बनाए

रख सकेंगे; दूसरी ओर भारत, यदि वह अहिंसा द्वारा स्वराज्य प्राप्त करता है, तो उसे मुख्यतः इसे अहिंसक उपायों द्वारा बनाए रखना होगा। ये श्री चर्चिल तब तक कठिनाईपूर्वक ऐसा हो सकने का विश्वास कर सकते हैं, जब तक भारत प्रत्यक्ष प्रदर्शन द्वारा इस हेतु अपनी सक्षमता सिद्ध न कर दे। ऐसा प्रदर्शन तब तक असम्भव है, जब तक समाज सुदृढ़ न हो, ताकि जनता सामूहिक रूप से, अर्थात राजनीतिक जीवन में अहिंसा को समुचित मान्यता दे; दूसरे शब्दों में, सैन्य-शक्ति के स्थान पर, जैसा कि वर्तमान में है, नागरिक प्रमुखता प्राप्त करें।

"अतः अहिंसा द्वारा स्वराज्य का अर्थ कभी भी अव्यवस्था और अराजकतामय अन्तराल नहीं हो सकता। अहिंसक स्वराज्य को एक प्रगतिशील शान्तिमय क्रान्ति होना चाहिए; जैसे एक पका हुआ फल स्वतः ही भली-भाँति पाले गए वृक्ष से नीचे गिर जाता है, उसी प्रकार इसमें सत्ता का हस्तान्तरण एक वर्ग-समूह से जन-प्रतिनिधियों को हो जाता है। मैं पुनः कहता हूँ कि ऐसी स्थिति की प्राप्ति असम्भव हो सकती है। लेकिन मैं जानता हूँ कि अहिंसा का विचार छोटा नहीं है। यदि आज के कार्यकर्ता तुलनात्मक रूप से ऐसे अहिंसक वातावरण को प्राप्त करने की सम्भावना में विश्वास नहीं करते हैं, तो उन्हें अहिंसक कार्यक्रम छोड़ देना चाहिए तथा किसी अन्य व पूर्णतः भिन्न प्रकृति की संरचना करनी चाहिए। यदि हम अपने कार्यक्रम पर मानसिक सन्देह के साथ आगे बढ़ते हैं, ऐसा मानते है कि अन्ततः हम अंग्रेजों से बलपूर्वक एवं शस्त्रों के सहारे सत्ता छीन लेंगे, तो हम अहिंसा के प्रति ईमानदार नहीं हैं। यदि हम अपने कार्यक्रम में विश्वास रखते हैं, तो हम यह मानने को भी बाध्य हैं कि

अंग्रेज जिस प्रकार शस्त्र-शक्ति के अधीन हैं, वे निश्चित रूप से उसी प्रकार स्नेह-शक्ति से भी अछूते नहीं हैं। अविश्वासियों के लिए, निश्चित रूप से धारा सभाएँ या परिषदें, भारी अपमान के उनके कार्यक्रम, जो कुछ पीढ़ियों से चलता रहा है, अथवा जिससे कदाचित् शीघ्र ही कोई रक्त-रंजित क्रान्ति संसार में नहीं हुई है, सीखने वाली पाठशालाएँ हैं। ऐसी क्रान्ति में भागीदारी की मेरी कोई इच्छा नहीं है। इसे विकसित करने का साधन बनने की भी मेरी इच्छा नहीं है। मेरी दृष्टि में चयन सच्ची अहिंसा और आवश्यक रूप से असहयोगियों एवं सहज प्रतिक्रियावादी.. के मध्य है; दूसरे शब्दों में, सहयोग और बाधा के मध्य है।"

3

"मैं आपके समक्ष एक प्रतिनिधि के रूप में नहीं, अपितु उन एक लाख ब्रिटिश भारतीयों, जो दक्षिणी अफ्रीका में हैं, तथा भविष्य के उन अप्रवासियों, जो भारत से बाहर जाना चाहेंगे और ब्रिटिश प्रजा की स्थिति में ही होंगे, की ओर से प्रार्थी के रूप में आया हूँ। श्रीमान्! जैसा कि आप जानते हैं, दक्षिणी अफ्रीका भारत की ही भाँति बड़ा (देश) है और उसमें एक लाख जनसंख्या ब्रिटिश भारतीयों की है, जिसमें से पचास हजार लोग बँधुवा श्रमिकों का आयात करने वाली एक मात्र कॉलनि नाटाल में हैं; और दक्षिणी अफ्रीका की इसी जनसंख्या ने (कुछ) बड़े प्रश्न उठाए हैं। श्रीमान्! सारे दक्षिणी अफ्रीका में हमारी दो प्रकार की परेशानियाँ हैं। हमारी पहली परेशानी यूरोपी उपनिवेशवादियों के भारतीयों के प्रति विरोधी दृष्टिकोण की है, और दूसरी परेशानी दक्षिणी अफ्रीका की चारों कॉलनियों में भारतीयों के विरोध में लाए गए विधेयक से पुनः उत्पन्न हुई

विरोधी भावना में है। पहली परेशानी के सम्बन्ध में, उदाहरण के लिए, मैं आपको बता सकता हूँ कि वहाँ समस्त भारतवासी, भले ही वे कोई भी हों, 'कुली' के रूप में वर्गीकृत किए जाते हैं। यदि हमारे सम्माननीय अध्यक्ष[3] भी दक्षिणी अफ्रीका जाएँगे, तो मुझे भय है कि एशिया की अध्सिभ्य जाति के सदस्य के रूप में वे भी 'कुली' के रूप में ही वर्गीकृत होंगे। श्रीमान्! सारे दक्षिणी अफ्रीका में 'कुली' शब्द ने जिस प्रकार अनिष्ट किया है, उसके दो चित्र मैं आपके समक्ष प्रस्तुत करूँगा। कुछ समय पूर्व, मैं समझता हूँ पिछले वर्ष, बम्बई के प्रतिष्ठित अदमजी पीरभाई के पुत्र, जो स्वयं निगम के सदस्य हैं, नाटाल आए। उनका वहाँ कोई मित्र नहीं था; वे (वहाँ) किसी को नहीं जानते थे। वहाँ ठहरने के लिए वे कई होटलों में गए। कुछ संस्कारयुक्त होटल मालिकों ने उन्हें कक्ष उपलब्ध न होने की बात कही, जबकि अधिकांश ने उन्हें उत्तर दिया कि ''हम कुलियों को अपने होटलों में नहीं ठहराते हैं।'' श्रीमान्! अदन के स्वर्गीय कॉवसजी दिनशा के पुत्र भी नाटाल आए, और वहाँ से वे केपटाउन पहुँचे।

केपटाउन से वे नाटाल लौट रहे थे; उन्हें वहाँ उतरने से पूर्व भारी असुविधा का सामना करना पड़ा। दक्षिणी अफ्रीका में वह समय प्लेग नियंत्रण का था। नाटाल के लिए उन्होंने प्रथम श्रेणी में यात्रा की व्यवस्था कराई, लेकिन जब वे नाटाल आए तो क्या हुआ? प्लेग अधिकारी ने सहज ही कहा, "मैं तुम्हें उतरने नहीं दे सकता; तुम भारतीय लगते हो। मुझे आदेश दिया गया है कि मैं किसी भी कीमत पर किसी भी श्यामवर्णीय को यहाँ न उतरने दूँ। और क्या आप मुझ पर विश्वास

3. भारतीय राष्ट्रीय काँग्रेस के।

करेंगे कि नाटाल में उन्हें उतरने देने से पूर्व वहाँ के उपनिवेशी विषयों के सचिव को एक तार भेजा गया! यह सब हुआ, क्योंकि वे श्यामवर्णीय थे।

"अब, नाटाल से सम्बन्धित दूसरी परेशानी के बारे में। मुझे डर है, यह एक बन्द किताब है। विधेयक को स्वीकृत किया जा चुका है। यह किसी भी भारतीय के नाटाल-प्रवेश पर तब तक प्रतिबन्ध लगाता है, जब तक वह अप्रवासी अधिनियम के साथ संलग्न प्रपत्र में निर्दिष्ट यूरोपीय भाषाओं में से कम-से-कम एक को न लिख सकता हो। यह अधिनियम, इस प्रकार, बड़ी संख्या में भारतीयों के नाटाल प्रवेश पर रोक लगाता है। 'डीलर्स लाइसेन्स ऐक्ट' नामक एक अन्य कानून भी नाटाल कॉलनि में लागू है। वह अधिनियम लाइसेन्स अधिकारी को व्यवसाय-सम्बन्धी लाइसेन्स जारी करने या न करने का पूर्ण अधिकार देता है। ऐसे अधिकारियों के विरुद्ध अपील का कतई प्रावधान नहीं है; केवल कुछ उन मामलों में, जिनके सम्बन्ध में उन्हें किसी भी भारतीय को लाइसेन्स जारी न करने के निर्देश है, अधिकारियों को नियुक्त करने वाली संस्थाओं, जैसे कार्यपालिका, स्थानीय परिषदों या निगम में अपील हो सकती है। अच्छी आशा की जाने वाली केप कॉलनि में कोई अधिक कड़ा भारतीय विरोधी कानून नहीं है। जहाँ तक ट्रांसवल और ऑरिंज रिवर कॉलनियों का सम्बन्ध है, दुर्भाग्य से हमारे लिए पुराना कानून ही लागू है। ट्रांसवल में भारतीय बस्तियों में ही रह सकते हैं, वहीं व्यापार कर सकते हैं; वे पगडंडियों पर नहीं चल सकते; बस्तियों के अतिरिक्त कहीं और वे भू-सम्पत्ति नहीं रख सकते। ऑरिंजरिवर कॉलनि में हम केवल श्रमिकों के रूप में ही प्रवेश कर सकते हैं। अब, बम्बई प्रेसीडेन्सी के बिना मुकुट के

राजा[4] के प्रति समुचित आदर प्रकट करते हुए, मैं विश्वास करता हूँ कि ट्रांसवल तथा ऑरिंज रिवर कॉलनि में हमारी स्थिति अत्यधिक शोचनीय है। ऐसा इसलिए, क्योंकि ब्रिटिश प्रजा के रूप में हमारे अधिकारों के हनन पर उचित रोक नहीं लगाई गई है; नाटाल में (भी) यदि कदम न उठाए गए होते, तो आज से कहीं अधिक बुरी स्थिति वहाँ भी होती। सारे दक्षिणी अफ्रीका में इस तरह की स्थिति है।

"काँग्रेस उपचारार्थ क्या कर सकती है? जहाँ तक ट्रांसवल का सम्बन्ध है, श्री चेम्बरलेन की (भारतीयों के प्रति) वहाँ सहानुभूति रही है। पुराने शासन के दौरान हमारी कठिनाइयों के प्रति वे सहानुभूति रखते थे, यद्यपि इस सम्बन्ध में उन्होंने किया अत्यधिक कम, क्योंकि उस समय वे असहाय थे; लेकिन अब ऐसी स्थिति नहीं है। वे शक्तिशाली हैं। पुराने अधिनियम को कैसे बदला जाए? इस पर विचार करने का वचन उन्होंने लार्ड मिनर को दिया है। अब, भले ही दक्षिणी अफ्रीका में हमारे लिए समय है या नहीं, लेकिन उनके वचन के बाद, और परिवर्तन के व्यावहारिक रूप लेने के बाद, कुछ भी नहीं किया जा सकता। इंग्लैण्ड के मित्र अपने परामर्श में मुझसे कहते हैं, "भारतीयजन को आने दो, उन्हें जनसभाएँ करने दो; यदि सम्भव हो, तो वायसराय के पास प्रतिनिधि मण्डल भेजो, और यहाँ हमारे हाथ मजबूत करने के लिए जो भी कुछ कर सकते हो, वह करो। अधिकारी का दृष्टिकोण सहानुभूतिमय है, और कदाचित् तुम्हें न्याय मिलने को है।" एक मार्ग यह है, जिसके लिए आप सहानुभूति प्रकट कर सकते हैं, लेकिन हम मात्र मौखिक सहानुभूति ही नहीं चाहते हैं। न ही हम आपसे अपनी जेबों में हाथ डालने के लिए कहते

4. फिरोजशाह मेहता।

है। इस बारे में तो दक्षिणी अफ्रीका में रहने वाले हमारे देशवासी भारत में पड़े अकाल के समय स्वयं सहायता भेज चुके हैं। आपको मुझसे यह जानकर आश्चर्य होगा कि उपनिवेश-उत्पन्न भारतीयों ने हमारे द्वारा पुनः प्रकाशित टाइम्स ऑफ इण्डिया की उन प्रतियों, जिनमें अकाल-सम्बन्धी चित्र छपे थे, को देखकर वास्तव में आँसू बहाए। भारतीयों ने दो हजार पाउन्ड दिए, और मुझे कहना चाहिए, यूरोपीयजन ने भी अच्छा योगदान किया। फिर, यहाँ ऐसे प्रतिनिधि हैं, जो प्रभावशाली समाचारपत्रों के सम्पादक हैं, ऐसे प्रतिनिधि हैं, जो बैरिस्टर हैं, व्यापारी और राजकुमार आदि हैं। ये सभी अति व्यावहारिक सुविधा प्रदान कर सकते हैं। सम्पादक वास्तविक सूचना एकत्रित कर सकते हैं; विदेशी प्रवास सम्बन्धी सम्पूर्ण प्रश्न को अपने समाचारपत्रों के माध्यम से प्रस्तुत कर सकते हैं तथा हमारी कठिनाइयों पर सहानुभूतिपूर्वक चर्चा कर सकते हैं। व्यवसायी स्वयं और अपने लोगों को दक्षिणी अफ्रीका में बसाकर सेवा प्रदान कर सकते हैं। अन्य बातों के अतिरिक्त, काँग्रेस का अभिप्राय, मेरा विश्वास है, हमारी क्षमता का परीक्षण करना है; स्वशासन और विदेशी संगठन में विश्व की सभ्य जातियों के साथ खड़े रहना है। अब, यदि एक क्षण के लिए हम यूरोपीय प्रयास को देखें तो सट्टेबाजी का अनुसरण करते व्यवसायियों को पाएँगें; फिर अपनी बारी आने पर धर्मप्रचारक को, डॉक्टर, वकील आर्किटेक्ट, ऍन्जिनिअर और कृषक आदि को पाएँगे। जहाँ कहीं भी वे बसते हैं, वहाँ, कोई आश्चर्य नहीं यदि वे स्वतंत्र, सम्पन्न और स्वःशासित समुदाय के रूप में फले-फूलें। दक्षिणी अफ्रीका, जंजीबार, मारिशस, फिजी और सिंगापुर आदि सहित विश्व के विभिन्न भागों में

हजारों की संख्या में हमारे व्यवसायी गए हैं। क्या भारतीय मिशनरियाँ, बैरिस्टर, डॉक्टर, और अन्य व्यवसायी भी उनके पीछे गए? यह दुर्भाग्य है कि यूरोपीय मिशनरियाँ, जो दीन प्रवासियों को धर्मशिक्षा देने का प्रयास करती हैं, यूरोपीय वकील, जो उन्हें कानूनी सलाह देते हैं, और यूरोपीय डॉक्टर, जो उनकी भाषा नहीं समझ सकते, (वे) उन्हें चिकित्सा सम्बन्धी परामर्श देने का प्रयास करते हैं। फिर यह कोई आश्चर्य ही होगा, यदि अंधेरे में खोजकर्ता व्यवसायी, जो अपने अधिकारों के बारे में अनभिज्ञ हैं, जो अपनी असीमित ऊर्जा को उचित माध्यम से निर्देशित करने के बारे में नहीं जानते, और जो अज़नबी चेहरों से घिरे हैं, वे गलतफहमी के शिकार न हों; तथा वे अपमानपूर्ण एवं अमानवीयता का जीवन जीने को बाध्य न किए जाएँ। आज संध्या में हमारी कार्यवाही एक गीत के साथ प्रारम्भ हुई थी, जिसके अन्तिम छंद में विदेशी उपक्रमों का, नैतिक उत्तरदायित्व के रूप में, अपनी मातृभूमि के प्रति प्रेम को प्रदर्शित करने के लिए अपनी पूँजी का ज्ञान रखते हुए और अपनी राष्ट्रीय एकता का परिचय देते हुए, ईमानदारीपूर्वक अधिग्रहण करने को हमें प्रेरित किया गया। यदि मेरे समक्ष उपस्थित विशिष्ट भारतीयों में से कुछ दक्षिणी अफ्रीका जा सकते, उस पवित्र चेतना द्वारा[5] प्रेरित कर पाते, तो हमारी कठिनाइयाँ अवश्य ही समाप्त हो गई होतीं।"

4

"अब वह समय जाता रहा, जब किसी एक धर्म का अनुयायी कह सकता था कि केवल उसी का धर्म सही है और दूसरे सभी धर्म गलत

5. जो गीत में है।

हैं। समस्त धर्मों के प्रति सहनशीलता की विकसित होती सोच भविष्य के लिए सुखद संकेत है। लन्दन के एक साप्ताहिक 'ईसाई-संसार' के स्तम्भों में 'जे० बी०' नामक नियमित लेखक के हस्ताक्षरों से प्रकाशित लेख में इसी तरह के प्रश्न के सारांश को मैं यहाँ उद्धृत करने की इच्छा रखता हूँ।

"अत्यन्त ही उदार और भरपूर चेतनायुक्त होकर लेखक ने इस प्रश्न पर ईसाई दृष्टिकोण से समीक्षा की है; और (उन्होंने) यह प्रकट किया है कि किस तरह विश्व के समस्त धर्म एक दूसरे से जुड़े हुए हैं? प्रत्येक में अन्य सभी के समान कुछ सामान्य विशेषताएँ हैं। ईसाई प्रेस में इस तरह के लेख के प्रकट होने का कोई मूल्य है; इससे केवल यही प्रकट होता है कि यह समय के साथ आगे बढ़ रही है। कुछ वर्ष पूर्व इस तरह के लेख को विधर्मी शिक्षा के रूप में वर्गीकृत किया गया होता; और लेखक को (ईसाई) उद्देश्य के प्रति विश्वासघातकर्ता घोषित किया गया होता।

"दूसरे धर्मों के प्रति ईसाइयों के दृष्टिकोण को परिवर्तित करने वाली नई चेतना पर टिप्पणी करते हुए, और यह खुलासा करते हुए कि कैसे कुछ वर्ष पूर्व (तक) प्रचलित विचार "कि अवास्तविकों की भीड़ में केवल ईसाई धर्म ही वास्तविक और सबसे अलग है", वे यहाँ तक कहते हैं:

"यह बहुत बड़ी विडम्बना रही है, और इसका एक रूप आमजन को अत्यधिक आश्चर्यचकित करने वाली खोज और वह शिक्षा है, जिसमें उसका लालन-पालन हुआ, यद्यपि वह (भी) प्रारम्भिक ईसाई शिक्षा कतई

नहीं थी। पवित्र-प्राचीन तर्कशास्त्री ने अति भिन्न ढंग से विचार किया। अन्य विश्वासों और नस्लों में जो वह पाता है, वह उसकी कल्पना से परे का है। धर्म-प्रचार युग के निकट खड़ा होकर वह उस जस्टिन मार्टर को सुनता है, जो सुकरात के विवेक को (सु) समाचार से प्रभावित मानता है; प्रारम्भ (उत्पत्ति) के सम्बन्ध में जो न्यासा के ग्रेगोरी से, जिनकी मानव गति-सम्बन्धी समस्त शिक्षाएँ दैवीय शिक्षण के अधीन हैं, तथा लकटेन्टियस से (भी), जो दूरदर्शिता को समस्त धर्मों की साझी सम्पत्ति बनाए रखने में विश्वासकर्ता है। श्रेष्ठ ईसाई मस्तिष्क, वास्तव में प्रत्येक युग में, न्यूनाधिक, इसी (विचार) पंक्ति के साथ-साथ चला है। निश्चिततः उन्हीं को दूसरी नस्लों के, भले ही साहित्य के माध्यम से अथवा आमने-सामने प्रकट होकर, निकट आना चाहिए, जो तुरन्त यह विश्वास करने को तैयार हों कि एक से दूसरे धर्म के मध्य दुर्गम खाई का सिद्धान्त जीवन और आत्मा, दोनों, के लिए गलत है। एक हजार भिन्न-भिन्न नामों और रूपों से धर्म मनुष्यों के हृदय में एक ही बीज डालता आया है, एक ही सत्य का खुलासा करता आया है, और मस्तिष्क इसे पकड़ने में समक्ष रहा है. .. ।"

"जे० बी० खुलासा करते हैं कि अनेक ईसाई संस्थाओं और शिक्षाओं का जन्म अन्य धर्मों के ज्ञान के आधार पर हुआ है; प्रतीकों में से कई प्राचीनकालिक स्मृति-चिह्नों में से हैं।

"इस सम्बन्ध में पर्शिया के मिथरा की (उपासना) पद्धति कितनी आश्चर्यजनक है, जैसा कि एम० कुमोन्ट कहते हैं, ''ईसाइयों की भाँति मिथरा के अनुयायी घनिष्टतापूर्वक जुड़े समुदायों में रहते थे, एक-दूसरे

को पिता और भाई कहकर पुकारते थे; आमना-सामना करते थे, और विचारों का आदान-प्रदान करते थे; प्रभावशाली ढंग से और अधिकारपूर्वक नैतिकता, ब्रह्मचर्य, सदाचार व आत्मसंयम का ज्ञान देते थे; आत्मा की अमरता तथा मृत्योपरान्त पुनर्जीवन में विश्वास रखते थे।”

“लेखक ईसाई धर्म की प्रमुख स्थिति का दावा करे, तो इसमें आश्चर्य की बात नहीं होनी चाहिए, लेकिन ऐसे खुले दृष्टिकोण को अपनाने वाले ऐसे ईसाई लेखक एवं प्रेस का मिलना सन्तोष की बात है।

“सामान्य हित के लिए साथ-साथ कार्य करने वाले यूरोपीयजन और भारतीयों के लिए इसका विशेष महत्त्व है। प्राचीन धर्मों वाले भारत के पास देने के लिए बहुत कुछ है। और हमारे मध्य एकता का बन्धन एक-दूसरे के धर्म के प्रति सहानुभूति और कद्र को शुद्ध हृदय से गति प्रदान कर सकता है। इस महत्त्वपूर्ण प्रश्न पर अधिकतम सहनशीलता का अर्थ हमारे दैनिक सम्बन्धों में विस्तृत हितैषिता होगा, और वर्तमान में जो संशय की स्थिति है, वह समाप्त हो जाएगी। क्या वह वास्तविकता नहीं है कि मुसलमानों एवं हिन्दुओं के मध्य इस सहनशीलता की अधिकाधिक आवश्यकता है? कई बार कोई विचार करने को विवश हो जाता है कि यह तो पूरब और पश्चिम से भी अधिक महत्त्वपूर्ण है। उपद्रव-संघर्ष से स्वयं भारतीयों के बीच के सद्भाव को न बिगाड़ो; स्वयं बँटा हुआ घर अवश्य ही गिर जाता है, इसलिए सुदृढ़ एकता की आवश्यकता और समाज के समस्त वर्गों के मध्य भाईचारे का उद्घाटन मुझे करने दो।”

5

प्रस्ताव-प्रथम

"यहाँ एकत्रित हुए ब्रिटिश-भारतीयों की यह सभा ट्रांसवल की विधान परिषद के माननीय अध्यक्ष और सदस्यों से सादर अनुरोध करती है कि (वे) 1885 के कानून संख्या-3 में संशोधन के उद्देश्य से माननीय परिषद के समक्ष अब प्रस्तुत एशियाई अध्यादेश की रूपरेखा को निम्नलिखित बिन्दुओं को ध्यान में रखते हुए पारित न करेः

(1) जहाँ तक ट्रांसवल में भारतीय समुदाय का सम्बन्ध है, यह एक अत्यधिक विवादित उपाय है;

(2) यह ट्रांसवल में ब्रिटिश-भारतीय समुदाय को गुलाम बनाकर पूर्णतः तिरस्कृत और अपमानित करने की कार्यवाही है, और अपने पूर्व इतिहास द्वारा जिसका वह अधिकारी नहीं है;

(3) वर्तमान मशीनरी आरोपित एशियाइयों की भीड़ को नियंत्रित करने के लिए पर्याप्त है;

(4) आरोपित भीड़ से सम्बन्धित वक्तव्यों को ब्रिटिश-भारतीय समुदाय द्वारा अस्वीकृत किया जाता है; और

(5) यदि माननीय परिषद अस्वीकृति से सन्तुष्ट न हो, तो (यह) सभा एक आरोपित भीड़ के प्रश्न पर एक खुली न्यायिक और ब्रिटिश जाँच आमंत्रित करती है।"

प्रस्ताव-द्वितीय

"यहाँ एकत्रित ब्रिटिश-भारतीयों की यह बड़ी जनसभा एशियाई क़ानून संशोधन अध्यादेश का, जिस पर अब ट्रांसवल की विधान परिषद

द्वारा विचार किया जा रहा है, आदरपूर्वक प्रतिवाद करती है और निम्न कारणों से स्थानीय सरकार एवं साम्राज्य के अधिकारियों से इस अध्यादेश की रूपरेखा को वापस लेने का अनुरोध करती हैः

(1) यह शाही प्रतिनिधियों की पहली घोषणाओं के स्पष्टतः विपरीत है;

(2) यह अंग्रेजों एवं एशियाइयों के मध्य भेद को मान्यता प्रदान नहीं करती है;

(3) यह ब्रिटिश-भारतीयों को दक्षिणी अफ्रीका के मूल निवासियों और अश्वेतों के स्तर से भी नीचे लाती है;

(4) यह ट्रांसवल में ब्रिटिश-भारतीयों को 1885 के कानून संख्या तीन (के प्रावधानों) में निर्धारित स्थिति से भी बुरी स्थिति में लाती है, और इस प्रकार बोर शासन के अन्तर्गत पहुँचा देती है;

(5) यह पासों और गुप्तचरों की ऐसी व्यवस्था स्थापित करती है, जो अन्य ब्रिटिश क्षेत्रों में अज्ञात है;

(6) उन समुदायों को जिन पर यह लाग़ू होती है, यह अपराधी और संदिग्ध बनाती है;

(7) ट्रांसवल में ब्रिटिश-भारतीयों के आरोप को नकारा जाता है;

(8) यदि ऐसा प्रतिवाद स्वीकार नहीं किया जाता है, तो किसी ऐसे अनावश्यक अध्यादेश को लागू करने से पूर्व एक न्यायिक और खुली ब्रिटिश जाँच (समिति) का गठन किया जाना चाहिए;

(9) (इसमें किए गए) उपाय वैसे भी गैर-ब्रिटिश हैं, और वे अनावश्यक रूप से अनापराधिक ब्रिटिश-भारतीयों की स्वतंत्रता प्रतिबन्धित करते हैं, तथा

(10) यह सभा आगे, और विशेष रूप से माननीय सचिव, उपनिवेश-विभाग और माननीय सचिव, भारत-विभाग से अनुरोध करती है कि वे इस (अध्यादेश) पर शाही स्वीकृति को स्थगित करें, और इस अध्यादेश की रूपरेखा के सम्बन्ध में ट्रांसवल के ब्रिटिश-भारतीय समुदाय के एक के प्रतिनिधि मण्डल से मुलाकात करें।"

प्रस्ताव-तृतीय

"यह सभा यहाँ 'ब्रिटिश इण्डिया एसोसिएशन समिति' में निहित शक्तियों के आधार पर एक प्रतिनिधि मण्डल नियुक्त करती है, जो इसके सदस्यों में कमी, बढ़ोत्तरी या परिवर्तन कर सकता है; जो इंग्लैण्ड जाकर साम्राज्य के अधिकारियों के समक्ष ट्रांसवल के ब्रिटिश- भारतीय समुदाय की एशियाई संशोधन अध्यादेश की रूपरेखा के सम्बन्ध में शिकायत रखेगा।"

प्रस्ताव-चतुर्थ

"ट्रांसवल के ब्रिटिश-भारतीय समुदाय की एशियाई कानून संशोधन अध्यादेश की रूपरेखा के सम्बन्ध में विधान परिषद, स्थानीय सरकार और साम्राज्य के अधिकारियों द्वारा विनम्र प्रार्थना को अस्वीकार कर दिए जाने की स्थिति में, ब्रिटिश-भारतीयों की यहाँ एकत्रित विशाल जनसभा खेद एवं दृढ़-निश्चय के साथ प्रस्ताव करती है कि धृष्टता, अत्याचार, और अध्यादेश की रूप-रेखा में निहित गैर-ब्रिटिश आवश्यकता

के समक्ष आत्मसमर्पण करने के बजाए, ट्रांसवल में प्रत्येक भारतीय अपने आप को कारागार के लिए प्रस्तुत करेगा और तब तक ऐसा करता रहेगा, जब तक कि परमकृपालु सम्राट सन्तुष्ट होकर राहत प्रदान नहीं करते हैं।"

प्रस्ताव-पंचम

"यह सभा अपने अध्यक्ष से चाहती है कि वे प्रथम प्रस्ताव की प्रति विधान परिषद के माननीय अध्यक्ष और सदस्यों को भेजें; और वे समस्त प्रस्तावों की प्रतियाँ उपनिवेश-सचिव, महामहिम कार्यवाहक उप-राज्यपाल, और महामहिम उच्चायुक्त को भेजें, तथा महामहिम उच्चायुक्त से अनुरोध करें कि वे प्रस्ताव संख्या 2, 3 एवं 4 के मूल-पाठ को तार द्वारा साम्राज्य के अधिकारियों को भेजें।"

6

"ट्रांसवल के भारतीयों से"

"मस्तिष्क में अवश्य ही यह रहना चाहिए कि संघर्ष की सफलता ट्रांसवल के भारतीयों के कारागार में रहते हुए व्यवहार पर निर्भर करेगी। इसलिए यह अच्छी बात है कि सरकार ने कुछ लोगों को बन्दी बनाया है; यह समय दूसरों की परीक्षा का होगा।

"कायर भय व्याप्त करेंगे; हड़तालकर्ता प्रत्येक ढंग अपनाएँगे। अपने वीर देशवासियों से मेरा अनुरोध है कि वे इन सबसे अप्रभावित रहें; वे सदैव अपनी प्रतिज्ञा के प्रति सचेत रहें और साहस को बनाए रखें।

"संघर्ष के प्रारम्भ पर ही हमनें घृणित कानून के समक्ष किसी कीमत पर आत्मसमर्पण न करने की प्रतिज्ञा की थी। अंग्रेजों के मध्य

अपने सम्मान एवं देश के लिए सर्वस्व न्यौछावर करने को तत्पर सैंकड़ों लोगों के उदाहरण हमें मिलते हैं। हम भी ऐसा तभी कर सकते हैं, जब हम सम्मानीयजन बनें और सम्मान को बनाए रखें। इसलिए मैं चाहूँगा कि भारतीय, भले ही उन्हें लाइसेन्स मिलें या नहीं, उन्हें श्रेय मिले या नहीं, वे झुकेंगे नहीं; और वे कारागार के भय से, अथवा देश निकाले की स्थिति में भी, अपने निश्चय से डिगेंगे नहीं। यदि वे स्वयं अपने को दिल व दिमाग से तैयार करेंगे, तो वे पाएँगे कि कारागार में भयभीत करने वाला कुछ नहीं है।

"एक को दूसरे की ओर नहीं देखना है; प्रत्येक को अपने बल पर ही आधार रखना है; इसलिए यदि भारतीयों में से कुछ घृणित कानून के समक्ष आत्मसमर्पण करते हैं, तो अन्य भी ऐसा ही करने को नहीं बहकेंगे।

"इस प्रकार आप अपने और देश के लिए उद्‌देश्य को प्राप्त करेंगे; यदि आप अपने को सूचीबद्ध कराने की गलती करेंगे, तो निकट पहुँचती सफलता को दूर भगाने का कार्य करेंगे।

"सही संघर्ष न केवल साहस (बनाए रखने) का आह्वान करता है, अपितु वह सत्य पर भी आधारित होता है। बड़ी संख्या में (भारतीयों को) भुखमरी की आशंका का सामना करने को तैयार रहना चाहिए। राहत प्राप्ति के लिए ऐसा होना आवश्यक होगा। यह उच्चतम स्तर की ईमानदारी के लिए भी आवश्यक होगा। विभिन्न कस्बों से सहयोग प्राप्त होगा, और उसका उपयोग अच्छे उद्देश्य के लिए किया जाएगा। जब तक आवश्यक न हो, सहायता न माँगे। सहायता वितरित करने का जिन पर उत्तरदायित्व हो, उन्हें चाहिए कि उन्हें जो धनराशि या खद्यान्न वितरणार्थ दिए जाएँ, उसे पूर्णतः ईमानदारी के साथ ही वे वितरित करें।

"यह संघर्ष चरित्र के समस्त तत्त्वों एवं हमारी कमजोरियों का खुलासा करेगा। हमें सावधान रहना होगा। अनेकजन को कारागार भेजने के उपरान्त, इस अवसर को कारागर व कानून के भय से भी हाथ से नहीं जाने देना है।

''उन लोगों से, जो अपने को सूचीबद्ध कर चुके हैं, या जो ऐसा कर सकते हैं, हमें शत्रुता नहीं रखनी है। यदि आप मानते हो कि उनका कृत्य अनुचित है, तो उनके उदाहरण का ही अनुसरण करते हुए, किसी छोटे बहकावे में आपको नहीं आना चाहिए। जिनमें अन्त तक संघर्ष करते रहने का साहस है, वे विश्व के किसी भाग में आजीविका प्राप्त करने में सक्षम होंगे।"

"दक्षिणी अफ्रीका के अन्य भारतीयों से"

"ट्रांसवल के भारतीय हर प्रकार की कठिनाई—शारीरिक, मानसिक, आर्थिक-उठा रहे हैं। आपसे आर्थिक बलिदानार्थ अनुरोध किया गया है; इसलिए आप पीछे न हटें। ढेर सारे धन की आवश्यकता होगी। (इस हेतु) आपके (द्वारा किए जा रहे) मुकाबलों का स्वागत है; उनकी कुछ सार्थकता (भी) है। लेकिन वे अधिक अर्थपूर्ण होंगे, यदि आप साथ-ही-साथ आर्थिक सहयोग भी प्रदान करेंगे। इस संघर्ष का सम्बन्ध केवल ट्रांसवल के भारतीयों से ही नहीं है, अपितु (दक्षिणी अफ्रीका में) समस्त भारतीय समुदाय से हैं। आपका हित भी ख़तरे में है। आर्थिक सहायता प्रदान करना आपके हाथ में है; साथ ही आप सभाएँ करके और प्रस्ताव पारित करके भी सहायता दे सकते हैं।''

"समस्त भारतीयों से"

"हमें सफलता प्राप्त नहीं होगी, यदि सामान्य हित में हर कीमत पर हम हिन्दू-मुस्लिम मतभेदों को समाप्त नहीं करेंगे। प्रत्येक को इसे निर्देशक सिद्धान्त के रूप में स्वीकार करना है। अपनी एक, और सुदृढ़ इच्छा-शक्ति के बल पर ही हम सफल होंगे। हिन्दू और मुसलमान समानतः एक ही भूमि से सम्बद्ध हैं और वे एक ही माता की सन्तान हैं।"

7

"यदि हम सत्याग्रह के अर्थ को जानना चाहते हैं, तो इसकी पहली शर्त यह है कि इस तरह के संघर्ष में भागीदारीकर्ता को सत्य के प्रति विशेष सम्मान प्रकट करना चाहिए, सत्यता से प्राप्त होने वाले बल पर आधार रखना चाहिए। कहने का तात्पर्य यह है कि ऐसे व्यक्ति को केवल सत्य पर ही भरोसा रखना चाहिए। दो ओर चलने से श्रेष्ठ प्राप्ति नहीं हो सकती। जो ऐसा करने का प्रयास करता है, वह दोनों के दबाव में मिट जाएगा। सत्याग्रह बजाई जाने वाली बाँसुरी की भाँति नहीं है; और जो ऐसा सोचता है कि वह चाहे तो इसे बजाए और चाहे तो नहीं, अन्त में अपने को असफल होता देखेगा। यह सुझाव देना तर्कहीनता है कि सत्याग्रह केवल उन्हीं के द्वारा किया जाता है, जो शारीरिक रूप से दुर्बल हों, या जो शारीरिक शक्ति का उपयोग करने को अनेच्छुक हों, तथा इस प्रकार सत्याग्रह के अतिरिक्त किसी अन्य विकल्प के बारे में विचार न करते हों। जो ऐसा विचार रखते हैं, वे, ऐसा माना जा सकता है, इस संघर्ष के अभिप्राय को (ही) नहीं समझते हैं। सत्याग्रह शारीरिक बल से भी अधिक शक्तिशाली है; शारीरिक बल सत्याग्रह से तुलना करने पर

तिनके के समान मूल्यहीन है, बेकार है। आवश्यक रूप से शारीरिक बल का अर्थ है रणभूमि में अपनी काया की न्यूनतम चिन्ता करने वाले शक्तिशाली व्यक्ति द्वारा किया जाने वाला युद्ध; कहने का तात्पर्य है, वह (वहाँ) भयभीत नहीं होता। इस रूप में सत्याग्रही भी अपनी काया की चिन्ता नहीं करता; भय उसके कतई निकट नहीं आता। यही कारण है कि वह अपने पास कोई हथियार नहीं रखता, लेकिन मृत्यु की चिन्ता के बिना अपने संघर्ष को अन्त तक जारी रखता है। इसका अर्थ है कि सत्याग्रही को शारीरिक बल पर आश्रित रहने वाले से भी अधिक साहस रखना चाहिए। इस प्रकार, सत्याग्रही के लिए जो प्रथम आवश्यक बात है, वह यह कि उसे सत्य में विश्वास रखना चाहिए; उसे सत्य (मार्ग) पर चलना चाहिए।

"उसे दौलत से उदासीन रहना चाहिए। दौलत और सत्य का सदैव एक-दूसरे से विरोध रहा है, और सदा रहेगा। अनेक उदाहरण हमारे समक्ष हैं...; जो दौलत से चिपका रहता है, वह सत्य को समर्पित नहीं होता। इसका यह अर्थ नहीं कि सत्याग्रही दौलत नहीं रख सकता। वह रख सकता है, लेकिन वह दौलत को अपना ईश्वर नहीं बना सकता। दौलत का स्वागत है, यदि कोई सत्य के साथ इसका तालमेल बैठा ले; अन्यथा एक क्षण के लिए भी इसे हाथ के मैल से अधिक कुछ न समझते हुए, त्याग देने में संकोच नहीं करना चाहिए। जिसका ऐसा दृष्टिकोण न बना हो, वह व्यावहारिक सत्याग्रही नहीं हो सकता। इससे भी अधिक, जहाँ कोई किसी शासक के विरुद्ध सत्याग्रह करने को तैयार होता है, वहाँ सत्याग्रही दौलत का स्वामी हो, यह सम्भव नहीं है। सत्याग्रही के विरुद्ध

शासक की शक्ति व्यर्थ हो सकती है। लेकिन उसकी सम्पत्ति उसे प्रभावित कर सकती है, अथवा उसके छिन जाने का भय उस पर प्रभाव डाल सकता है। शासक सम्पत्ति की हानि अथवा शारीरिक चोट का भय दिखाकर शासितों को अपनी इच्छा के अधीन करता है। इसलिए अत्याचारी शासक के शासन में अधिकांशतः वे ही दौलत का ढेर लगा सकते हैं, जो अपने को अत्याचारों को झेलने के लिए तैयार कर लेते हैं। चूँकि सत्याग्रही अत्याचार के वशीभूत नहीं हो सकता, इसलिए ऐसी स्थिति में सम्पत्ति के विषय में सम्पन्न होने का उसे कतई नहीं सोचना चाहिए। यदि उसके पास सम्पत्ति है, तो उसे चाहिए कि वह उसे किसी अन्य देश में रखे।

"सत्याग्रही को परिवार का मोह छोड़ना होगा। ऐसा करना बहुत कठिन है। लेकिन सत्याग्रह का व्यवहार, यदि सत्याग्रह को अपने नाम के योग्य सिद्ध होना हो, तो वह तलवार की नोक पर चलने के समान है। परिवार-मोह छोड़ना अन्ततः परिवार के हित में होगा। कारण, परिवार के सदस्य सत्याग्रह की माँग (और प्रकार) को अनुभव करेंगे, और जिन्होंने इस तरह का अनुभव कर लिया, उन्हें अन्य कोई इच्छा ही नहीं रहेगी। ऐसे में जब किसी रूप में सम्पत्ति की हानि के कष्ट से या कारागार की स्थिति से सामना हो, तो परिवार के भविष्य की चिन्ता की फिर आवश्यकता कहाँ? जिसने हमें दाँत दिए हैं, वहीं हमें खाने के लिए भोजन भी देगा। यदि साँप, बिच्छू, बाघ और भेड़िये जैसे खतरनाक जीवों के लिए वह व्यवस्था कर सकता है, तो मानवता के लिए वह अनजान नहीं हो सकता। यह मुट्ठीभर अनाज या कूटा हुआ बाजरा नहीं है, जिसके

लिए हम ललचाते फिरते हैं, अपितु यह आनन्दों की थाली है; इसमें न केवल वे वस्त्र हैं, जो हमें ठंड सहन करने में सक्षम बनाते हैं, अपितु अच्छी सिल्क के तैयार वस्त्र भी हैं। यदि हम इस अन्तहीन लालसा का त्याग कर दें, तो परिवार के संचालनार्थ मुश्किल से ही किसी चिन्ता की संभावना शेष रहेगी।

"इस सम्बन्ध में, मस्तिष्क में इस बात को रखना श्रेयस्कर होगा कि शारीरिक बल की वापसी होने पर भी इनमें से कई वस्तुओं का बलिदान करना होगा। भूख-प्यास को सहना, गर्मी-सर्दी सहना, पारिवारिक सम्बन्ध-त्यागना और धन-हानि उठाना इसमें सम्मिलित हो सकता है। बोरों ने शारीरिक बल की वापसी के समय यही सब कुछ किया। उनके द्वारा छेड़े गए संघर्ष और सत्याधारित हमारे संघर्ष के मध्य एक बड़ा अन्तर यह है कि उन्होंने जो खेल खेला, वह जुआ खेलने जैसा था। शारीरिक बल ने उन्हें घमण्डी बना दिया था। आंशिक सफलता ने उन्हें उनकी (वास्तविक) स्थिति से अनभिज्ञ बना दिया। वे मृतप्रायः शस्त्रों द्वारा मृतप्रायः शत्रु के विरुद्ध लड़ने वाले मृतप्रायः अत्याचारियों की भाँति हमें कठिनाइयाँ दे रहे हैं। जब कोई सत्यग्राही संघर्ष में सफल होता है, तो उसकी सफलता का लाभ उसे ही नहीं, अपितु अन्यों को भी मिलता है। यदि सत्याग्रही सत्य के प्रति अडिग रहता है, तो वह कभी भी अत्याचारी नहीं हो सकता।

'वही सत्याग्रह कर सकता है, जिसका धर्म में सच्चा विश्वास हो। 'मुँह में राम बगल में छुरी' यह कोई विश्वास नहीं है। नाम तो धर्म का लेना, लेकिन कार्य इसकी शिक्षाओं के विपरीत करना, धर्म नहीं

है। लेकिन सही अर्थों में धर्मपरायण और विश्वासकर्ता ही सत्याग्रह कर सकता है। दूसरे शब्दों में, जो सब कुछ ईश्वर पर छोड़ देता है, संसार में कभी भी पराजित नहीं होता। ऐसे लोग, वास्तव में, जनता द्वारा सहज ही कह दिए जाने मात्र से पराजित नहीं हो जाते। इसी प्रकार सहज ही लोगों द्वारा कह दिए जाने मात्र से कोई विजेता भी नहीं हो जाता। (इस सम्बन्ध में कोई तर्क-वितर्क नहीं हो सकता), यदि आप अन्तर को समझते हैं, तो आप स्वयं ही (वास्तविकता को) जानते हैं, अन्यथा नहीं।

"सत्याग्रह के लिए सर्वस्व बलिदानकर्ता ने ही सब कुछ प्राप्त किया है; (हाँ) इस हेतु वह छावनी में रहता है; छावनी (में) प्रसन्नता है। इससे अधिक प्रसन्नता प्राप्ति कहाँ हो सकी है? दूसरे सब प्रकार की प्रसन्नता तो मृग-मरीचिका के समान है। हम जितना उसकी ओर बढ़ते हैं, वह उतनी ही पीछे हटती जाती है।

"हम आशा करते हैं कि प्रत्येक (विषय पर) इस दिशा में विचार करेगा और अपने को एक सत्याग्रही बनाएगा। यदि हम सत्याग्रह रूपी अस्त्र का प्रयोग सीखते हैं, तो अन्याय से उत्पन्न प्रत्येक कठिनाई का अन्त करने में हम सक्षम होंगे। केवल यही इस अस्त्र की उपयोगिता नहीं है, अपितु हमारी मातृभूमि में इसकी उपयोगिता और भी अधिक है। केवल हम ही इसकी वास्तविक प्रकृति को जानते हैं, जो व्यवहारार्थ सरल और सहज है, और साथ ही कठिन भी है। अत्यधिक शारीरिक शक्ति से सम्पन्न लोग असाधारण हैं। लेकिन असाधारण में भी असाधारण वही हुए, जिन्होंने सत्य से बल प्राप्त किया।"

8

"हमारा विश्वास है कि दूसरे लोगों के समान ही भारतीयों का भी यह जन्म सिद्ध अधिकार है कि वे अपने परिश्रम का फल प्राप्त करने और जीवन की आवश्यकताओं की पूर्ति करने हेतु स्वतंत्र हों, ताकि उन्नति के पूरे अवसर भी उन्हें प्राप्त हो सकें। हमारा यह विश्वास भी है कि यदि कोई सरकार जनता को इन अधिकारों से वंचित करती है, उसका दमन करती है, तो जनता को ऐसी सरकार को हटाने या परिवर्तित करने का भी अधिकार है। भारत में ब्रिटिश सरकार ने न केवल मुझे और भारतीयजन को स्वतंत्रता से वंचित किया है, अपितु अपना अस्तित्व (ही) जनता के शोषण पर कायम रखा है। और इसने भारत को आर्थिक, राजनीतिक, सांस्कृतिक एवं अध्यात्मिक रूप से लूटा है। इसलिए हम विश्वास करते हैं कि भारत को ब्रिटेन से सम्बन्ध तोड़ लेने चाहिए और पूर्ण स्वराज्य व स्वतंत्रता प्राप्त करनी चाहिए।

"भारत को आर्थिक रूप से बुरी तरह लूटा गया है। जनता से लिया जाने वाला राजस्व हमारी आय के अनुपात से अधिक है। हमारी प्रतिदिन आय सात पैसे (दो पैंस से कम) प्रति व्यक्ति है; और हम भारी कर चुकाते हैं। बीस प्रतिशत राजस्व किसान वर्ग से लगान के रूप में वसूला जाता है, और तीन प्रतिशत नमक कर के रूप में इकट्ठा किया जाता है, जो गरीबों पर बहुत भारी पड़ता है।

"हरकरघे जैसे ग्रामोद्योग उजाड़ दिए गए हैं, किसान वर्ग कम-से-कम वर्ष में चार माहावधि के लिए बेकार बना दिया गया है। अपनी हस्तशिल्प की इच्छा की चाह रखने वालों को इस ग्रामोद्योग के

विनाश से, और इसके किसी विकल्प की अनुपस्थिति से, वैचारिक रूप में भी उदास बना दिया गया है।

"किसान वर्ग को और अधिक बोझ में दबाने के उद्देश्य से मुद्रा और शुल्क में चालाकी बरती गई है। ब्रिटिश-उत्पादित माल को बहुतायत में आयात किया जाता है। सीमाशुल्क निर्धारण स्पष्टतः ब्रिटिश उत्पादकों के हितों की पूर्ति की पोल खोलता है, और प्राप्त राजस्व का प्रयोग जन कठिनाइयों को कम करने के लिए नहीं, अपितु प्रशासनिक फिजूलखर्ची में प्रयुक्त होता है। इससे भी अधिक बरती जाने वाली चालाकी विनिमय-अनुपात में की गई है, और इसका परिणाम है, देश से लाखों-करोड़ों (रुपयों) का देश से बाहर जाना।

"भारत का राजनीतिक स्तर इतना नीचे कभी नहीं गया, जितना कि ब्रिटिश शासन में। किसी भी (कथित) सुधार ने जनता को वास्तविक राजनीतिक शक्ति प्रदान नहीं की है। हममें से ऊँचे-से-ऊँचे को भी विदेशी सत्ता के समक्ष झुकना पड़ता है। अपनी बात को मुक्त होकर कहने के और मुक्त समबद्धता के अधिकार से हमें वंचित किया गया है। हमारे कई देशवासियों को निर्वासित स्थिति में विदेश में रहने को विवश किया गया है; वे वापस अपने घरों को नहीं लौट सकते। सारी प्रशासनिक बुद्धिमत्ता को समाप्त कर दिया गया है और जनमानस को मात्र ग्राम-कार्यालयों और लिपिक श्रेणी के पदों तक ही सन्तुष्ट रहना पड़ा है।

"सांस्कृतिक दृष्टि से देखें, तो शिक्षा-व्यवस्था ने हमें बंजर भूमि में आँसू बहाने के लिए छोड़ दिया है; और जो प्रशिक्षण हमें दिया गया है, वह उन बेड़ियों को सुदृढ़ता प्रदान करता है, जो हमें जकड़ती हैं।

"अनिवार्य निःशस्त्रीकरण ने हमें आध्यात्मिक रूप से अमानवीय बना दिया है; और मृतप्रायों की भर्ती वाली विदेशी सत्ता के नियंत्रण में सेना ने, जो हमारे संघर्ष करने की चेतना को कुचलती है, हमें यह सोचने को विवश किया है कि हम स्वयं अपनी देखभाल करने अथवा किसी विदेशी आक्रमण से सुरक्षा करने में अपने को नहीं लगा सकते हैं; अथवा अपने घरों और परिवारों की चोरों, डकैतों और लुटेरों से भी सुरक्षा नहीं कर सकते।

"हमारे देश को चारों ओर से विनाश की ओर धकेलने वाले शासन के प्रति अब और समर्पण करने को हम मानवता और ईश्वर के प्रति अपराध समझते हैं। हम, तो भी, स्वीकार करते हैं कि हमारी स्वाधीनता प्राप्त करने का सबसे प्रभावकारी मार्ग हिंसा के माध्यम से नहीं है। हम, इसलिए, जहाँ तक भी (सम्भव) हो सकता है, ब्रिटिश सरकार से स्वैच्छिक सम्बन्ध तोड़ने हेतु अपने को तैयार करेंगे; और हम सविनय आवज्ञा के लिए तैयार भी रहेंगे, जिसमें करों का भुगतान न करना भी सम्मिलित होगा। हमें विश्वास है कि यदि हम स्वैच्छिक सहायता को रोक सकते हैं और हिंसा किए बिना करों का भुगतान रोक सकते हैं, तो इस अमानीवयता के प्रतीक शासन का अन्त सुनिश्चित है। हम इस प्रकार समय-समय पर काँग्रेस द्वारा जारी निर्देशों के अनुपालन की पूर्ण स्वराज्य की स्थापना के उद्देश्य से यहाँ दृढ़ प्रतिज्ञा करते हैं।"

9

"मान लो कि मेरे पास एक करोड़ रुपये हैं। इस रकम को या तो मैं पानी की तरह व्यर्थ में बहा सकता हूँ, या ऐसी धारणा बना सकता

हूँ कि यह धन मेरा नहीं है; मैं इसे अपने पास नहीं रख सकता, यह विरासत है, ईश्वर ने इसे मुझे सौंपा है और मैं इसमें से उतना ही व्यय कर सकता हूँ, जितना आवश्यकता पूर्ति हेतु पर्याप्त हो। मेरी आवश्यकताएँ भी लाखों अन्यों की ही भाँति होनी चाहिएँ। मेरी आवश्यकताएँ अन्यों से केवल इसलिए अधिक नहीं हो सकतीं, क्योंकि मैं किसी धनवान का पुत्र हूँ। अपने सुखों के लिए मैं धन-व्यय नहीं कर सकता। जो अपने समाज में आवश्यकतानुसार ही अपने पर व्यय करता है, अधिक नहीं, और शेष धन को समाज-सेवा के कार्यों में लगाता है, वह न्यासी बन जाता है।

"जब से भारत में समाजवाद का सिद्धान्त लोकप्रिय हुआ, तभी से हमारे समक्ष राजाओं और धनवानों के प्रति दृष्टिकोण का प्रश्न उत्पन्न हुआ। समाजवादी कहते हैं कि राजाओं और धनवानों को धन-सम्पदा से पृथक कर दिया जाना चाहिए; उन सभी को श्रमिक बन जाना चाहिए। वे ऐसे सभी की सम्पत्ति की जब्ती की वकालत करते हैं, और कहते हैं कि पाँच रुपये से आठ आने प्रतिदिन या पन्द्रह रुपये प्रति माह तक का पारिश्रमिक उन्हें भी उसी प्रकार दिया जाए, जैसे कि अन्यों को दिया जाता है। समाजवादी ऐसा किसलिए कहते हैं? हम भी दृढ़ता से स्वीकार करते हैं कि धनवान अपने धन के स्वामी नहीं हैं, जबकि श्रमिक अपने श्रम का स्वामी है। इस प्रकार हमारे दृष्टिकोण से वह धनवान से (भी) धनी है। किसी जमींदार को एक, दो या दस बीघा भूमि के स्वामी के रूप में मान्यता हो सकती है। कहने का तात्पर्य है, उतनी ही भूमि के स्वामी होने की कि जितनी उसकी आजीविका के लिए आवश्यक हो सकती है। हम भी चाहते हैं कि उसका पारिश्रमिक भी एक श्रमिक की आय से

अधिक न हो; उसे आठ आने प्रतिदिन के हिसाब से अपने लिए व्यय करने चाहिए और अपनी शेष आय को समाज-कल्याणार्थ व्यय करना चाहिए। लेकिन हम उसकी सम्पत्ति को बलपूर्वक नहीं लेंगे। यह अति महत्त्वपूर्ण बिन्दु है। हम यह भी चाहेंगे कि राजा और धनवान भी हाथ से कार्य करें तथा प्रति आठ आने में ही अपना गुजारा करें; अपनी सम्पत्ति को राष्ट्र की धरोहर समझें।

"इस मुद्दे पर यह पूछा जा सकता है कि वास्तव में इस तरह के कितने न्यासी ढूँढे जा सकते हैं? वास्तव में इस तरह का प्रश्न ही नहीं उठता। इसका हमारे सिद्धान्त से प्रत्यक्षतः कोई सम्बन्ध नहीं हो सकता है कि इस तरह का कोई एक ही न्यासी हो, अथवा एक भी न हो। हमें इस सम्बन्ध में चिन्ता क्यों करनी चाहिए? हमारा विश्वास बिना हिंसा के अथवा ऐसी न्यूनतम हिंसा से, जो हिंसा प्रतीत ही न हो, धनवानों में (न्यासी होने की) भावना जागृत करने में होना चाहिए। हमारे लिए इतना ही पर्याप्त है। हमें अपने प्रयासों द्वारा प्रदर्शन करना चाहिए कि हम अहिंसा के माध्यम से अधिक असमानता का अन्त कर सकते हैं। केवल उनसे, जो अहिंसा में विश्वास नहीं रखते हैं, पूछा जा सकता है कि इस तरह के कितने न्यासी ढूँढे जा सकते हैं?

"आप कह सकते हैं कि इस तरह की चीज कभी नहीं हो सकती। आप इसके मानवीय स्वभाव के अनुकूल न होने की बात भी कर सकते हैं। लेकिन मैं विश्वास नहीं कर सकता कि आप इसे समझने में सक्षम नहीं हैं, अथवा आपकी बुद्धि इसे पकड़ नहीं सकती है।"

10

(ट्रस्टीशिप के सम्बन्ध में 1939 में पूछे गए विभिन्न प्रश्नों के गाँधी द्वारा दिए गए उत्तर)

"प्रेम और अनन्य स्वामित्व कभी भी साथ-साथ नहीं चल सकते। सैद्धान्तिक रूप से जहाँ सच्चा प्रेम होता है, वहाँ पूर्णतः अस्वामित्व भी होना चाहिए। काया हमारी अन्तिम सम्पत्ति है। इसलिए मनुष्य पूर्णतः सम्पत्तिहीन होने पर ही सच्चा प्रेम कर सकता है; और साथ ही तब जब वह मृत्यु का आलिंगन करने तथा मानव-सेवा के लिए अपनी काया का त्याग करने को तैयार हो। लेकिन यह केवल सैद्धान्तिक रूप से ही सत्य है। वास्तविक जीवन में हम कठिनतापूर्वक ही सच्चा प्रेम कर सकते हैं; सम्पत्ति के रूप में काया सदा ही हमारे साथ रहेगी। मनुष्य सदा ही अपूर्ण रहेगा और पूर्ण होने हेतु वह प्रयासरत भी रहेगा। इसलिए जब तक हम जीवित हैं, प्रेम में पूर्णता अथवा पूर्णतः अस्वामित्व को प्राप्त करना असम्भव होगा, लेकिन इस हेतु हमें निरन्तर रहना चाहिए।

"जिनके पास अब धन है, गरीबों की ओर से उन्हें न्यासियों की भाँति व्यवहार करने को कहा जाता है। आप कह सकते हैं कि न्यास-सम्बन्धी विषय वैधानिक कल्पना है। लेकिन यदि जनता निरन्तर इस पर ध्यान दे, और इसके अनुरूप कार्य करे, तो पृथ्वी पर जीवन का संचालन आज के जीवन से कही अधिक प्रेममय होगा। सम्पूर्ण संरक्षण यूकलिड की बिन्दु-सम्बन्धी परिभाषा के समान अमूर्त है, और इसे प्राप्त कर पाना सम्भव नहीं है। लेकिन हम यदि इसके लिए प्रयास करते हैं, तो हम पृथ्वी पर समानता की स्थिति स्थापित करने हेतु किसी अन्य ढंग पर विचार करने की दिशा में आगे बढ़ेंगे।

"2-यह व्यक्तिगत स्वामित्व से श्रेष्ठ है। लेकिन हिंसा के आधार पर यह भी आपत्तिजनक है। मेरा यह दृढ़ विचार है कि यदि राज्य हिंसा द्वारा पूँजीवाद को चलाता है, तो यह (राज्य) स्वयं हिंसा की चपेट में आ जाएगा और किसी भी समय अहिंसा के विकास हेतु असफल होगा। राज्य केन्द्रित और संगठित रूप से हिंसा का प्रतिनिधित्व करता है। व्यक्ति के पास आत्मा है, लेकिन राज्य आत्मविहीन मशीन है; राज्य कभी भी उस हिंसा से पृथक् नहीं हो सकता, जिस पर उसका अस्तित्व निर्भर करता है। इसीलिए मैं न्यास-सम्बन्धी (अथवा संरक्षण) सिद्धान्त को प्राथमिकता देता हूँ।

"3-हाँ, वास्तव में राज्य उन चीजों को दूर ले जाता है, और मेरा विश्वास है कि इसे तभी न्यायोचित ठहराया जा सकता है, जब राज्य न्यूनतम हिंसा का प्रयोग करे। लेकिन भय सदा यही बना रहता है कि राज्य भिन्न मत रखने वालो के विरुद्ध अत्यधिक हिंसा प्रयुक्त कर सकता है। निःसन्देह मुझे बहुत प्रसन्नता होगी, यदि सम्बन्धितजन न्यासियों की भाँति व्यवहार करें; लेकिन यदि वे असफल होते हैं, तो मेरा मानना है कि हिंसा के न्यूनतम प्रयोग से और राज्य के माध्यम से हमें उनके स्वामित्व से उन्हें पृथक करना होगा। इसीलिए मैंने गोलमेज सम्मेलन में कहा था कि जहाँ भी आवश्यक हो, मामले की समीक्षा करके, और माँग के अनुसार, प्रत्येक निहित स्वार्थ जाँच और जब्ती का विषय होना चाहिए।

"मैं व्यक्तिगत रूप से जिसे प्राथमिकता दूँगा, वह राज्य के हाथ में सत्ता का केन्द्रीकरण नहीं, अपितु संरक्षणत्व के सिद्धान्त का विस्तार होगा; मेरे दृष्टिकोण से व्यक्तिगत स्वामित्व में होने वाली हिंसा से राज्य

की हिंसा अधिक हानिकारक है। तो भी, यदि इससे बचा न जा सकता हो, तो मैं राज्य के न्यूनतम स्वामित्व का समर्थन करूँगा।

"4-यह स्वीकार करते हुए कि वास्तव में मनुष्य (अपने) स्वभावानुसार (ही) जीता है, मेरा विचार है कि उसके लिए अच्छा होगा, यदि वह इच्छा-अभ्यास द्वारा जीए। मेरा यह भी विश्वास है कि मनुष्य अपनी इच्छा को उस स्तर तक विकसित करने में सक्षम है, जहाँ से शोषण को न्यूनतम किया जा सकता है। मैं राज्य-शक्तिमें वृद्धि को अत्यधिक भय से देखता हूँ, क्योंकि ऊपर से न्यूनतम शोषण करती दीख पड़ती भी यह (शक्ति) उस व्यक्तित्व के विनाश द्वारा मानवता को भारी क्षति पहुँचाती है, जो हर प्रकार के विकास का आधार है। हम उन अनेक मामलों को जानते हैं, जिनमें लोगों ने ही संरक्षण-सिद्धान्त को अपनाया, लेकिन उन राज्यों ने नहीं, जो वास्तव में (ही) गरीबों के लिए हैं।

"5-मुझे एक ओर ले जाकर आपको स्मरण रखना चाहिए कि मानवता का पाठ पढ़ाने वाले महान शिक्षकों का प्रभाव तुलनात्मक रूप में उनके (व्यक्तिगत) जीवन से अधिक रहा है। प्रत्येक पैगम्बर, जैसे कि मुहम्मद, बुद्ध अथवा ईसा, की शिक्षाओं में देशकाल की परिस्थितियों के लिए आवश्यक और अनुकूल शिक्षाएँ भी मौजूद थीं। चूँकि हम उनकी शिक्षाओं के स्थायी पहलुओं के साथ ही अस्थायी पहलुओं को भी रखने का प्रयास करते हैं, इसीलिए धार्मिक मान्यताएँ आज अत्यधिक विकृत हो गई हैं। लेकिन इसके बावजूद भी आप देख सकते हैं कि इन महामानवों का प्रभाव उनके बाद भी बना हुआ है।

"6-मुझे यह कहने में लज्जा का अनुभव नहीं होता कि अनेक पूँजीपति मेरे मित्र हैं और वे मुझसे भयभीत नहीं होते। वे जानते हैं कि मैं पूँजीवाद का अन्त चाहता हूँ, यदि पूर्णतः नहीं, तो उस सीमा तक तो आवश्यक ही, जितना कोई बड़े-से-बड़ा समाजवादी या साम्यवादी भी चाहता है। लेकिन हमारा ढंग पृथक है और हमारी भाषा भिन्न है। संरक्षणता का मेरा सिद्धान्त कामचलाऊ नहीं है; निश्चिततः यह छिपा हुआ नहीं है। मुझे विश्वास है कि यह भी अन्य सिद्धान्तों की भाँति जीवित रहेगा। इसे दर्शन की मान्यता प्राप्त है और इसके मूल में धर्म है। जिस धन के स्वामी ने सिद्धान्तानुरूप कार्य नहीं किया, वह इसकी असत्यता सिद्ध नहीं करता, और इससे धनवान की दुर्बलता सिद्ध होती है। अहिंसा के साथ किसी अन्य सिद्धान्त की प्रतिस्पर्धा नही है। अहिंसक ढंग से गलतीकर्ता यदि गलती करना नहीं रोकता, तो वह कदाचित् स्वयं अपने अन्त का घेरा बनाता है। इस हेतु या तो अहिंसक असहयोग के माध्यम से उसकी त्रुटियों का भान कराया जाता है, अथवा वह स्वयं अपने को पूर्णतः अलग पाता है। इसलिए जब कार्यवाही का समय आता है, तो बुद्धिमान समाजवादी और वामपंथी कदाचित् मेरे मार्ग पर खड़े नहीं रह सकते। वे जानते हैं कि यदि मेरा ढंग सफल होता है, तो दीन और दबे-कुचले प्रसन्न होंगे। वे अपने ढंग से कार्यवाही करने को तैयार नहीं हैं; और जब तक वे मेरी ईमानदारी तथा मेरे देशप्रेम में विश्वास करते हैं, तब तक मेरे साथ हस्तक्षेप करने वाले वे भी देशभक्त हैं।"

****

चयनित पुस्तक और अभिलेख सूची

– *अरुण चन्द्र गुहा, इण्डियाज स्ट्रगल क्वॉर्टर ऑफ ए सेन्चुरी (1921-1946), दो खण्ड, प्रकाशन विभाग, नई दिल्ली, 1982*

– *इण्डियन ओपीनियन, 1903-1914*

– *ए हिस्ट्री ऑफ पॉलिटिकल डॉक्ट्रेन, चार खण्ड, प्रगति प्रकाशन, मास्को, सोवियत संघ, 1976-1980*

– *डी०जी० तेन्दुलकर, महात्माः लाइफ ऑफ मोहनदास करमचन्द गाँधी, आठ खण्ड, वे०के० झवेरी और डी० जी० तेन्दुलकर, मुम्बई, 1951-1954*

– *जे०बी० कृपलानी, गाँधी : हिज लाइफ एण्ड थॉट, (संशोधित संस्करण), प्रकाशन विभाग, नई दिल्ली, 1991*

– *जैकोबी हरमन और (एफ०) मैक्समूलर, जैन सूत्र, 2 खण्ड, अटलैंटिक, नई दिल्ली, 1990*

– *जैने शार्प, द पॉलिटिक्स ऑफ नान-वाइअलंट ऐक्शन, भाग 1-3, बोसटन, 1973*

– *धम्मपद, कल्चरल पब्लिशर्स, लखनऊ, 1985*

– *भगवद-गीताः ऐज इट इज, भक्तिवेदान्त बुक ट्रस्ट, 1990*

– *मनुस्मृति, रणधीर, द्वितीय हिन्दी संस्करण, हरिद्वार, 1988*

– *महादेव हरिलाल देसाई, द डायरी ऑफ महादेव देसाई, खण्ड-1, नवजीवन, अहमदाबाद, 1960*

– महादेव हरिलाल देसाई, द स्टॉरि ऑफ बारडोली, नवजीवन, अहमदाबाद, 1930

– मैक्समूलर (एफ०), द धम्मपद, अटलैंटिक, नई दिल्ली, 1990

– मोहनदास करमचन्द गाँधी, ऑटोबाइऑग्रफि ऑर द स्टॉरि ऑफ माइ एक्सपेरिमेंन्टस विद ट्रूथ, नवजीवन, अहमदाबाद, 1957

– मोहनदास करमचन्द गाँधी, इण्डिया ऑफ माइ ड्रीम्स, नवजीवन, अहमदाबाद, 1960

– मोहनदास करमचन्द गाँधी, द कलैक्टिड वर्क्स, खण्ड 1-100, प्रकाशन विभाग, नई दिल्ली।

– मोहनदास करमचन्द गाँधी, सत्याग्रह इन साऊथ अफ्रीका, (संशोधित द्वितीय संस्करण), नवजीवन, अहमदाबाद, 1950

– मोहनदास करमचन्द गाँधी, सर्वोदय (हिन्दी), नवजीवन, अहमदाबाद, 1955

– मोहनदास करमचन्द गाँधी, यंग इण्डिया वीकली, 1919-1931, तेरह खण्डों में प्रकाशित, द्वारा नवजीवन, अहमदाबाद, 1984

– मोहनदास करमचन्द गाँधी, हरिजन वीकली, जनवरी 1948 तक के समस्त संस्करण।

– रवीन्द्र कुमार, ऐसेज ऑन गाँधीस्म एण्ड पीस, कृष्णा, मेरठ, 1999

– रवीन्द्र कुमार, ऐसेज ऑन रिलिजन, कृष्णा, मेरठ, 1999

– रवीन्द्र कुमार, रिलिजन एण्ड वर्ल्ड-पीस, सारा, मेरठ, 1988

– रवीन्द्र कुमार, सरदार वल्लभभाई पटेल एण्ड कामरेड माओ त्से-तुंगः ए कम्पेरेटिव स्टडि विद रेफरेंस टू पेंजंटरि, मित्तल, नई दिल्ली, 1999

– रवीन्द्र कुमार, सहयोग से समाधान, कृष्णा, मेरठ, 1999

– राष्ट्रीय अभिलेखागार, नई दिल्ली, गृह विभाग (राजनीतिक), अभिलेख 1918-1942

– राष्ट्रीय गाँधी संग्राहलय और पुस्तकालय, कलेक्शन ऑफ अरिजिनूल लेटॅर्स, 1920-1942

– राबर्ट मिलर विलियम, नान-वाइअलंसः ए क्रिश्चियन इन्टरप्रेटेशन, न्यूयार्क, 1964

– सुशन ऐवेंजिलिस्ता, नान-वाइअलंस : ए टैक्सट्, आई०एस०पी०, ऐटेनियो डी मनीला यूनिवर्सिटी, फिलीपीन्स, 1994

– सोरटानो वी० (इमानुएल), ऑर्गनाइज्ड फोर्सस इन द फिलीपीन सेटिंग, अन्डरस्टेंडिंग प्युपल पाउअर, डी०ए०पी०, 1987

****

24 Apr — 76·40

2[illegible] —